MIRROR TOUCH

by Joel Salinas

This edition is published by arrangement
with HarperCollins Publishers LLC, New York, U.S.A.

Published by K.K. HarperCollins Japan, 2024

両親、弟と妹、
そして患者として、医師として、
あるいはその両方として
私の人生にかかわってきてくれた人たちに。

イラストレーション　平井利和

ブックデザイン　吉岡秀典＋及川まどか＋佐藤翔子＋阿部愛美（セプテンバーカウボーイ）

INTRODUCTION

感覚

僕がどういう人間なのか、お伝えしてみたい。

内科クラークとなって一週目、自分の患者リストと当番の担当医を確認していたとき、待合室で緊急事態《コードブルー》が発令された。頭上のスピーカーから流れるアナウンスが終わらないうちに、担当医と僕は事務室を飛び出していた。僕にとって初めての緊急事態で、ぜひとも力になりたかった。

事務室の角を曲がったすぐそこに男性が倒れている。彼の妻は怯《おび》え、片隅で立ちすくんでいる。紺色の手術着を着た若い男性看護師が、救急カートを押してきた。カートに積まれた救命道具一式がガタガタと鳴る。研修医《レジデント》のひとりが胸骨圧迫を開始した。僕の周りにいる全員が「ＰＥＡ〔無脈性電気活動・心電図に波形は見られるが脈拍が触知できない状態〕、ＰＥＡ！」と叫んでいる。アルファベットの羅列が飛び交っているが、理解できる指示はほんのわずかだ。僕は略語をできる限りメモした。

メモしようと努めた、と言うべきか。僕は心停止状態の男性に、彼の身体状態に浸りきっていたのだ。僕の身体は、心停止状態の男性の身体の感覚をそっくり反映していた。彼の胸が圧迫されるたびに、僕の胸も圧迫される。医師が彼の喉にチューブを挿入すると、声帯が締めつけられた――僕の喉の奥に鋭い物が押しこまれていく。大丈夫だ、我々は命を救える。僕は何度も自分に言い聞かせた。それが医者の仕事なのだから。我々は人命を救う。この人を救ったら、何が功を奏したのかみんなで話し合い、今度別の患者を蘇生《そせい》するときに再現できるよう、手順と処置の内容を押さえておこう。だが、医師たちは胸骨圧迫を続けている。僕の背中はリノリウムの床に押しつけられ、力の抜けた身体は圧迫されるたびにがくがくする。チューブを通して人工呼吸がなされるたびに、僕の肺に空気が満たされ、うつろな感覚が生じる。

僕は死にかけていた。実際はそうではないのだが。

三十分後、総合医が死亡を宣告した。男性の妻がわっと泣き出した。黒と黄褐色のせめぎ合う声。僕は亡くなった男性をじっと見つめていた。動けなかった。目の前で命が消えたとき、僕も死んでそこに横たわっていたとしか言いようがない。全身の感覚は失われ、脈も呼吸もなくなった。自分の体内で何かが動いている気配がまるでない。ここから離れなければ。意識して呼吸しなければ。

僕は近くのトイレに駆け込み、床に膝をついた。身体の中身すべてが顔に押し寄せてきた。僕は吐いた。吐けるものがなくなるまで吐き続けた。生きているのに、死んでいるという感覚。それは、涙や唾液を流しているこの感覚と同じように、非常にはっきりしていた。なんという矛盾だと思ったとき、またも胃が収縮した。もう、ここから出よう。どうしたのか、とチームのみんなが怪訝《けげん》に思う。

僕は深く息を吸い、トイレの水を流した。吐き出したばかりの動揺の証《あかし》が流れていく。水に映る自分を見つめる。水の流れがおさまっていくにつれ、僕も落ち着きを取り戻していった。もう一度深呼吸をし、立ち上がって顔を洗った。鏡に自分が映っている。これが僕だ。僕の身体だ。徐々に身体感覚が戻ってきた。服が肌に当たる感触も、自分の腕や脚の位置感覚も、骨についている筋肉の重みも。鼓動、脈、呼吸をするたびに胸が上下する感覚も。

ペーパータオルを引き出すまで、音は何も聞こえなかった。僕は自分の身に起きたことを拭い去った。もう二度とこんな状態になるものか。患者は僕を頼りにするのだから。患者に寄り添う必要があるのだから。耐えよう。痛みも死も乗り越えて、病に苦しむ患者に救いの手を差し伸べよう。絶望の淵《ふち》に沈んでいる患者のつらさはこの身に跳ね返る。その対処は家に帰ってからだ。僕は最後にもう一度深く息を吸い、トイレから出てドアを閉めた。

僕の名はジョエル・サリナス。神経科医であり、多重共感覚者でもある。僕にはさまざまなタイプの共感覚がある。そのひとつ、「ミラータッチ共感覚」によって、僕の身体は他人の身体に起きていることを物理的に感じ取る。また、他者に同化するあまり、自分を見失うこともある。

意識レベルでは、他者に生じた身体的感覚を自分でも感じられる。他者に生じた精神的な変化についても、それがどういう感じなのかを詳しく説明することもできる。目の前にいる人が自分の身体に触れると、その視覚が引き金となって、僕の身体も触れられたように感じる。

ただし、その感覚が生じる部位は目の前にいる人と左右が逆になる――まるで鏡の中の自分のように、相手の左は僕の右で、相手の右は僕の左だ。ところが、相手が僕の横にいる場合は、相手の左は僕の左、相手の右は僕の右と、まるで同一の身体を共有しているようになる。

具体的に話してみよう。病院の回転ドアを通り抜けたとき、車椅子に座っている高齢の女性が見えた。彼女は着古したツイードのコートを着ている。ぶかぶかで、黒っぽい花飾りのついたコートだ。ワインレッドのニット帽をかぶり、縁から白髪がはみ出ている。彼女を見ている僕の太ももの裏側には、車椅子のビニールが当たっている感覚がある。前かがみの姿勢で車椅子とコートに身を沈め、頭も額もニット帽にぴったり包まれ、胸の前で両手を組み合わせているという感覚。ガラスのドア越しに外を見る彼女の目や眉の動きも、そして視線を床に落とすさまも、自分のことのように感じられる。

彼女の後ろにボランティアの男性が立ち、車椅子のハンドグリップをつかんでいる。彼のすぐ横には金属棒が車椅子から突き出ていて、所持品を入れた大きな黄緑色のビニール袋がかけてある。その男性はサーモンピンク色の特大のシャツを着ている。ボランティアの制服だ。左足に重心をかけているので、右の腰が突き出ている。それを見た僕の腰も、左の筋肉が収縮する。彼は眼鏡をかけているため、僕の鼻梁《びりょう》にも目に見えない眼鏡が載っている。その顔にはにきびがたくさんあり、僕の頬にそのぶつぶつした感じがある。

受付のデスクの前を通るとき、僕は警備員にＩＤを上げてみせた。警備員は黒いウールのスーツを着て、右耳にコイルコードのついたイヤホンをつけている。僕の肩から腕にかけてはスーツの重みが、左耳の辺りにはイヤホンの感覚がある。長身でがっしりした彼の体格も、目に浮かぶ疲労も、僕の身体は忠実に反映させる。

病院のカフェに入ると、早朝のコーヒーを求める長い列ができていた。医師、看護師、セラピスト、患者、付き添い、病院の役員、ひとりひとりチャンネルが違う。感情も表情も違う。ざっと目を走らせていく間に、僕の脳は身体感覚を知覚していく。

僕は赤ん坊を抱いている母親の後ろに並んだ。母親は左の肩に赤ん坊をもたせかけ、身体を左右に揺らしている。僕の左肩には赤ん坊の重みがあり、胴は静かに揺れ、彼女の髪がうなじをかすめる感触も感じられた。丸い顔で小さな手を握りしめている赤ん坊が、僕を見てにっこりした。僕の顔にも笑みが浮かぶ感覚が生じ、そして僕は本物の笑みを浮かべた。

ミラータッチ共感覚は比較的珍しい。共感覚のうち最も一般的なのは、おそらく色字共感覚だろう。目にした数字や文字（書記素）がそれぞれ独自の色を想起させるというものだ。書かれている色とは関係なく、その文字色の上には共感覚色の層が密かに漂っている。たとえば猫（ｃａ ｔ）の場合、ｃは黒、ａは赤、ｔは朱色で、「ｃａｔ」をひとつの単語として見ると、それぞれの文字から色が雲のようにわき上がり、黒い霞《かすみ》に赤と朱色が塵《ちり》のように混ざり合うといった具合だ。

僕の場合、数字や文字に神経学的な色付けがなされるだけではない。動作に音が聞こえ、音楽に色が見え、味に形を感じるなど、風変わりな感覚がいくつも喚起される。

人口の四パーセント程度がなんらかのタイプの共感覚者だという。物理学者のリチャード・ファインマンも、作曲家のスクリレックスも共感覚者だ。共感覚は誰にでも存在しうるものだが、歴史を振り返ってみると、アーティストに多く見られるようだ。有名なミュージシャンではジミ・ヘンドリックス、スティービー・ワンダー、ビリー・ジョエル、トーリ・エイモス、エドワード・ヴァン・ヘイレン、これでもごく一部にすぎない。

共感覚は感覚連合野のさまざまな組み合わせによって、ありふれたものと刺激的なもの、予測可能なものと未知のものとの境界を崩していく。共感覚のミュージシャンや作家、アーティスト、文化革新をもたらす人々は、自分が感じ取る世界を挑発的な形で世に示し、分かち合う能力が生まれながらにあるのだ。たとえば、フランツ・リストはオーケストラを指揮したとき、もっと紫の音色でと注文をつけたという有名なエピソードがある。マリリン・モンローは音を聞くとさまざまな色が震えるのが見えたと言われている。ウラジーミル・ナボコフは自伝で色とアルファベットとの関係を詳しく述べている。彼にとってＳの文字は「空色と真珠色が混ざった不思議な色」なのだという。僕にとってのSは黄色とオレンジ色の混ざった、秋のカボチャの色だ。

僕の共感覚のうち、もっと複雑な層は文字や数字の序数擬人化（*ordinal linguistic personification*）と呼ばれるものだ。僕の場合、どの文字や数字も独自の色だけでなく、人間的な特徴まで備えている。とくに数字がそうで、なじみ深い友人だと感じられる。たとえば3は地味な藍色で、真の潜在能力を発揮しようとしない。しかも、こうした数字の個性は、僕が会うすべての人と結びつく。つまり、僕が共感覚から得た相手のイメージは、形も大きさも異なる数字のモザイク画のように見えるのだ。たとえば、医大のある友人はターコイズブルーの巨大な7だ。7は刺激的だが、愛情がこもっている。その周りに黄緑色でやや不器用な6が少々散らばり、さらにそれを爽やかな青で親しみやすく穏やかな4が後光のように取り囲んでいる。彼の人柄を知るにつれて、彼を表す数字も増え、多様化し、より壮大な絵画のようになっていく。

個人情報――科学用語で言うデータポイント――は徐々に増え、薄い灰色のクレーターの中にたまり、半透明の大きな湖となる。岸に近いところはターコイズブルー、中心部は青みが増した明るい色だ（正確にはPANTONE社の色見本3245番の色）。

僕の共感覚は何層にも重なり、交ざり合っている。青い4をもつ人は魅力的だ。熟れていないイチゴをひと口かじると、シンバルの音が鳴り響き、僕の世界は水しぶきと化す。『ラプソディー・イン・ブルー』のクラリネットを聞くたびに、僕の舌の付け根をヘビのようなものが這《は》い、ブルーベリーのような味と、真新しいタイヤの匂いもかすかにする。

薬物で白昼夢を見ているわけではない。これが僕の現実なのだ。感覚すべてがいつもこうなのだ。生きている人間以外のものに対しても、ミラータッチ共感覚は活性化する。たとえば、ダビデ像の前に立つと、自分が顔を右に向けているときのように、左の胸鎖乳突筋が緊張する。右肩には分厚い布の重みがあり、左手は軽く、右膝はやや内側に向けて曲げた感じがある。自由の女神像を見れば、ひだをなす布の重みを足の甲に感じ、右の腕と手には銘板を抱えている感触が、左の上腕三頭筋と肩には腕を高く掲げたような緊張がある。そして頭の冠状面中央の少し手前からは、いくつもの突起が現れる。まるで銅像を映す鏡だ。

　こうした幻の身体的感覚は、もっと原始的なレベルの、表情を伴わない視覚情報に対しても発生する。たとえばコップの水を見ると、反射的に口の端がむずむずする。水の中から顔だけ出したときに、水面が口元をくすぐっているような感じだ。ハンドベルを見れば、上半身は細く、下半身は広々とした空洞のような感じに、街灯を見れば、頭を高く掲げて背筋を伸ばした感じになる。電気のコンセントを見るとネズミのびっくりしたような表情が僕の顔に反映され、親しみのあるいたずらっぽい気分になる。僕はこういう経験を、パレイドリア〔人の顔のように馴染みのある模様が、実際にはそこに存在しないのに見える現象〕とアポフェニア〔ランダムな情報に意味を持たせようとする脳の本能的反射〕の組み合わせとして認識している。

　さらに、僕は目にしたものの基本的性質をも感じ取る。鋭角、角の丸み、対照的な色などすべては僕の感情体験に働きかけ、自分では意識していなかった感情を呼び覚ます。そういうわけで、芸術作品を観賞すれば、それが僕の身体に取り込まれ、自分が作品の一部と化していく。白と青のウニのような形をしたチフーリのガラス彫刻《サファイヤ・スター》を見ていると、とげが僕の身体に刺さる感覚と同時に、そのとげが皮膚を突き破り、徐々に作品と一体化していく感覚がある——冷たく、異様なほど守りに身を固め、不信の塊となるような感覚だ。正方形の格子を見れば、網戸に顔を押しつけている感覚に陥り、緊張と密かな失望、そして息の詰まるような監獄から脱出したい気持ちが生じてくる。

こうした経験は主に感覚処理から生じるものだが、あまりにも強くリアルに感じられるため、より高次な認知機能の影響を受けている可能性もある。細部が非常に気になり、知覚や個人的意義が研ぎ澄まされ、自分の共感覚体験の特徴が際立つように思われる。

とくに鮮烈なのは、とげに覆われた樹皮を見たときだ。子どもの頃に鬼ごっこをしていて痛い目に遭ったせいだろう。僕が育った南フロリダでは、外で鬼ごっこをするとき、たいていヤシの木が「ベース」となった。鬼に捕まりそうになって、うっかりベースの木の幹を叩《たた》いた瞬間、僕は悲鳴をあげた。針のようなとげが手のひらにびっしり刺さっていた。あのときのぎょっとした気持ちも、痛みから来る張りつめた感覚もはっきり記憶に残っている。そのせいで、今でもとげだらけのヤシの木を見ると、その樹皮に顔をこすりつけたかのように、目に見えないとげが顔に刺さった感覚がある。

こういった、きわめて鮮烈な共感覚体験は対処に苦しむことになる。めったにない状況や思いがけない状況では、客観的な現実と主観的な現実とをほぼ区別できなくなる。病院で初めての患者を診察したり、胸に長いワイヤーを入れるなど初めての作業をしたりするときは、その感覚や痛みがまるで自分の身に起きているように感じることが非常に多い。神経学の研修でトゥレット症候群やチック症の患者の診察を始めたときもそうだった。ある患者のことははっきり覚えている。

彼は過度のストレスにより、自傷行為を伴うチックを発症していた。頬の内側を噛《か》み、指関節で口の端を強く押すので、頬がぱっくり裂けたように見える。彼が右の頬の内側を思いきり強く噛む姿を見ていると、僕は自分の左の頬と口がずきずきしてくる。幻覚かと思うほど痛みは強烈で、彼のチック症状が出るたびにまるでスタンガンを顔に押しつけられ、引き金を引かれているようだった。彼が力をこめるほど、僕の痛みも激しさが増す。ミラータッチによる共感覚はつねにあるが、このような場合には、僕自身が設けたフィルターを通り越し、現実の受け止め方に影響を及ぼしてしまう。

共感覚を神経疾患、神経障害、神経学的状態と呼ぶのは不適切と言える。総じて、共感覚そのものは、重大な社会的・機能的障害の原因とはみなされていないからだ。病理として明確な定義がなされていないので、僕としては変異、特質といった呼び方をしたい。共感覚は神経学的特徴であり、状況によって善にも悪にも、自分の強みにも弱みにもなる。新しい言語を楽に覚えられる人が、税金の計算やレストランでの会計で悩むようなものだ。

他者の知覚を神経学的に複製するのは、まさに「相手の身になって感じる」ということであり、複製してどうするかは僕次第だ。つまり、他人を理解し、その経験を感じ取る能力を「共感」と呼ぶのであれば、ミラータッチ共感覚とは研ぎ澄まされた共感が止《や》むことなく続く状態であり、相手をより深く理解する可能性を秘めている。

もちろん、共感には限界がある。僕たちはまったく同じ人間にはなれない。身体も違えば心も違う。だから、他人の見方などあまり価値がないと考える人もいるだろう。他人に注意を払ったり認識したりする必要などあまりない、と。他者の経験は自分の経験とは違いすぎるのだから、共感し、完全に理解するのは不可能だと考えるのは簡単で、ごく自然かもしれない。誰だって自分の問題や悩み事や苦しみを抱え、できることならそれから逃れたいと思っているのに、これ以上不安な状況にわざわざ身をさらすこともないだろう？

ミラータッチ共感覚者である僕にとって、共感をめざすのはごく自然であり、強迫観念のようなものだ。共感覚で完全に理解できるわけではないが、より完全に近い理解を得られる可能性はたしかにある。僕は今でもミラータッチ共感覚で伝わる他者の感情や感覚に対して問いかけ、その重要性を判断している。それには、ジャーナリストのイザベル・ウィルカーソンが書いているような「過激な共感」が求められる。他者が経験する感覚の中に自分を置き、しかるべきプロセスを経たうえで、喜び、痛み、苦悩、そのほか相手が経験していることを自分の内にそっくりそのまま再現できるというレベルの共感だ。

ところが僕の場合、自分と周囲の人々との境界が曖昧になり、相手の感情や欲求を自分のものと区別できず、結果として自分を見失ってしまう。物心ついたときから、さまざまな情報がつねに頭の中に流れ込んでいるからだ。そこにフィルターをかけて身を守ればよい、というのは簡単そうに聞こえるかもしれないが、危険な手段でもある。フィルターをかけすぎると、情報が失われて感覚が完全に麻痺《まひ》し、人間らしさも、人を思いやる心も失われる。逆に、フィルターが少なすぎると、他者の中に没入してしまい、正気も自意識も完全に失われる。

　このフィルターがうまく働いたと感じたのは、病院の会議室にいたときだった。後期研修医《シニアレジデント》だった僕は、入院患者の神経学的治療の責任者として、患者の家族と話し合っていた。その場には看護師、セラピスト、ソーシャルワーカー、ケースマネジャーも同席していた。患者は高齢の女性で、重度の認知症を患い、感染症、脳卒中、てんかん発作と次々に見舞われていたが、家族は母親を見送る心の準備ができておらず、できる限りの治療を望んでいた。とくに長女は頑として譲らなかったが、医療チームのメンバーの多くは、避けられない死を前にして、これ以上患者を苦しめることになるのはつらいと感じていた。

　誰もが感情を高ぶらせ、会議室には悲しみと怒りが満ちていた。全員の感情を尊重しつつ、話を進めていくのが僕の役割だ。家族の表情を見ると、その苦悩と戸惑いに引き込まれる。僕は眉根を寄せ、目を見開き、会議室を見回した。誰か納得のいくすっきりした答えを出せないものか。そんなものはないとわかっているのだが。僕は自分を見失い、患者の家族に、そして会議室にいる全ての人たちと化していた。僕の席には誰も座っていないも同然だった。

だが、そこで僕は自分を取り戻した。この足、この皮膚。自分のものだと感じられる。そしてもう一度、ひとりひとりの表情や動作に目をやった。感情を爆発させようとしている者、話さなければと思っている者、不満を発散したい者、存在を認めてもらいたいだけの者。役に立てるときだ、と僕は感じた。伝えなければならない医学的知識に集中し、これまで自分の中に反映されていたもの、ここにいる人々が感じていたものを振り返った。

そのとき、患者の次女を見てほんの一瞬だが気持ちが穏やかになった。今まで椅子の背にもたれ黙って話を聞いていた彼女が、意見を伝えようとしている。僕は彼女の名を呼んでみた。すると、彼女は促されたように姉のほうを向いた。

「私だってママを愛している。私たちにとって、とてもつらい決断なのも知っている。でも、ママの望みはお互いにわかっていると思うの」

姉は妹の手に自分の手を重ね、思いやりと感謝を無言のうちに伝えた。姉の肩から力が抜け、呼吸が深くなるのが僕には感じられた。姉妹は母親の望みを尊重すると決めた。僕たち全員で、患者を旅立たせると決めたのだった。

自分の身体の物理的な形はわかっている。どこで自分が終わり、どこから他者が始まるのかも知っている。着ている服の感触も、床を踏みしめる足の感覚も、関節の神経が示す身体の位置も、他の誰でもない、僕のものだ。でも、僕の体内にはミラータッチ共感覚による他者の知覚の層があり、それも同時に発動して、独自の情報を脳からトップダウンで送りつけてくる。僕自身の情報はボトムアップで脳に送られ、両者がせめぎ合う。おまけに、ミラータッチ以外の共感覚も、知覚のさまざまな層と限りなく複雑に組み合わさる。僕は毎朝目覚めたときからずっと、万華鏡を通して世界を見ているような感じなのだ。無数の感覚に彩られた風景を眺めながら、曖昧模糊《あいまいもこ》とした深い夢を生きている——合理的な科学思想とは相容《あいい》れない世界に。

人は経験したことのある知覚を通して外界と内面世界を見ている。共感するのが難しいのも、共感しなければと思うのも、そのせいかもしれない。共感の核心には、視点を変えたい、他者の経験の価値を信じたいという「願望」があるように思われる。それは、他者の視点を通じて世界を見たい、生きてみたいと単に思ったりするだけではなく、強い「憧れ」も働きかけているのだろう。共感を実現するために、ミラータッチは何らかの手がかりを与えてくれるかもしれない。共感覚、とりわけミラータッチ共感覚をもっと理解し、その経験を活《い》かせるようになれば、脳について、自分自身について、何かしら学べるものがあるかもしれない。そして、ノンフィクション作家でエッセイストでもあるユーラ・ビスが「生きとし生けるものすべて、とりわけ私たち人間が互いに心を通わせ合う」と書いているような能力についてもだ。

共感覚は研究分野となってまだ日が浅く、いまだ多くの謎をもつ。共感覚について初めて科学的に記述されたのは十九世紀前半で、事例研究として始まった。だが、当時は主観的体験の測定が非常に困難だったうえに、心理学において行動主義が台頭してきたことも相まって、自己報告による主観的体験の研究は、ほぼすべての科学界から見向きもされなくなった。共感覚の学術調査が再びおこなわれるようになったのは一九八〇年代初頭になってからだ。神経科学者のリチャード・シトーウィックを始め、草分け的な研究者たちは、認知革命や新しい脳画像診断ツールに意を強くした。僕がまだ高校生だった一九九〇年代末には、V・S・ラマチャンドランら神経科学者たちが共感覚研究の再開に尽力し、かつては主観的で好奇の対象に過ぎなかった共感覚が、明らかな神経生物学的メカニズムに根ざした測定可能な感覚経験である、と裏付けるに充分な客観的証拠を提供したのだ。

今日《こんにち》では脳の研究に新たなツールが使えるようになり、共感覚という現象に途方もない価値を認める研究者が増え、この分野の研究は伸び続けている。いつの日か、僕の不可解な主観的体験も実証できるものとして説明がなされ、その根底となる生物学的知見によって完全に分類されるかもしれない。他の神経学的特徴だって、長い年月を経て知識が発展してきたのだから。

ミラータッチ共感覚は厳格だが公正な教師だ。僕は幼少の頃から感覚情報の絶え間ない波を鈍らせたり、フィルターをかけたりして、身体的にも精神的にも耐えるしかなかった。それでもくじけず、好奇心を抱き続けてきた。この共感覚のせいで味わった屈辱や、思いがけず得た学びに、僕は人々に共通する人間性をより強く意識し、他者をより深く理解し、真の意味で人がどこから始まり、どこで終わるのかを以前よりも実感できるようになった。

ただし、犠牲は払った。苦しみ、もがきもした。

本書をミラータッチその他さまざまな共感覚のひとつの事例として役立ててもらえたら嬉しい。

苦しみながら生きてきてわかったことを共有できたらと願う。ここには、僕の幼年時代から現在までの経験を——医者として、一個人として、共感覚について知り得たすべてをまとめた。自分自身について、人間のあり方について、生きることの意味について、自分と他者を通じて生きてきた僕が学び、考え、感じたことすべてがここにある。

これは僕のストーリーであり、僕の経験である。

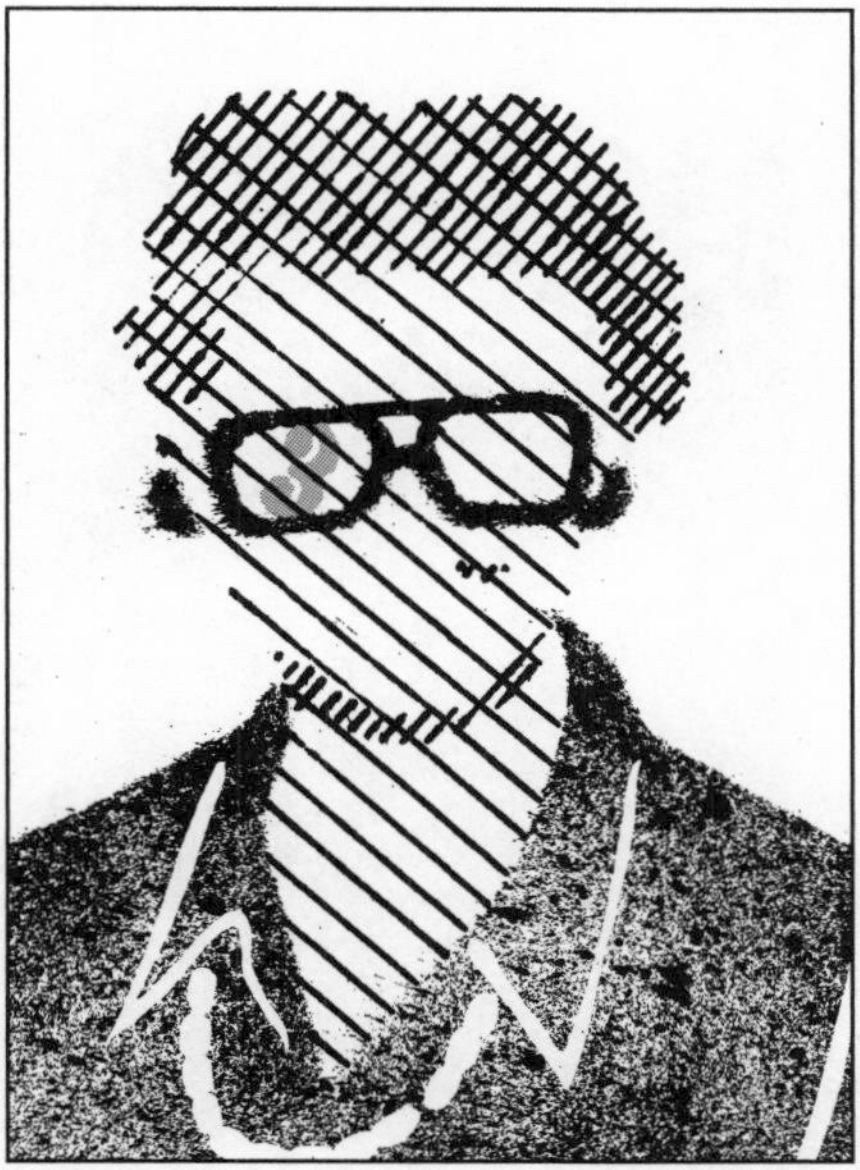

CHAPTER 1

僕が終わり、
きみが始まるところ

共感覚やミラータッチについてまだ何も知らなかった幼い頃の記憶に、塗り絵にまつわるものがある。その色のせいで僕は戸惑い、不安だった。当時僕が通っていたフロリダの幼稚園では、基本の図形を理解するための練習帳を使っていた。その厚くざらざらした紙に手を走らせたときの感触は、今でも覚えている。

厚手の紙の表面にでこぼこがあるのは、五歳児の小さな手にも感じられた。雑な作りの紙は繊維が飛び出し、それが子猫のひげのように指をくすぐる。僕はそっと顔を近づけ、鼻先と右の頬を紙に当ててみた。黒々と印刷された線はエンボス加工され、なぞれと言わんばかりだったが、そんな手には乗るもんかと思った。反抗したくなったのは、このときが初めてかもしれない。目には見えないイメージの影を指でなぞっていく。それは生き物のようだけれど、謎めき、捕らえどころがない。

「ほら、見て」運悪く僕の隣に座った子に話しかけたことがある。「ここに山があって、口を開けたオオカミの顔が見える。それから、ここ。緑のドラゴンの赤ちゃんがいるでしょ? 毛はピンクで、角はオレンジ。眠ってるんだ」

その子は紙の余白を慎重になぞる僕の指を見つめたが、何も見えなかったようで、すぐに興味を失った。でも、その子の反応はあまり気にならなかった。僕には影が見えている。影はざらざらした紙のそこかしこにあるくぼみにぶつかり、跳ね返る。動く母斑のようなものだ。紙全体はさまざまな色で覆われているが、練習帳の表紙を彩る配色とは違っている。幼くても、この程度のことはわかった。僕に見える色は、色の記憶のようなもの、印刷された線と線の隙間に打ち上がる花火の軌跡なのだ。色はすばやく点滅し、単色で輝くように見える。視線を少しずらすと、イメージががらりと変わる。別の色が点滅し、もっと大きな、もっと生き生きした絵が登場する。犬は瞬く間にドラゴンとなり、ドラゴンはいきなり乙女に変わる。その絵を誰かに見せようと思ったら、今見えているものが変わらないうちに、大急ぎでその輪郭をクレヨンか鉛筆でなぞらなければならない。

絵に命を吹きこむ作業は一日じゅうでもしていられたが、僕は良い子でいたかった。そのためには、先生の言いつけを守らなければならない。「色を塗るのは線の内側だけだよ、ジョエル」と先生は言う。でも、どの線の？　どの色で？　線はいくらでもあり、僕が思い浮かべるものに合わせて身をくねらせたり、伸びたり、消えたりする。

「できた！」他の子が嬉しそうに叫んだ。僕の作業が遅いのだろうか？　それとも、みんなは色を塗れるところがどれほどたくさんあるのか気づいていないのだろうか？　隣の子の練習帳を覗《のぞ》くと、黄緑でめちゃくちゃに塗ってある。色は円からはみ出し、その乱雑さは見ていて気持ちが悪くなってくるほどだ。空のペンキ缶の縁からもつれた毛糸が飛び出しているような塗り方。そうじゃない、と僕は思った。この円は暗い赤に決まっている。紺か、オレンジっぽい赤でもいい。

とにかく、円の大きさを考えたら黄緑はあり得ない。許せないとすら思った。

僕は自分の練習帳に視線を戻した。色も形もこんなにたくさんあるのに。でも、先生は評価してくれない。「よくできました」の金の星をもらうためには、このモヤモヤをどうにかしなくては。僕は意を決し、クレヨンの箱から悩ましい青を取り出して、黒く印刷された線の内側を塗り始めた。円が彩られていくにつれ、影たちは追われるようにページから消えていく。気の散る存在がいなくなったので、僕はクレヨンを軽快に動かし、円を青く塗りつぶした。

僕に見えているものがみんなには見えないのなら、みんなが見えているものだけを意識するよう、自分を訓練するしかない。

他の子とは違っている、と幼い頃からわかっていた。なぜなのか、どんなふうに違っているのかまではわからなかったが、学校でも、家でも、僕の行動は普通の子とはかけ離れていて、わかりにくく、扱いにくい子どもだった。

母がとくに手こずったのは、毎朝僕に服を着せることだった。服が肌に当たって擦《こす》れるのがいやで、すぐに脱いでしまう。母にもう一度着せられるまで、僕は寝室の真ん中で、裸で突っ立っているのだった。服を着るのは耐えがたいほどつらく、なかでも最悪なのはシャツのタグだった。ある朝、新しいピンクとグレーのストライプ柄のシャツを着せられた。祖母からのプレゼントだったのだが、その生地は僕がやっとのことで慣れた薄手の生地よりも重たかった。襟ぐりの辺りはとくに分厚く、袖の縫い代が肌に当たり、気になってしかたない。縫いつけられているタグは大きくてごわごわする。じっと立っているだけで、首の周りに違和感がある。マッチ箱のやすり部分を押しつけられているような感じだ。僕はむずかり、めそめそしはじめた。肌に当たるタグの感触は、ヤドカリに首を引っかかれているようだった。僕は腕を振り回し、必死にシャツを脱ごうとした。でも、もがけばもがくほど、ヤドカリはさらに爪を食い込ませてくる。母はすぐにシャツを脱がせ、どうしたのと訊《き》いた。「これ」僕は泣きじゃくりながらタグを指さした。それ以降、母は僕のシャツすべてのタグを切り取った。

僕が変わっていたのは、これだけではない。興奮するたびに、はじけるような気持ちが心の枠を超え、全身を駆け巡る。指先が火のついたロケット花火のように感じられ、手を大きくはためかせる。いとこたちは、そんな僕を見て「バードパワー」だと言っていた。しまいに僕はお守りのように扱われ、ニンテンドーのゲームのラスボス戦ではいつも重宝がられた。それから、冷蔵庫につける磁石のアルファベットへの思い入れも尋常ではなかった。幼児がよくおもちゃにして遊ぶカラフルなアルファベットだが、僕はまるで取り憑《つ》かれたように夢中になっていた。いちばんのお気に入りは、A、E、H、Uの四つ。実際の色と、僕だけに見えるアルファベット本来の色とが正しく合致していたからだ。間違った色は、アルファベットに対する侮辱であり、その文字の尊厳を著しく損なうものだと思っていた。製造メーカーが決めた色と、僕だけに見える色が一致していたときは、自分の外界と内面世界が手を携えたように感じられて嬉しかった。意外なことに、ほっとした気持ちもあった。ちょうど、かゆいと知らずに掻《か》いてみたら、かゆみがあったと気づくような思いがけなさだった。

先生にとって、僕は申し分のない子だった。もの静かで、よく勉強し、言いつけを守る。でも、他の子たちにとっては鬱陶しい存在だった。真面目で、引っ込み思案で、変わり者。みんなは楽しくはしゃいでいるのに、普通なのに、僕だけが違う。まるで、ジグソーパズルの箱に一つだけ紛れ込んだ、違うパズルのピースのように。同年代の子たちは、僕がそばにいるといつも居心地が悪そうだった。弟のレーニアですらそんな感じで、なんて鬱陶しい兄なんだろう、と思っていた。風変わりで、細かいことにまでこだわり、とても心配性な兄。

おまえはそのままでいい、と両親はいつも言ってくれる。でも、ありのままの自分でいると、なぜか友人ができない。みんなは僕と数分ほど一緒にいると、たいてい嫌悪か困惑か、最悪の場合は恐怖の表情を浮かべる。あまり友人ができなかったのは、僕が誰にでもハグをしたがるせいもあったと思う。みんなにハグをして、相手と触れ合い、本当の友人だと感じたい……僕はハグをすることがとても好きだった。家で愛情を注がれなかったわけではないし、とくに愛に飢えていたわけでもない。僕にとっては、ハグをするという行為そのものが夢中になれる体験だった。他の人を抱きしめることで、ぬくもりを感じ、安心できる。誰だってそうだろう。でも、みんなと違うのは、ハグをすると銀色がかった涼しげな青が感じられることだ。数字の四を見たときと同じで、心の底からほっとする。身体から緊張が抜け、世界が今までよりはるかに意味あるものに思えてくる。僕にとって正しい色に彩られたアルファベットを見たときのように。他の人から触れられることで、お互い大事な存在だ、何も心配いらないんだと実感できる。それは理屈抜きの、はっきりした感覚だった。

今にして思えば、ハグという単純な愛情の身体的表現が、外界と内面世界の食い違いを軽減してくれるように感じられたのだろう。この食い違いは、他の人たちには想像すらつかないものだ。こんなわけで、僕はしょっちゅうハグしようとしていたから、みんなは僕をからかうか、悲鳴をあげて逃げていく。

結局、僕は犬が柵の下をぐろうと穴を掘るみたいに、遊び場にある木製の大型遊具のいちばん低い床の下に穴を掘り、そこに潜ることにした。床板はかなり密に打ちつけてあるので、わずかな光しか射《さ》し込まず、誰かに見つかる心配もない。見つからなければ、避けられたりばかにされたりすることもない。ひんやりした薄暗い場所にいると、他の子たちの足音も、笑い声や早口でしゃべる声もむなしく聞こえてくる。誰かが歩くたびに床全体が震えて、板の隙間から砂が落ちてくる。僕は膝をきつく抱え、頬と額を膝に押しつけていた。

孤立している、といつも感じていたわけではない。つらいと思えば、いつもの仲間が相手をしてくれる。仲間といっても、人間ではなく、命のないモノだ。僕は日用雑貨や身の回りのごちゃごちゃしたモノたちに囲まれていた。そのどれもが生き生きとして、はっきりした個性を備えていた。そうしたモノたちに命や感情を吹きこむのは僕の目と心だ。モノたちは人間ほど気まぐれでないのが救いだった。それぞれに歴史があり、僕が人に対するように接すると、みんなほぼ例外なく温かく受け入れ、付き合ってくれる。僕たちは仲間となり、敬愛し合ってすらいた。

小学一年生のとき、先生が僕の文具ケースを見て、とてもきちんとしていると褒めてくれたことがあった。でも、僕は自分の持ち物を大切にしていただけだった。鉛筆も、ペンも、クレヨンも、糊《のり》のボトルも、それぞれに守るべき命があり、認めるべき事情があり、傷つけられずに共存する権利がある。自宅で威勢のいいトリックスターと一緒にいたいと感じたら、祖母のロッキングチェアに飛び乗る。明るい色のカエデ材でできたこの椅子は新しく、二人掛けのソファよりよほど元気がある。花柄の生地に包まれたソファはマホガニー製で脚は丸く、地味で堅苦しい。けれど、安心したい、地に足がついた感じを味わいたいと思うときは、この堂々としたソファによじ登った。

祖父が半透明の黄色いビニール袋から『エル・ヌエボ・エラルド』紙の朝刊を取り出すのをずっと見ていた記憶がある。祖父はその袋を必ず細長く絞り、二回結んでから捨てていた。三回結ぶときもあった。僕のお気に入りは、端に結び目が二つぴったり並んでいるやつだった。祖父は自分では気づかずに、ビニールの式神を作っていたのだ。その式神はポニーテールの女の子で、首の下は長いドレスに包まれている。パレイドリアと子どもの想像が結びついて誕生したものだが、そこに命を吹きこむのは捕らえどころのない何かなのだ。その何かは、モノにも命を吹きこむ——稲妻がフランケンシュタインの怪物に命を吹きこんだように。こうしたモノたち全員がリアルな感情、リアルな個性を備えていた。信じがたいだろうが、僕とモノとの関係は人間関係とまったく変わらなかった。ビニールの式神たちも、放り捨てられていた他のモノたちも僕のおもちゃコレクションに加わった。

どのおもちゃ、どのがらくたにも僕は生命を与え、わくわくするような感情を受け取る。同じ年頃の子たちがするように、ごっこ遊びをするのが好きだった。僕はプロデューサー、監督、スタント監督、方言指導者、人形使い、すべてをこなした。がらくたも、アクションフィギュアも、すばらしいキャストだった。テーマはテレビで見て慣れ親しんだもので、ひとつひとつのポーズを決めたり動かしたりしながら、目の前でモノたちが見せる感情や実際の動きを自分で体験していた。僕は彼らであり、彼らは僕であった。他の人たちを見ていて感じることを、単純化した形で、彼らを通して自分の身体と心に反映させていたのだ。

だから、おもちゃを傷つけないよう、細心の注意を払って大切にした。万一落としたり、壊したりしたときは、自分自身に起きたことのように感じ、縮み上がった。おもちゃをわざと傷つけるなど、とんでもない。自分を傷つけるようなものだ。いっぽう、レーニアは自分のアクションフィギュアの手足をすげ替えるので、彼のおもちゃ箱はマッドサイエンティストの拷問部屋みたいになっていた。頭はサイで、右腕はひどく小さく、左腕は筋骨隆々。それを見ると、僕は自分の身体がばらばらにされ、別のパーツを付けられたとリアルに感じるのだ。弟のフィギュアはかわいそうだ。恐ろしい魔の手から救い出し、回復させてやりたい。でも、実際にそうすることはほとんどなかった。異なるパーツを付けられた姿が、彼らの今の身体なのだから。僕には、こんな姿になっても愛と尊敬に値するんだ、と彼らにわかってもらうくらいしかできなかった。そうしたら、彼らは新しい身体を使いこなし、元の身体よりもすごいパワーを発揮できるかもしれない。

こうしたモノに劣らず夢中になれたのがテレビだった。崇拝していたと言ってもいい。毛布を抱えると安心する子がいる。ホットチョコレートがたっぷり入ったカップを手にするとおとなしくなる子もいる。僕の場合は、コメディドラマだった。いや、きらきら光る画面に映るものならなんでもよかった。何時間もずっとテレビの前に座り、アニメを見ていた。アニメが終わると、父が同僚からもらったビデオテープが入っているぼろぼろの箱に手を伸ばす。グーフィーの寸劇集を見るときもあるし、気分によっては『マイリトルポニー』のときもある。内容はどうでもよかった。テレビを見ていれば、無我夢中になれる。まばゆい色と音さえあれば、それだけでよかったのだ。

でも、いちばんの魅力は、番組が始まるとそれに没入できることだった。画面がちらちらしているのを見たとたん、ブラウン管の向こう側の世界が僕のすべてとなる。夢に身を任せるように、その世界に生きる者となる。テクニカラーの霧の中で、登場人物のあらゆる動きや感触が僕の身体に反映される。たとえば、ドラマの登場人物が自分の額をぴしゃりと叩けば、僕も額に同じ感触を得る。アニメの鳥のキャラクターが舌を突き出せば、僕も自分が舌を出した感覚になる。効果音は、砂色の泡だ。トムとジェリーが見せる軽業師のような動きは、僕の全身に反映される。

当時は、誰でもテレビを見れば僕と同じ体験をすると思い込んでいた。テレビのおかげで、無感覚と没入感との微妙な違いを知ることができた。宇宙の広大さを実感したこともある。アニメの再放送も見る。再放送でもかまわなかった。僕がテレビを見るのは時間を潰すため、両親の言い争いや友人ができない気まずさなどの現実から逃避するためなのだから。けれど、再放送を見ているときはなんの感覚もなく、早送りするように時間が過ぎ去っていくことは幼いながらに悟っていた。ただ、以前見たときに気づかなかったものを発見したときは、ほんの一瞬、この無感覚から抜け出せる。ボクサーになったバッグス・バニーが穿《は》いているピンクのトランクスが、たまに紫色に見えることとか、リングの周りで野次を飛ばしている観衆の怒りに気づくとか。そんな瞬間、僕は再び画面に引き込まれるのだった。

こうして、僕はテレビからいろいろ学んだ。テレビは夢中になれる。ためになる。慰めにもなる。画面上でピクセルが躍ると、僕の思考も行動も中断する。僕は凹凸のある茶色のカーペットに座り、ぽかんと口を開け、何時間でもテレビを見続けていた。凝縮された刺激に反応してやまない癖は今も変わらないが、幼い頃は「現実の」世界から引き離されることが慰めだった。自分と他の人たち――家族も含めて――との間には越えられない溝がある、と当時から感じていた。自分溝を狭める方法を知らないために、外界を振り捨て、自分の内面世界により深くこもることが幾度となくあった。

本にも没頭できた。テレビほど強烈ではないものの、小説を読んでいると、言葉を追っていくうちに、代替現実《サブリアリティ》とでも呼ぶべき世界に下りていく。とくに『きみならどうする？（Choose Your Own Adventure)』シリーズは、言葉で描かれた状況が頭の中に浮かぶだけでなく、夢を見ているときのように、感覚のすべてが小説の世界に支配された。登場人物をさまざまな視点から見て、共に体験する。しまいには、こういう類いの本から離れざるを得なくなった。冒険小説の余韻を現実世界でも引きずり、ばかな選択をしかねなかったからだ。車のドアを開けたら、中にとぐろを巻いたガラガラヘビがいて、僕の人生はいきなり終わるかもしれない。この電話に出たら、知らない誰かの耳障りな声で極秘の指示を与えられ、冒険が始まるかもしれない。

子どもが薄暗い部屋で背中を丸めて本を読みふけったり、何時間もテレビを見続けたりしていたら、どんな小児科医でも大騒ぎするだろう。でも、さいわい両親は僕の自由にさせてくれた。今でも深く感謝している。小説やテレビの世界に深入りしすぎないよう努めているとき、その世界の住民たちは僕に言葉とコミュニケーションの基本を教えてくれた。何をどう言うか、他の人にもなじみのある話題や決まり文句は何か——アメリカ人として、大衆文化を享受する仲間として、他の人たちに話をするときに役立つ実用的な知識だった。

それでも、僕にとっての現実とは、虚構の世界も含め、幾層にも重なり合うものだった。心の中には迷路のようなウサギの巣穴があり、外界があまりにつらく感じられるときは、巣穴をその場しのぎの隠れ家としてよく利用した。

両親は必死にがんばっていたが、一九八〇年代末になると、もはやアメリカには住み続けられない状況になっていた。母はスーパーマーケットの総菜とパンの売り場で長時間働いていた。父は毎晩目覚ましを明け方の四時に設定し、新聞配達をしていた。さび付いたグレーのステーションワゴンを走らせ、車の窓から新聞を家々に投げ込む。新聞配達が終わると、茶色い制服に着替え、焼けつくような暑さの中、配送トラックに段ボール箱を何百と積みこみ、南フロリダじゅうを配達して回る。帰宅した父には、肉体労働者ならではの匂いが強く感じられた。父はシャワーを浴び、今度は赤紫色の襟がついた青いポロシャツに着替え、帽子をかぶり、ピザの配達に飛び出していく。父とゆっくり過ごす時間はないが、それでも疲労による緩慢な動作は僕の中に反映されていた。父の目の下には苦悩が垂れ下がり、疲れ果て、ほほえむ力すらない。そんな父を見ていると僕の筋肉も収縮し、ほほえむのに苦労する。父の腰は筋肉が凝り固まり、まるで拘束具をつけているようだった。僕も見えない手に引っ張られるように、上体が前のめりになる感覚がした。父の手は皮膚が硬くなっているが、温かい。ごつごつした父の手のひらに手を重ねると、心地よい夏の太陽に照らされた川岸の岩が目に浮かぶ。過労や身体的な不快感に苛《さいな》まれていても、父が強い信念の持ち主なのはわかっていた。新しい国で家族を幸せにしてやりたいという気持ちがなければ、伝わってこない感情だ。

両親が抱えるむなしさ、悲しみは時おり幼い僕の体内に反映された。目の端に映る両親が、ぼんやり前方を眺めているときなどに、それを感じた。どうしても夢に手が届かない二人の生気のない目。母も父もニカラグアからの政治難民だった。僕の身体が二人の目や喉に宿る緊張を反映すると、部屋から酸素がなくなったような息苦しさを覚えるのだった。

でも、どんなにアメリカで受けた教育を活かそうと努力しても、どんなに長時間働いても、破産を免れることはできなかった。僕たち一家はニカラグアに送り返された。虫歯や浮き出たあばら骨を、貧困を僕の身体が反映したのは初めてだった。舗装されていない道端に建つ小さな小屋には、がりがりに痩せた小さな子がいて、ダートケーキ〔土に見立てた黒いケーキ〕のような目をしている。とたんに僕は目に土埃《つちぼこり》が入ったように感じた。まばたきするたびに目がごろごろする。僕はひるみ、目を細めた。幻の土埃から目を守るため、貧困の苦しみから身を守るために。子どもたちの膨れ上がった腹を見ると、自分の腹も膨れたように感じる。まるで男らしさ《マチスモ》に忠誠を誓った男たちの腹のように。彼らの腹に詰めこまれているのはチチャロン〔豚の皮を揚げたもの〕と葉巻の煙だったけれど。人々の苦しみ、プライド、やるせなさを知り、僕は気持ちが乱れた。これがカタルシスとなり、やがて感謝と共感を理解する礎《いしずえ》となっていくのだが、ただで学んだわけではない。

首都マナグアでの暮らしは、自分が空っぽになった感覚に苛まれ、とにかく癒やされたかった。ゴールデンタイム帯のケーブルテレビが恋しかった。いきなりストが始まり、停電するのはいつものことだ。ごくたまにテレビが映るときもあるが、画面はとても乱れていた。

感覚を麻痺《まひ》させるため、僕はまもなく食べ物に救いを求めるようになった。先進国で享受していた便利さすべての埋め合わせをするかのように、米、豆、トルティージャ、そのほか食べられるものなら何でも口にした。分厚くふわふわしたトルティージャを食べていると、頭上を流れていく冷たく白い雲に呑《の》みこまれるような感覚がある。ペースト状にした豆は温かく、ねっとりとして、気だるいグレーにとろけていく。いつも目の当たりにしている飢餓の苦しみは、自分に反映されていく飢えの苦しみは、食べることでしか対処できない。胃の中はふわふわの毛玉で満たされて徐々に膨らみ、黒く太い輪郭に囲まれた深紅色が僕の内部を埋めつくしていく。おかげで僕は日に日に身体が重たく、顔が丸く、腹回りが大きくなっていった。今までも服を着るのは難儀だったが、体重が増えてからは苦行となった。ズボンの感触がより不快で、走るとすぐに痙攣《けいれん》を起こし、激痛が走った。

さいわい、十八カ月後に僕たちはアメリカに戻ることができた。日々の悩みは軽減された部分もあったが、僕が孤立していると感じるのは相変わらずだった。弟との溝が広がっていくにつれ、孤立感は増していった。レーニアは誰とでも仲良くなれる。いとことも、近所の人とも、見知らぬ人とでも。誕生日パーティなど家族が集まるとき、レーニアは難なく同世代の子どもたちの輪に入っていく。いっぽう、僕はからかわれる立場のままだった。レーニアはよくもめ事を起こし、たいてい、そこから殴り合いの兄弟喧嘩《けんか》になる。弟を殴れば、それが反映されて自分が殴られる感覚も生じるため、僕はお互いに傷つかないよう手加減していた。

レーニアは家でも学校でも活動過多が目につき、まとまった時間、何かに集中することができない。注意欠如多動性障害《ADHD》と診断され、弟は困惑していた。何かが本質的に違うと感じたのなら、兄弟間の溝は狭まっていくのが普通だろう。しかし、これはのちに知らされたのだが、レーニアにとって僕は腹立たしい存在だったのだ。もの静かで変わり者。問題を起こすことはないが、人に嫌われている。そんな兄と比較され、兄をお手本とするよう両親から言われる。そのせいで、兄弟間の溝はますます広がった。僕としては受け入れるしかなかった。成長するにつれ、弟とは物理的な距離も広がっていった。

小学生時代は学年が上がるにつれ、仲間はずれにされることが多くなった。なんとなくそう感じていた。鬼ごっこで最初に鬼になる確率が、偶然とは言えないほど高かったから。チームのメンバーを決めるとき、「いちばん良いものは最後の楽しみにとっておく」は通用しないと悟ったから。もっとあからさまに思い知らされたこともあるが、他の子にとって、僕を本気で怒らせるのは難しかったかもしれない。その頃、僕は感覚を麻痺させるすべを身につけていた。からかわれても、傷ついたそぶりすら見せなかった。

これは情動反応の欠如ではない。僕の場合、ほとんどの反応は身体の内部で生じる。時間が経ってから生じることもある。何度か泣いた記憶はあるが、涙を流すのは家にいるときだけと決めていた。クラスメイトの仕打ちが悲しかった。人から受けた侮辱を反映し、自らをさげすむ自分に嫌気がさした。彼らの悪口を聞いていると、まるで自分で自分を怒らせ、不安定な状況に追い込んでいくように感じるのだ。悲しみと戸惑いから生まれた苦悩は強烈だった。胸の中には、真っ黒で表面が艶やかな板のような物体が存在している。それはアルミ缶がつぶれるように、ひしゃげ、ねじ曲がる。曲がれば曲がるほど苦しみは増す。なぜ人は他人をこんなふうに扱うんだろう？　なんのメリットがある？　いじめられる側にも理由があると誰かから教え込まれたのか？　さまざまな問いが生じ、涙となってあふれ出す。でも、答えを求める僕の頭には暗い考えが何度もよぎっていた。その考えは、ひねくれた小人のささやきとなって聞こえた。「あの子たちの言う通りだよ！」

僕には生まれつき何か良くないものが備わっているんだろうか？　そうだとしたら、僕は一生このままなのか？

なぜ誰からも好かれないのだろう、と母に訊いたことがある。他の子たちに楽しい瞬間をあげたいだけなのに。僕は誰かをハグしたり、誰かと誰かがハグしているのを見ると、温かい気持ちと爽やかな気持ちが同時に湧き起こってくる。僕にとってはまさに数字の4の感覚なのだ。そういう気持ちを他の子にも経験してもらいたかった。母は僕のベッドの端にそっと腰を下ろした。古いマットレスのボックススプリングがきしむ。母は優しく僕の背中をさすってくれた。困惑とフラストレーションによる痛みが和らいでいくにつれ、胸の中に陣取るひしゃげた黒い物体も、徐々にまっすぐに戻っていく。「みんな知らないの。自分に何が欠けているか知らないだけよ」と母は言った。枕に顔を埋《うず》め泣いていた僕は、顔を上げた。慰めの言葉が嬉しかった。僕の価値を認めてもらえたからではない。耳障りなささやきに対して、揺るぎない事実で反論してくれたからだ。

そうだ、みんな知らないんだ。人はみんな同じもので構成され、行動も表面的には同じように見えるかもしれない。けれど、考え方は人それぞれで、まったく別の世界に存在しているようなものなのだ。

そこで僕は、表面には出てこない部分で、人との結びつきをより強く感じられるような外界を探すことにした。その頃、僕は誕生日パーティに招待された。会場はローラースケートリンクの「ホット・ホイールズ」。子どもの誕生日パーティがよく開かれ、膝をすりむく子がたくさんいる場所だった。父が車で送ってくれ、パーティが終わる二時間後に迎えに来ると言ってくれた。クラスメイトの誕生日パーティに呼ばれることなどめったにない僕は、二時間もあれば一生の友を作れると思い込んでいた。二時間も必要ないかもしれないとさえ。

スケートリンクのそばのパーティ会場に足を踏み入れ、けばけばしい色の風船で飾られているほうへ足早に向かった。そして、パーティの主役の母親に握手をした。彼女は礼儀正しい人で、他の子どもたちがいるほうを僕に指し示した。僕は立ち止まった。クラスメイトも何人かいるが、知らない子も大勢来ている。主役の子は段ボールで作った特大の王冠をつけていた。僕はその場に立ったまま、他の子たちがポップコーンを投げ合って騒いでいる様子を見つめた。みんな笑っている。ということは、楽しいのだろう。

僕は走り回っている子たちに近づいた。みんなの激しい動きが僕の身体に反映されるのは楽しかったが、その場に突っ立ったまま、みんなに合わせて笑おうとするのに厭《あ》きてきた。そこで、大人が集まっているテーブルに向かった。少なくとも、冷めきっていないピザや気の抜けたソーダにありつけるはずだ。

大人と過ごすほうがずっと面白い。大人たちが何を話しているのか、おおまかなことはわかるし、話を聞きながら、いろいろな言い回しを覚えられる。でも、いちばん楽しめたのは、大人たちのしぐさに秘められた、秘密の会話を読み取ることだった。

大人のしぐさはそのへんの子どもよりはるかに表情が豊かで、まるでテレビを見ているみたいだった。大人が抱えている感情や考えは重く暗い色で、古い桜の幹のようにごつごつしているが、それでいて陽気さがある。顔に浮かぶ皺《しわ》は見ていて面白く、口の表情を理解しやすくなる。渋滞や子どもの送迎で疲れているのも感じられるし、ジョークとは思えないような誰かのコメントに対するかすかなほほえみも見られる。ちらりと見える歯。とんがった唇。いぶかしげに細めた目。沈黙の気まずさ。どの瞬間も僕には楽しかった。

次に口を開くのは誰かを当ててみることにした。話者が替わるときは、姿勢や表情に明らかな変化が見られることが多い。話者が替わるたびに、僕の予想は正確さを増していった。大人たちのそばに座り、ひとりひとりを見ているうちに、相手のある感情を刺激すると、自分の考えを伝えやすくなることに気づいた。うまくできないと、言葉は相手に伝わらずに消えてしまう。しかも、間違った感情を刺激してしまったら、言わんとすることが真逆の意味に受け止められかねない。

会話を続けるいちばん楽な方法は、話している人の目を見ること、そして、その内容に重なるように自分の話をすることだ。そうすれば、相手も同じようにふるまい、このパターンが自然に繰り返されていく。相手を自分に反映させることで、相手との距離を縮められる。僕が得たいちばんの教訓は、たとえほんのうわべだけでも相手とつながるために、会話を途切れさせないようにする方法だった。

何を言うかは必ずしも重要ではない。水面下で起きていることは、言葉では正確に伝えられない場合もある。この点に気づいてからは、誰かが僕や他の人に何を伝えようとしているのかを読み取れるようになった。言葉から相手の意図を「推測」するのではなく、言葉を超えたものに耳を澄ませる。そのためには、相手が僕の中に呼び覚ますものに、つまり僕の身体が自動的に翻訳し反映させる情報に、細心の注意を払う必要がある。そして、理解したと相手にはっきり伝えることだ。

この練習は高校を卒業するまでずっと続けた。でも、学校のリノリウム張りの廊下や砂利を敷いた駐車場から滲み出る、息が詰まるほどの攻撃性は予想できなかった。学校には毎日、何百人ものティーンエイジャーから発せられるやり場のない不安や怒り、苛立《いらだ》ちがたぎっていた。授業と授業の合間に、混み合う廊下を進んでいると、肌の下が緊張する。もちろん、誰でも思春期特有の不安は肌の下をムカデのように這《は》い回っているが、その不安の下で、怒りが音を立てながらゆっくりうねっているのだ。廊下ですれ違う無数の顔には、フラストレーションの大波も、原始的な飢えも透けて見える。いつ爆発して暴力沙汰になってもおかしくない。なんの理由もなくいきなり肩をぶつけられ、バックパックをつかまれ、押し倒され、顔を殴られ、足をすくわれる。

青と黄色の終業チャイムが鳴ると、僕はようやく解放される喜びを反射的に感じるが、最後の難関がまだ残っていた。スクールバスだ。監督者のいない、チェダーチーズ色の閉ざされた空間。校舎の裏に出て、砂利を踏みしめ足早に歩いていると、グレーの柔らかい鞭《むち》が僕の足をくすぐる。仲間を見つけて小グループを作るか、透明人間になるしかない。早くバスに乗らないと、怒りにたぎる連中の喧嘩に巻きこまれる。喧嘩を目撃するたびに、その感覚が自分に反映されるのだ。他人の怒りが反射的に身体の奥深くにまで染みわたる。絡み合う2匹のコブラのように取っ組み合っている汗臭いティーンエイジャーを避けようとしても、鮮やかな緋色《ひいろ》の糸が僕の手足に巻きつき、絡まり、締め上げる。パンチの衝撃は僕の視覚を飛び越え、腱に突き刺さる。実際には誰とも争っていないのに、押され、引っ張られ、砂利の上に倒される感覚を味わわされる。現実の埃も、幻の埃も、目に入ってくる。

最悪なのは引っ掻き合いだ。金切り声で叫ぶ女子生徒二人の近くに居合わせたことがあった。ひとりはゴールドのブレスレットを何重にも付け、ゴールドの重厚なイヤリングもしていたので、パンチを繰り出すたびにそれらが音を立てた。もうひとりはトラのように長い爪をけばけばしいオレンジ色で彩っていた。二人は互いに左手で相手の髪をつかみ、ぐるぐる回り始めた。僕の髪も根こそぎ引き抜かれそうなぐらい強く引っ張られるようだった。二人とも右手を振り回し、相手の顔に爪を立て、皮膚を引き裂こうとしている。手の動きは素早く、見ていると、熊手が僕の顔の右側を引っ掻くような感覚を覚えた。この感覚から逃れようと、僕は右手を顔に押しつけてバスに飛び乗り、背を向けるように窓際の座席に座った。埃だらけの窓の外から、まるで路地裏の闘鶏に群がるように、大勢の野次馬が走ってくるのが見える。バスの座席はマイアミの強烈な太陽に熱せられ、ぼろぼろのビニールシートは火傷《やけど》しそうなほど熱い。おかげで僕は気をそらすことができた。

日を追うにつれ、他の生徒たちとの距離が広がっていく。みんなと同じように、僕もホルモンに翻弄され、身体の接触に反応する我が身を理解しようと必死だった。でも、それが重荷としか感じられないのは自分だけのように思えた。学校の廊下では僕は意気地なしだと思われ、教室ではひどく几帳面《きちょうめん》で繊細な変わり者だった。みんなが僕を拒絶しているという感覚が反映され、よけいに自分を受け入れられなくなる。価値のない人間、というメッセージが廊下に響き渡っている状態で、自尊心を持ち続けるのは難しくなっていった。

歩き方も、話し方も、僕は他の男子生徒とは違う。喧嘩を売ることはなく、もめ事は避ける。ガールフレンドもおらず、誰かを好きだと人に話すこともない。こんなわけで、周りから下された評価はゲイだった。でも、僕はゲイじゃない。いや、本当はゲイなのか？　いや、違う。でも、もし本当にそうだとしたら？　僕はまだ他の誰とも距離がありすぎて、心惹《ひ》かれるような感情を抱けるような状態ではなかった。

さいわい、勉強は楽しかった。成績が社会的価値の指標となったのは、高校での二年間を生き延びてからだった。もちろん、〝ガリ勉〟がみんなから称《たた》えられたわけではけっしてないが、クラスで成績がひときわ良かったことから、僕の学力や知力に限っては、尊敬の念が徐々に浸透していった。

ただ、尊敬が友情に結びつくことはなかった。僕には本物の友人が必要だった。相手の延長線上で振る舞い、相手も僕の延長線上で振る舞える、そんな友人が。他の人たちと気持ちを通じ合わせるにはどうしたらいいのか。実生活での人との交流は、テレビで宣伝しているような単純明快なものとはほど遠い。思っていることをそのまま口にしたり、他人の言動を無視したりしても通用しない。もっと深く掘り下げる必要がある。僕は他の生徒を今まで以上にじっくり観察し、相手が無意識のうちに伝えているものを手がかりに、クラスメイトとやりとりし始めた。

あるときカフェテリアで、ここの食事って最低、とクラスの女子が言った。嫌そうな表情をしているが、左の眉がかすかに上がっている。たぶん、本当に最低というわけではなく、他のものが食べたいだけなんじゃないか。僕に同意を求めているだけか、何か他の方法を求めているのか。でも、確信はない。仮説の真偽を確かめるには試してみるに限る。

「そうだね、外のフードトラックで何か買ってくる?」

とたんに彼女の顔から嫌そうな表情が消えた。「すごい、完全に読まれた。じゃ、行こうよ」

僕の読みが当たり、喜ばれるときもあった。テレパシーではないが、役に立つ。ただし、読みが外れたときはまずいことになりやすいので、もっと情報を集められるような対応がいい。また、相手の言わんとしていることはわかると伝えたうえで、声の抑揚や顔の表情、態度などにも気をつけて返事をしないといけないことも知った。「そのヘアスタイル、すごくいいね！」と口を大きく開け、眉を上げ、両手で親指を上げて見せたら、皮肉ってるのかと言われかねない。それよりも、「今度のヘアスタイル、僕は好きだな」と控えめで誠実な言い方をしたほうがいい。

　けれど、読みが当たるだけでは対処できない場合もある、と僕は何度も思い知らされた。相手の苛立ちや気分の落ち込みを察知しても、相手がそれに気づかれたくないと思っているときに指摘すると、最悪の場面を迎えることもある。「えっ、そんなはっきりわかる……？」と困惑されたことがある。弱みを知られたと感じたのかもしれない。また、完全に見当違いで「おい、いったい何の話だよ？」と切り返されたこともある。こんなへまを何度も繰り返すうちに、学校に知り合いが少しできてきた。それから、少しずついろいろなグループに近づいていった。人との交流に自信が生まれ、自分の隠れ蓑《みの》を脱ぎ捨てるときもあった。自分の声で、自分なりの方法で話をするのが、一か八かの賭けではなくなってきた。

　ソーシャル・ディスフォリア〔出生時の性別に対する社会的不快感〕と呼べそうな感覚はまだ残っていたが、声に出さないコミュニケーションのコツはわかりかけてきた。小さな一歩だが、これまでその一歩を踏み出せずに苦労していたのだ。そして二学年が終わって迎えた夏休み、僕は思いがけずアレックスと出会った。高校時代の親友三人のうちひとり目となる人物だ。コミュニティカレッジに大学進学対策のサマープログラムがあり、送迎バスで席が同じ列だった。最初のうちは授業のことなどを話していたのが、やがてアニメの話になった。お互い、本格的なアニメオタクだった。アレックスとの会話は、努力する必要がほとんどない。毎日、コミュニティカレッジへの行き帰りに、アレックスと僕はオタク道を究めていった。めちゃくちゃ楽しかった。彼は明らかに友人と呼べる存在だった。

サマープログラムが終わっても、アレックスとの友情は続けていきたかった。高校では、偶然にもアレックスと同じ飛び級科目をいくつか受講していたので、僕は安心していた。三年生になり、彼が駐車場の木陰で二人の男子と一緒にランチを食べているのを見つけた。夏休み中のやりとりで自信がついた僕は彼らに声をかけ、一緒に食事をした。アレックスの連れはリーとスティーブ。会ってほんの数秒後には、この三人組の陽気さが伝わってきた。まるで霧のかかったオアシスにいるような、暖かいけれど涼しい、そんな感じなのだ。ひとりが何か言ったり、大げさに滑稽なしぐさをしたりするたびに、他の二人が笑う。その笑い声を聞くとくすぐったい気持ちになる。自分の笑い声が三人の声とひとつになって響く感覚は最高だった。僕たちの共通の話題はテレビ、SF小説、マンガ、アニメがほとんどだった。

ところが、その翌日の昼休み、駐車場の木陰に三人の姿はなかった。僕は首を伸ばし、辺りを見回した。遠く、フードトラックの向こう側にリーの顔がちらと見えた。僕は黒いバックパックのストラップに親指を引っかけ、まっすぐそちらに向かった。三人は毎日駐車場の違う場所にいたが、僕は必ず見つけ出した。彼らとのランチは、僕にとって高校生活のいちばん幸せなひとときだった。共に過ごす時間が積もるにつれ、彼らのドタバタ喜劇のようなユーモアに慣れ、彼らの笑いを取れる話し方も身についてきた。話すのが下手だった僕だが、何度も失敗を重ね、観察と練習を繰り返すうちに、着実に上達していった。

それから二年間、僕たちはさらに友情をはぐくみ、今では互いに心の兄弟だと思っている。ただ当初、毎日昼休みに彼らを捜さなければならなかった理由を聞かされたのは、出会ってから十年経ったときだった。最初はきみを避けようとしていたんだ、と三人は酒を飲みながら告白した。陰で僕に〝ジョーク・キラー〟とあだ名を付け、あまり関わりたくないと思っていた、と。僕はよほど場をしらけさせていたのだろう。当時は笑いと話題の楽しさに夢中で、まったく気づかずにいた。でも、たとえ気付いていたとしても、懲りずに彼らを捜し続けたと思う。彼らがぎこちない僕に突破口を与えてくれたことがとても嬉しかった。また、僕自身も粘り強くてよかった。あのとき諦めていたら、たくさんのすばらしい思い出を手に入れそこなったのだから。三人との交流を通じて、僕はユーモアの大切さを知り、その過程で、人を笑わせる方法を学ぶことができた。人をほほえませ、笑わせ、爆笑させるのは、僕が学んだ最も貴重なレッスンのひとつだった。共に笑うことはハグにも似て、僕の中に輝くばかりの喜びをもたらし、その甘い余韻は何度も反映される。僕が自分の中に生み出す喜びは相手にも伝わり、相手の喜びは僕に反映される。腹の底から喜びと笑いがこみ上げてくる。その感覚は、虹色の野の花が咲き誇っているとしか言いようがない。

リー、スティーブ、アレックスとの友情は、他者との関わりが新たな局面を迎えたことを告げるものだった。高校生活が終わり、コーネル大学への進学の手続きに追われていた頃、僕は寂しさと同時にわくわくした気分も味わっていた。これからも辛抱強く（そして思慮深く）、他の人たちとのつながりを築いていこう、と期待に燃えていた。

大学は自分自身と他者を見つめる格好の場だった。やがて僕は、声の抑揚や話すスピード、顔の表情、それとはっきりわかる動作などを通じて、人と関わるための、より確実なシステムを作り上げた。とくに顕著な効果が見られたのは、グループにいるときだった。グループ内なら、自分が発言しなくても他の人たちのやりとりを観察できる。観察と会話を両方いっぺんにおこなうのは、僕にとってバードウォッチングとガーデニングを同時にやるようなものだった。どちらもやっていて楽しいが、どちらか片方に専念したほうがうまくいく。

グループと長く付き合う可能性はないと感じたときは、大胆になれた。そういう場合、僕は人から社交家と思われていた。逆に、これから何度も顔を合わす可能性があるときは、最初の一、二回は観察や解釈に専念し、もう大丈夫だと感じてから会話に参加するようにした。辛辣な質問もすれば、冗談も言う。他の人たちが声をあげて笑ってくれたときは楽しかった。内向的な人だと思っていたけれど、実際は社交的で好感のもてるおもしろいやつじゃないか、と見なされる。ただし、途中で新しいメンバーが加わると、皆の態度ががらりと変わる。その力学を再認識し、もう一度観察から始めなければならないことがたびたびあった。

ある特定の人と共に過ごす時間が増えるにつれ、僕は無意識のうちに相手のしぐさを真似ていることがよくあった。下唇に鉛筆を乗せる、両手を腰にやって立つ、無我夢中で話す、相手が好んで使う言い回しを使う、など。これは、チック障害やトゥレット症候群の患者によく見られる反響動作や反響言語とは違うし、尊敬やメンタル・アベイラビリティ〔真っ先に思い浮かぶこと〕のせいでわざとそうするわけでもない。

僕の場合、他者を自分に反映させるのは、クローンを作るプロセスに似ている。自分の骨に粘土をつけて人形を作る作業とも言えるだろう。無意識のうちにそうしているのだが、興味深いことに、何日か一緒に過ごしていると、相手の真似をしているのがぴたりと止むのだ。もはや相手から影響を受けない、相手の態度に同調する必要はないと言わんばかりに。相手の顔や身体の動きを感じ取り、必要なときに使えるよう、無意識の中に落とし込んでしまう。たとえば、子どもじみた言い争いを仲裁するとき、僕の脳は寮の監督の記憶を引っ張り出す。軽いノリで話したかと思うと、ふと声の調子を落として言葉を切り、無言のまま視線を前方に向けるなど、意図的に監督の真似をするのだ。軽い会話の途中で深刻な問題について尋ねられたら、僕は小首をかしげて、チョウザメのようなしかめっ面をし、皮肉っぽく目を細めたりまばたきをしたりして、その場を和ませる――これはルームメイトのケンスケがよくやる仕草だった。

こうして僕は挨拶をし、観察し、学び、感じ、相手になりきり、相手の癖を自分に取り込みながら、大学一年目を過ごした。

ごく少数の友人はいたが、僕は必要に迫られない限り人と付き合おうとはしなかった。かつてはテレビが救いだった。大学に入ってからは、オンラインゲームに逃避した。マルチプレーヤーのロールプレイングゲームだ。何時間もコンピュータ画面にかじりつき、自分のアバターになりきっていた。アバターの動き、キックやパンチ、かすかに揺れる髪、すべてが自分のことのように感じられる。僕はゲームの世界を完全に支配していた。光も音も、きらめき爆発する色も、複雑な現実世界よりはるかに理解しやすかった。だからゲームから離れがたく、他の人たちをますます避けるようになっていった。

人と交流するときは、僕の態度が攻撃的だとか、ずれているとか思われることもあった。それでも他者の行動や態度に対し、落ち着いて自分の感度を調整することを学んだ。相手に不快な印象を与えないよう、感度を鈍らせてはいけないが、感度を高めすぎると自分の言動はたびたび麻痺してしまう。相手に合わせすぎると、僕はその人にとって都合のいい存在に成り下がる。このバランスに気づくまで、だいぶ苦労した。僕の言動に対する相手の反応によって、感度は否応《いやおう》なしに高まっていく。とくに顕著だったのは、当時のガールフレンド、クリスティーナに対するときだった。

彼女と初めて出会ったのは、コーネル大学のサマープログラムだった。彼女は別の大学に進学したが、定期的に会い、電話やテキストメッセージ、インスタントメッセンジャーでひんぱんにやりとりしていた。ファーストキスは彼女だった。出会ったばかりの頃、十七歳の僕たちはデートもぎごちなかったが、やがて僕は彼女を愛するようになった。彼女が初めて親密さを示したときにはためらったものの、それでも彼女のそばにいたかった。クリスティーナは快活で、容赦ない性格だ。彼女の動作に感じられる信頼の重みが僕には魅力であり、心をつなぎ止めるものでもあった。ファーストキスは僕の左肩から始まった。うっとりするほど熱く、それでいてひんやりとした感触が皮膚を通って血管に入り、皮膚の下に潜む不安の塊をひとつひとつ溶かしていく。安堵感《あんどかん》の大きさに身体が震えた。彼女のキスは首筋を伝い上り、唇に達した。僕は我を忘れた。「興味」がいつ「魅力」となったのか、「魅力」がいつ「愛」になったのか、その瞬間の記憶はまったくない。神経細胞間のシナプスの中に見つかるのかどうかもわからない。でも、どこかの時点で、僕の脳内にある感情と報酬のネットワークが共謀し、僕に境界線を越えさせた。僕とクリスティーナを区切る境界線。そんなものはほとんど消え失《う》せた。

幼少期から求め続けてきた人との結びつきをついに見出《みいだ》したわけだが、祝いたい気分にはなれず、僕は新たな不安を感じていた。他者との境界がないと、僕は二つの身体のどちらも生きることになる。関心過大。同一視。纏綿《てんめん》状態。依存。ストックホルム症候群。心理学や心理療法には、他者と同化していると思い込む病的状態を示す用語がいくつかある。そうした錯覚が顕著になると、相手の幸せを損なうようなものに対し、激しく心を痛めることになる。今にして思うと、当時僕が経験していたのはエロスの現象であり、ロマンチックな恋であり、それを心理学上の概念と勝手に結びつけていたのだろう。クリスティーナと過ごす時間が増えるにつれ、彼女は僕の神経系の延長線上にある存在となっていった。僕たちのエロスは、恋する人たちのほとんどが経験する、または経験したいと願うような、二人がひとつになるといったものではなかった。僕には、自分自身が失われていくように感じられたのだ。弟のレーニアと喧嘩したときのように、クリスティーナを傷つけることがあれば、それは自分で自分を傷つけるということだ。実際、わざとではなく彼女を怒らせてしまうときは、僕が彼女の言動を変に解釈したか、自分の考えや感情をうまく伝えられなかったことが原因だった。最初のうちは、彼女の気まぐれをとても魅力的に感じていたのだが、その気まぐれのせいで感情の波が増幅する。僕がへまをするたびに、僕たちのいる広大な地雷原で爆発が生じるのだった。

クリスティーナを幸せにし続けることが、僕自身のささやかな幸せを維持することになる。でも、彼女が僕を喜ばせられるのは、彼女自身がそうすることに喜びを感じている場合に限られる。こんな調子だったため、僕たちの関係はいつしか、クリスティーナと、彼女を反映したおぼろげな彼女自身の関係へと変わっていった。クリスティーナのせいではない。僕は争いを避けようと努めたが、彼女がはっきり示す苦悩は僕の身体に刻みつけられ、そうなると僕は自分が彼女に与えた苦悩しか感じられなくなる。恥、罪悪感、苦しみばかりが自分の中に反映される。

ある日、ふと思った。僕はいったい何者なのだろう？　鏡に映っているのは本当にこの僕なのか、それとも鏡の中の人物こそが本物なのか？　唯一無二の自分など幻想に過ぎず、僕は映し出される存在でしかないように思えた。それとも、レーニアが作ったフランケンシュタインの怪物のように、いろいろな要素をかき集めたキメラになってしまったのか。

僕には助けが必要だった。こんなふうに感じるのは、これが初めてではないが、ここまで思い詰めたことはなく、たいして傷つかずに逃げおおせてきた。でも、今回は独我論の逆へとますます沈んでいき、自分だけではどうすることもできなくなった。僕はコーネル大学のメンタルヘルス・システムを利用し、かなり早くセラピストと出会えた。会ったのはほんの二、三回だったが、僕が抱えている問題をあぶり出し、対処法を考える助けとなってもらえた。

この作業を続ける際に、当時親しくなっていたオンラインゲームのグループが重要な助けとなった。現実から切り離されたゲーム世界での仲間とのチャットは、他者の考えを自分自身に反映したり自己批判したりすることなく、僕自身に意識を集中できる安全な場所を作るのに欠かせなかった。チャットでのやりとりのみを通じて、僕は自分の心と折り合いをつけていったのだ。この方法なら、他者を少々誤解しても、許容範囲内に収めることができた。やがて僕は、人を形作る経験や関わる人々はその人を定義するものではない、とわかってきた。定義するのではなく、その人を洗練させるのだ。経験のせいで傷つきもするが、明日にはその傷口がふさがり、皮膚が硬化して、さらに高く上るための足場となる。

でも、この点を完全に理解するのは、まだ何年も先の話だ。

CHAPTER 2

紫・白・オレンジ・朱色

人里離れたアマゾンの熱帯雨林に暮らすカヤポ族は、魅力的な方法で世界と関わっている。心や身体に傷を負うと、それをとてつもなく愉快な、おかしくてたまらない経験と受け止めるのだ。どんなに辛く、苦しくても、それを笑いで表現する。何かにつま先をぶつけても、激痛をもたらすサシハリアリに嚙まれても、笑いの種とする。カヤポ族は環境を支配し、環境が人に及ぼす影響をも支配している。

ある日、カヌーで川を下っていたとき、カヤポ族の年配の女性がブラジルナッツの入った重たいかごを背負い、川のそばの急坂を上っていくのが見えた。坂の上に近づいたとき、女性は足を滑らせ、六メートルほど下の川岸まで転がり落ちた。僕はぎょっとし、必死にパドルを漕《こ》いでそちらに向かった。だが、岸に近づくと笑い声が聞こえてきた。女性が服についた土を払いながら、明るく笑っている。集まってきた大人も子どもも笑い、人々の笑い声が川辺に響き渡っていた。

話はさかのぼるが、大学三年生のとき、僕は生態研究旅行の一貫として、カヤポ族と接したことがあった。彼らは感情を身体的な痛みに置き換える。たとえば、我が子を失った母親は、悲しみを表すために山刀《マチエテ》で頭皮を五センチほどそぎ取っていた。僕が彼女に会ったときは、息子の死から何年も経っていたが、悲しみははっきり目に見えていた。傷跡は盛り上がり、僕は自分の頭に枯れた葦《あし》が貼りついているように感じた。そこから鈍い痛みが広がり、僕の頭全体を葬式のべールのように覆う。母親の悲しみは僕の胸に潜む黒い板に当たり、甲高い音が反響した。

また、カヤポ族は恋に落ちると、相手の肩を引っ掻く。愛が深いほど掻き傷も深くなるのだそうだ。村人はみんな、男性も女性も愛の証である掻き傷をうっすらと負っており、僕は目に見えない肩章をつけたような感覚を味わった。

身体を使って痛みや喜びを表すカヤポ族に、僕は感銘を受けた。胸の内を裏返し、感情を外にさらけ出しているように思われる。掻き傷も、マチェテによる傷跡も、当人の心情そのものだ。こぼれ落ちる涙にも似て、容易に察しのつく感情の表れなのだ。だからこそ、カヤポ族の人々に対して感情移入しないわけにはいかなくなる。彼らとの交流を通じて、共感――相手の感情に気づき、解釈し、自分も体験すること――がどのように生じるのか、そして、つねに共感状態にある僕自身が世界をどのように解釈し体験するのか、知る手がかりが得られたように思う。

カヤポ族は、身体的感覚と感情をまるで同じものであるかのように扱う。それを目の当たりにしたことが、この旅の最も刺激的な収穫だった。旅を終えた僕は、医師になろうと決めた。でも、不安もあった。医師になるのも大変だが、患者と接するのはそれ以上に困難なものとなるだろう。当時はまだ共感覚について何も知らなかったが、自分の内面世界がどういうものかはよくわかっていたし、医師には患者のつらさを受け止める能力が求められることも知っていた。カヤポ族が理解しているように、この世には苦しみがつねに存在する。苦痛、病気、死、苦難、どれも避けて通ることはできない。でも、いちばん大切なのは、こうした苦しみにどう対応するかなのだ。

「僕ならできる」と自分に言い聞かせた。世間一般に通用しているやり方は、僕には無理かもしれない。でも、自分の神経すべてを駆使し、自分なりの方法で医師になれるはずだ。

コーネル大学の最終学年時、僕は医学部に出願し、マイアミ大学ミラー医学部に入学できた。マイアミに戻り、僕の家族、とくに弟と妹と過ごす時間が増えた。文化のるつぼと言えるこの街で、患者を助けるすべを一生懸命に学んでいこう。

クリスティーナは家族や友人と離れ、僕と一緒にマイアミに来ることにした。どちらの家族も祝福してくれた。婚約すると誰もが思っていた。ただ、クリスティーナにとってマイアミは見知らぬ土地であり、僕は一日の大半を大学か病院で過ごすことになるため、僕たちは引っ越す前にじっくり話し合った。

クリスティーナと一緒にいる時間が増えるにつれ、僕の感覚や感情も彼女のそれと絡まっていった。マイアミに来てからクリスティーナは大学の友人たちと会えず、欲求不満を募らせている。彼女の感情は常に不安で占められ、それが反映されて、僕の中に冷たく湿った塊が出来上がっていった。その塊は紺色と薄紫色で、青と白の繊維が何本も飛び出している。クリスティーナの圧倒的な感情から身をほどくのは、ますます困難になっていた。彼女との関係に終止符を打たないとだめだと思った。僕が男性に魅力を感じるようになり始めたのは、ちょうどこの頃だった。なぜ男性に惹かれるのか自分でもわからない。でも、そういう傾向を無視することもできない。とにかく、自分の身を守るためには、クリスティーナとの関係から逃れる必要があった。

医学生のグループが冬休みを利用して、インドのグジャラート州に研修旅行をするという。僕は参加することにした。アマゾンへの旅では、共感の方法はひとつではないという収穫を得たが、今度の旅も僕にとって非常に重要な意味を持つことになった。クリスティーナと距離を置き、彼女との関係を考える機会になったばかりか——彼女が何を必要とし、何を欲しているのかを感じ取るのではなく、自分が何を必要とし、何を欲しているのかを見つめ直したかった——自分の特異性を知る最初の突破口が開けたのだ。

ある晩、僕たちはラダンプルの町で、地元のボランティアたちと熱いチャイを飲みながら、夜遅くまで語り合っていた。瞑想《めいそう》の話題になると、グループの大半が瞑想は心身の健康に良い、と認めた。瞑想状態にあると、自分が知覚する「小さな自我」と、他者の自我と結合した「大きな自我」の違いが見えてきやすい。誰かがそう言った瞬間、その通りだと僕は感じた。別の医学生は、瞑想状態になりやすい人が一定数いて、そういう人たちは感覚が混ざり合い、文字や音に色を感じるのだと言った。なぜそんな当たり前のことを言うのだろう、と僕は不思議に思った。

「文字に色が見えるのが、なぜそんなに特別なんだ？　誰だってそうじゃないか」

彼は呆《あき》れたように僕を横目で見た。「そんなわけないだろ」

僕は信じられない気持ちになった。なぜ今まで気づかなかったのだろう？　ものの感じ方にこれほどはっきりした違いがありながら、なぜわからなかったのか？　今までの人生の断片が突如としてひとつにまとまり始めた。僕は変わっている、人とは違うと常々感じていながら、なぜ違うのか尋ねてみようとは思いもしなかった。もっとも、思い出したくないつらい記憶を蘇らせ、直視するのを避けたかったせいもあるのだが。

　共感覚について学ぶうちに、誰もがまったく異なる基材で構成される現実を経験していることがわかってきた。もちろん、ひとりひとりが「唯一無二」の存在なのだが、共感覚者とそうでない人との違いは、単なる個人差とは別だ。僕にとって、これはめまいのするような発見だった。ふとこんなイメージが浮かんだ。暗い部屋に大きな白いバイソンがいて、その周りを囲むように人々が座っている。天井にひとつだけあるスポットライトが照らすバイソンの姿を双眼鏡で見る者もいれば、サングラスをかけて見る者もいる。ステンドグラスの眼鏡をかけた者も、おもちゃのレントゲン眼鏡をかけた者もいる。誰もが同じバイソンを見ていると、部屋にいる全員にどうしてわかるだろう？　他人が見たバイソンの特徴が、自分が見たものと違っていたら、どう思うだろう？　自分の見え方にいちばん近い人を探すのだろうか？

　誰もが同じレンズを通して世界を見ている、と僕はこれまで信じていた。それが間違っていたというのなら、他の人々が理解していて、僕には理解できないものは何なのだろう？　逆に、僕には理解できて、他の人々には理解できないものは？

　エドウィン・アボットの一八八四年の小説『フラットランド』は、平らな幾何学図形が住む二次元世界の物語だ。ある日、球体《スフィア》が正方形《スクエア》を訪ねてきた。正方形には三次元である球体が理解できない。そんな正方形のために、球体は四角を二次元世界の上にある三次元スペースランドに引き上げる。自分の世界を初めて外から見た正方形は畏敬の念に打たれ、これなら四次元も可能なはずだと球体に言う。ショックを受けた球体は正方形を罵倒し、二次元のフラットランドに投げ戻してしまう。正方形は他の二次元図形に三次元世界を説明しようとするが、理解されずに投獄される。獄中で過ごした七年間に、正方形はのちの世代が次元を超えた見方をできるようにと願い、『フラットランド』という本を書いた。

この正方形のように、僕も自分の感覚体験を描写し、分析し、分類すべきだったのだろうか？でも、こういう情報を記録して伝えたところで、誰かの役に立つかどうか確信が持てない。そもそも、信じてくれる人がいるだろうか？　客観的なエビデンスについてはどうだろう？　主観的な報告など疑似科学的なナンセンスだ、と科学界は考えるだろう。定性的研究とか現象論的研究とかに分類されるのが関の山だ。下手したらただの妄言とみなされるか、妖精の国の空想物語を勝手に作っていると受け止められかねない。医学の道を歩もうと決めたばかりだというのに、医学界や科学界から追放されたらと思うと、鼓動が速くなる。それでも、共感覚というものを理解し、科学的にも個人的にも探索する必要があった。

インドで過ごした残りの時間、僕はこうしたことを考えながら、医学生として地元の病院やコミュニティセンターで診療に参加した。研修を始めたばかりだったので、学生としても、共感覚者としても、経験することすべてが生々しかった。

それでも、共感覚と、それが意味するものについて問いかける作業は楽しかった。はっきりしないということを受け入れられるようになり、確実とされるものを疑問視するようになった。僕の内面世界には、共感覚以外にも、他の人たちとかけ離れているところがあるのだろうか。もしあるとしたら、その違いに意味はあるのか。僕の特異な感覚は、とくに取り沙汰する必要もない遺伝にすぎないのか、それとも病気なのか。何らかの治療が必要な状態なのか。

もし信頼できる科学者が、共感覚は観察可能で数値化できる神経学的現象だと言えば、きっと僕はそのような神経回路の持ち主なのだろうし、共感覚者であることを難なく受け入れられるだろう。共感覚は僕の一部だということになる。共感覚者だと受け入れるのは、自分自身を受け入れることに他ならない。そして、共感覚が僕の一部であるのなら、男性に魅力を感じることも僕の一部だと言えるだろう。そういう回路の持ち主なのだ、と。男性に惹かれる気持ちを素直に認めたら、より自分らしくなれる。僕にとって、これはとても大切なことだった。自分が自分であるために、自ら許可を与えることで、他人の都合に合わせる自分から脱却できる。初めて僕は、自分が求めるものになれそうな気がした。

共感覚者だという思いがけない発見は、まるで今まで手元にありながら、その存在に気づいていなかった道具を見つけたような感じだった。この道具は不格好だが、馴染《なじ》みはある。これがあれば、新たな観察を受け入れ、探索することができるし、ありのままの自分でやっていける。僕は自分の神経のしくみに対する見方を変えると同時に、他者側の見方をよりはっきり知ろうと試し始めた。とはいっても、これは容易ではなく、予測可能でもないことは、臨床での経験からわかっていた。自分の共感覚を研ぎ澄まし、その手綱を握る。そして可能であれば、治療のために利用できるようにする。その方法は自分で考えるしかない。

「小さな自我」と「大きな自我」の切り替えは本当に微妙で、想像をはるかに超える複雑な作業だった。他者の感覚を反映するのが身体的に苦しいときは、まるで誰かに首根っこをつかまれ、厳かな声で「目を背けるな。瞬《まばたき》きをするな。これを見て、学べ」と命じられているように感じた。僕は心を込めて患者の苦しみを見守るようになった。彼らの苦しみを無駄にしたくなかった。

自分の心のあらゆる瞬間の動きを処理しては記録し、応用する作業を繰り返した。当時はまだミラータッチ共感覚が特殊なタイプだと知らなかったため、臨床の場でさまざまな体験をし、それによって不快感を味わうのも実習のうちと思っていた。他の医学生が耐えられるのなら、僕だって耐えられるはずだ、と。

泥だらけの痩せこけた人々を診察していると、彼らの浮き上がった肋骨《ろっこつ》の下、えぐれたような腹部に自分が沈んでいく。レックリングハウゼン病〔今は神経線維腫症I型とも呼ばれる〕の患者を診たときは、自分の身体が肉厚の球根状の皮膚に覆われ、この病気の典型的な特徴である叢状《そうじょう》神経線維腫、つまり皮膚の巨大な塊が垂れ下がっているような感覚に陥った。塊のひとつは彼の左目から顔の左半分全体に覆い被さっているため、僕は自分の顔の右半分が風船のように膨らみ、その後に空気が抜け、余分な皮膚が顎の下まで垂れ下がったように感じた。破傷風を患う別の男性患者は簡易ベッドに横たわり、顔をしかめ、身体を反らしている。足は木の根のように曲がり、両手で胸の辺りをつかんでいる。僕は全身にギプスをはめられたような感覚に襲われた。身体が今にもぽきんと折れてしまいそうだった。

蒸し暑い分娩室《ぶんべん》には、ベッドが何列にも並んでいる。分娩室といっても、部屋の半分は病室で、半分は手術室だ。二人の産科医が若い女性たちの間を忙《せわ》しく行き来している。どの女性からも不安、恐怖、憤り、絶望、そして汗と痛みが間欠泉のように噴き出していた。僕の腹は大きな革張りのボールのようだった。産科医のひとりが会陰切開を始めた。外科用ハサミを使い、斜めに切っていく。僕の骨盤隔膜がちぎれんばかりに伸びる。一時間で十人目の赤ん坊を取り上げた産科医は、意気揚々と胎盤を一メートル先の金属のたらいに放った。ところが胎盤はたらいに入らず、床に飛び散った。冷たいリノリウムの床に叩きつけられた感覚。血液が流れ出し、身体が急激に冷えていく。自分がぞんざいに扱われたように感じた。僕にはなんの力も残っていないのに、誰も気にしているようには見えない。出産したばかりの女性ですら、赤ん坊を胸に抱きしめ、ほほえんでいるというのに。自分の身に何が起きているのかよくわからないでいるうちに、赤紫色のサリーを着た年配の女性が、水を入れたバケツを運んできた。彼女は胎盤をたらいに入れ、乾燥しかけている床の血をモップで拭き始めた。

僕は初めて経験するこうした感覚ひとつひとつの微妙な違いに注意を払い、その結果として生じる感情や身体反応に思いきり意識を集中させ、自分の新たな身体的感覚を処理しようと努めた。この作業はどうしても必要だと思っていた。医者になれば、こうした経験が日常茶飯事となる。

だからこそ、これは僕にとってトレーニングの一貫だったのだ。きつい経験だが、医者となるからには慣れておく必要がある。二十四時間休みなしでも耐えられる体力をつけなければいけないし、感情をすり減らしてもいけない。この時点で音をあげていたら、医者にはなれない。

インドでは、心温まるすばらしい瞬間も体験もした。我が子を抱きしめる両親。祖父母の手をそっと引いて未舗装の道を横切る青年。その光景を、僕の身体は他者を思いやる感覚として受け止める。同時に、他者から優しくされる感覚もある。それは、優しさと強さを秘めた我が身を抱きしめるような、温かさと冷静さが同時に感じられる感覚だった。同性の二人が嫌がらせも非難も受けず、堂々と手をつないでいる姿も目撃した。ごく自然な、自由な感覚が反映されたが、せつなさも感じずにはいられなかった。反映ではなく、自分で感じたかった。僕の中に残っていた、男性に惹かれることに対するためらいや反発が洗い流されていく。反発は僕の生まれ育った文化に深く浸透していた——同性愛嫌悪《ホモフォビア》、男らしさ《マチスモ》、女性蔑視《ミソジニー》、罪悪感、羞恥心という形で。インドでの光景は、僕にとって浄化であり、啓発でもあった。

それでも、帰国した僕はクリスティーナとの関係に終止符を打つことを考え直した。彼女を傷つけたくなかったし、自分も傷つけたくなかった。僕はこれまで以上に自分を捧げ、自分を空っぽにして彼女と一体化していった。しまいには与えられるものがなくなり、僕はクリスティーナになっていた。こんな関係はこれ以上続けられない。僕は彼女に言うべきことを一日かけて考えた。

その日、僕は早めにアパートに戻り、クリスティーナと一緒にベッド脇に腰を下ろした。鼓動は激しく、身体は口から出ていく言葉を食い止めようと必死だった。その言葉を発するのは、自分の身体を切開するような、切断するような痛みを伴っていた。リハーサル済みの言葉を慎重に繰り出しながら、僕は心の中で自分の身体に謝った。胸の中の黒い板は鋭い音を立て、くしゃくしゃにねじ曲がった。

クリスティーナとは別れた後に三回会った。そのうち二回は他にも人がいる場所だったため、彼女の苦しみに完全に呑みこまれることはなかった。最後に二人きりで会ったのはクリスティーナがマイアミを離れる前、僕たちのアパートだった。彼女の怒りの火花には鋭さが感じられなかった。僕たちの関係はもう終わっていたのだ。僕の身体は傷だらけだった。傷が癒えるにつれ、無感覚に包まれていった。でも、この無感覚は他の誰でもない、僕だけのものだった。

僕は大学にこもり、医学に、生物学的メカニズムの基礎をひとつひとつ知っていくことに慰めを見出した。人はなぜ食べるのか。なぜ呼吸をするのか。生きるとは、死ぬとは、どのような仕組みなのか。人間の生体構造を細かく分類して得られる確実な知識に、僕は癒やされた。外科医の道をめざそうかと真剣に考えたほどだ。他者の内面世界に影響を与える肉体という器に関われるのが魅力だった――その器は僕にも影響を与えるのだから。

僕はハイチに医療援助をおこなう医学生チームに参加した。ハイチは民族的に南フロリダと深いつながりがある。外国から訪れる他のチームは持参した医療用品に限りがあり、基本的な手当しかできなかったが、僕たちのチームはハイチ保健省と手を携え、公衆衛生インフラの再建に参加していた。ハイチで僕は、今までニカラグア、インド、ブラジルで経験したような感覚をまた経験した。膨満した腹、腰骨や頬骨に貼りついているような皮膚。鼻をつくような貧困の匂いを嗅ぐたびに、僕の世界は茶色から、黒い塊が点々とする薄いパウダーブルーへと変わる。

外科治療のためにハイチを訪れたときは、形成外科医たちが同行した。火傷を負った患者に薄い皮膚片を移植する彼らの職人芸には目を見張るものがあった。ケロイドのある患者が列をなして並んでいる。瘢痕《はんこん》組織の塊でいちばん大きなものは、シュリンク加工したオオヒキガエルくらいの大きさだった。以前インドで叢状神経線維腫の患者を診たときのように、僕は自分の耳、首、腕、肘、膝がいぼに覆われたように感じた。甲状腺腫を患う女性は、首のほぼ全体が腫れ上がっている。とたんに僕は喉を膨らませたカエルのような感覚になり、つばを飲みこむのに苦労した。別の男性はかぶっていた野球帽を取り、頭頂部あたりを指さした。皮膚の下にゴルフボール大の塊があり、今にも破裂しそうだ。すると僕の頭にもこぶが生じ、まるでユニコーンの角が生えてきそうな感じがした。その感覚はあまりに強く、思いがけなく、痛みすら伴いそうなほどだった。

こういう感覚はめったにないものの、ミラータッチ共感覚の明らかな特徴だ、と僕は後に学ぶことになる。僕はひるまないよう努めた。患者に寄り添い、治療法を知るために僕はここに来ているのだから。

マイアミとハイチを行き来していたことが、カミングアウトにも役立ったと言えるかもしれない。おそらく、徐々に自分を受け入れていたからだろう。僕が育った家庭では、同性愛とは心身の病気であり、モラルを破るものだった。誰かがゲイだと非難されただけで、父は友人たちと共に、その人を殴り、石を投げつけていた。

クリスティーナと別れてから、他人と深く関わる前に、まずは自分のことをもっとよく理解する責任があると思った。それが人として当然だという気持ちもあったが、自分に対する思いやりが僕には何よりも必要だった。医学部のクラスにはレズビアンを公表している人がひとりいるだけで、こういう話ができる親しい友人はいなかった。自分を取り戻すために、僕は再びゲームの世界に舞い戻った。バーチャル世界に集う友人や知人が打ち込む言葉の裏には、その人らしさが感じ取れる。僕にとって、これは逃避ではなかった。自身と折り合いをつけ、カミングアウトするために、ゲームの世界で自分の考えや感情を単純化していったのだ。

ある晩遅く、いつものゲーマーとプレイしていたとき、オフラインで互いに自分のことを語り始めた。なかなか仕事が見つからない、と彼女は切り出した。だから、まだ実家で暮らしているのだと。それから、男性とも女性ともデートする、と話してくれた。なんの前置きも、謝罪もなく。これが彼女のリアルの姿だったのだ。僕は今まで付き合った女性について話し、今は男性に魅力を感じていると言った。とたんに気持ちがふっと楽になり、肌からクリーム色と薄い青色のひんやりした霧が立ち上るように感じた。僕は勇気付けられた。

これ以上苦しむのはやめにしよう。翌朝、僕はカミングアウトすると決めた。まず、知り合い数人にバイセクシャルだと告げる。次に、腹をくってゲイ（ｇａｙ）だと言う。この言葉は今でも声に出すと唇がじんじんするが、不快感はすぐに消える。僕の胸の中でｙの字は穏やかな金色の光を放ち、ｇはなじみ深い黄緑色で、その間にあるマゼンタのａには勇気付けられるような赤い血が流れ込んでいるからだ。フロリダ大学大学院に進学したスティーブ、リー、アレックスを訪ねたとき、彼らの共通の友人と出会った。チャーミングで、話のわかる男で、ゲイだった。スティーブたちは大学が卒業生を招待するホームカミングパーティに僕を誘ってくれていたので、この機を利用し、僕はその男性に同伴者として一緒に参加してほしいと頼んだ。了承してもらえたときは、心底ほっとした。

こういう話は親兄弟にはいっさいしていない。彼らにはまったく関係ないことだ、と当時は思っていた。同性愛をカミングアウトするという決意にはなんのためらいもないが、兄弟のような存在のスティーブたちに告げるには勇気が必要だった。アレックスには電話で話した。彼は興奮していた。次はリーの番だ。カミングアウトしたとたん、それで何かが変わるわけじゃないよと彼は言い、ごく普通に会話を続けた。スティーブは少々驚いていたかもしれない。兄弟分のような男らしい四人組というイメージを抱いていたのだろう。けれど、若干のためらいを感じながらも最後には受け入れてくれた。

クラスメイトにカミングアウトすると、他の医学生たちもそれぞれ葛藤を経て、同じ決意をした。最初は僕とレズビアンの女性だけだったのが、仲間は三人、四人、五人と増えていった。医学部の一年生が終わる頃、僕はジョニーとビジーと親しくなっていた。二人は僕が知らなかったゲイコミュニティに紹介しようと言い、責任を持ってゲイ用語、無礼とみなされる行為、ゲイ社会の中心部など、地元のゲイカルチャーを教えてくれた。こうした経験を重ねるたびに、これほどの心地よさや自由があったのかと僕は目を見張り、自分がいきいきとするのがわかった。僕は男性で、アメリカ人で、ヒスパニックで、共感覚者だ。低所得家庭に生まれ育ち、同性愛者で、スペイン語と英語を話し、科学について、ポップカルチャーについて語る。ようやく僕はありのままの自分をいとおしむことができるようになった。

二年生の秋、僕はチームリーダーとしてハイチに行った。今回はハイチ中央部にある地方コミューン「トモンド」で、毎年医療スクリーニングをおこなえるよう、保健省を支援するのが目的だった。到着して二日目の朝、起きたら頭痛がした。幼い頃はよく偏頭痛に悩まされたが、今回の痛みは違った。頭の右側に刺すような激しい痛みがある。靴のひもを結ぼうと前かがみになったとき、痛みは増し、範囲も広がった。立ち上がって数分経つと、かすかに痛みが和らぐ。頭に手を走らせてみたところ、わずかなくぼみができている。前からずっとあったのか、気づかないうちに徐々にくぼんでいったのか。いずれにしても、触れるとはっきりわかるほどのくぼみで、強く押すと固さが周囲とは異なっている。

その日はずっと頭痛が続いた。おかしい。でも、急を要するものかどうかわからない。

翌日も痛みはおさまらない。僕は同行した専門医のひとり、ブラッド・ガースナー医師に話をしてみた。有名な神経外科医で、僕たちの医療遠征を後援する組織を設立した人物だ。僕が知っている他の外科医とは違い、カリスマ的で親しみやすい。前回の遠征時、ハイチの音楽ララに合わせた即興ダンス対決で村のシャーマンに勝った僕に、ガースナー医師はこう言ってくれたのだ。

「ハイチで二番目に上手なダンサーだな……一番はもちろん私だがね」

僕は患者について相談するような口ぶりでガースナー医師に訊いてみた。「頭痛が突然始まった場合、ふつうはどう考えたらいいんでしょう?」

先生は鼻眼鏡越しに僕を見た。「ふつうはまず助からないだろうね」

それを聞いて心配になったが、僕は意識がはっきりしているし、頭痛の他に新たな症状は何も出ていない。「頭痛が突然始まった」のは僕なのだ、と白状した。

ガースナー医師はモンブランの万年筆の先を下唇に当てた。「たぶん、なんでもないだろうが、マイアミに戻ったら検査してみよう」

二週間後、すでに帰国していた僕はガースナー医師のオフィスに呼ばれた。助手が僕に患者認識用リストバンドを付け、検査に付き添ってくれた。血液検査。レントゲン。MRIは造影剤を使うものと使わないものの二種類おこなった。

数日後、ガースナー医師に呼ばれた。「よくわからない。皮様嚢腫《ひようのうしゅ》には見えないんだが、頭蓋の端と脳の右側頭頂部の間に何かがある。こういうのが専門の神経外科医がいるから紹介しよう。まだキャリアは浅いが、腕は確かだよ」

紹介された医師は手術帽をかぶり、白衣のポケットに病院名のついたボールペンをさしていた。

「放射線科医とも話したんだが、何なのかわからないんだ。少なくとも血管ではないと思う」

「本当ですか？」僕は半分患者、半分医学生という立場から逸脱しないよう努めながら訊いた。

「重力依存的なものみたいですし、いちばん痛むときは脈動が感じられるんです」

痛みの度合いは、十を最大とすると四から七の間で変動している。

「しばらく様子を見てみよう。一カ月後にもう一度ＭＲＩをやり、変化があるか調べてみたい」

一カ月後。

「成長しているようだが、何なのかはっきりしない。痛みはまだあるかい？」

「ずっと続いています。今では、ほとんど七の状態です。泣き言は言いたくないんですが、講義に集中しづらくなってきています」

「そうか。この段階で切除生検をしてみる価値はあると思う」

「具体的にはどんなことをするのですか？」

「試料を少し削り取って調べるんだ。迅速診断〔手術中に組織標本を作って病理診断する〕して、なんの支障もないとわかれば、病変をできる限り取り除く」

「取り除かない場合のリスクは？」

「おそらく成長し続けるだろう。でも、正体がわからないから、なんとも言えない。それに、成長しているというのも、ＭＲＩのスライス位置の違いによる可能性だってある。腫瘍委員会できみの症例について話し合った。周囲の頭骨に脱灰〔カルシウムが溶ける〕が生じているのは確実で、そのために頭皮にくぼみができているんだ。ほうっておくと、周囲の頭骨はほとんど蝕まれると思う」

それから彼は、どんな手術でも起こりうるリスクについて——感染症から死まで——説明し始めた。術前には必ず患者に伝えることになっているのだ。この病変が血管によるものだとしたら、出血して命に関わる可能性がある。

頭の中にある塊と共感覚は結びついているのだろうか？　手術を受けたら、共感覚に何か影響が及ぶだろうか？　当時、僕は共感覚というものをやっと理解し始めたところだった。共感覚を失った世界など想像もつかない。感覚器官を切除するようなものだ。

手術はクリスマスの翌日と決まった。僕の人生において、少なくともあと一回は家族と一緒にクリスマスを過ごせる。手術の前日、僕は実家で過ごした。母は僕が子どもの頃に使っていた散髪ばさみで髪を刈ってくれた。

当日の朝早く、僕はだぶだぶの患者衣を着て、ストレッチャーに横たわった。手術が終わったら会おうと両親に言ったが、確約はできないとわかっていた。それでも、ぜったいに約束を守るつもりだった。頭の右側に紫色のスキンマーカーで印をつけられた。麻酔専門医たちがやってきて自己紹介し、太いカテーテルを僕の両腕に挿入した。急速に輸血する必要が生じた場合に使うものだ。今後に活かそうと、僕は彼らのやり方を観察した。これからミダゾラムの急速静注が始まる。ベンゾジアゼピン系の麻酔導入薬で、投与が始まればほぼ何も覚えていられなくなる。最後に僕は人生を振り返り、ほほえみながら心の中で宇宙に感謝し、愛していると両親に告げた。

僕は存在を停止した。

最初は、二人の女性の話し声が遠くに聞こえるだけの宇宙にいた。声はやがて揺らめくパステルカラーに彩られ、ときおりオレンジ色の機械的な「ブー」という音に遮られる。痛い。誰かが僕の頭にコンクリートブロックを高く積み上げたような、激烈な痛みだ。頭だけではない。黒と朱色の、煮えたぎるような痛みが尿道にも感じられる。痛みのもとを取り除こうと手を伸ばしたとき、女性の声が近くで聞こえた。「大丈夫よ、ハニー。触っちゃだめ！　尿道カテーテルを入れているんだからね」

僕は腕をだらりと下げ、目を開けた。徐々に焦点が合っていく。ここは麻酔後回復室だとわかった。手術は終わったのだ。何が起きたのか、これからどうなるのか、さっぱりわからない。字を見たい、とまっさきに思った。まだ共感覚があるのか確かめたい。視線を上げると、張り紙が見えた。

POST-ANESTHESIA CARE UNIT（麻酔後回復室）
紫白オレンジ朱　黒　赤薄茶青オレンジ朱紅青オレンジ水色赤
黒赤漆黒青　レモン薄茶水色朱

どの文字も手術前とまったく同じ色だ。僕は目を閉じた。

どのくらい時間が経ったのだろう。気がつくと病室にいた。家族が集まっている。リー、スティーブ、アレックスもそれぞれガールフレンドを連れてきている。頭の痛みは相変わらずで、コンクリートブロックが積み上げられたままだ。鎮痛剤を投与されたのは、それから何時間も後のように感じられた。薬のおかげで、何もかもぼやけていく。一瞬でも痛みから逃れられるのはありがたかった。

その日の夜、外科研修医が回診に訪れ、病変について教えてくれた。組織標本から、良性の血管線維腫と判明したそうだ。僕には「良性」という言葉だけで充分だった。腫瘍をすべて取り除き、頭骨の失われた部分はチタンメッシュとポリメチル・メタクリレートの組み合わせで補修したという。ポリメチル・メタクリレートは「骨《こつ》セメント」とも呼ばれているが、なんとも誤解を招きやすいネーミングだ。頭の右側はUの逆の形に切開され、ステープルで留めてあった。ドレーンが留置され、その先端に取りつけられたプラスチックの瓶に血液がゆっくりたまっていく。滲出《しんしゅつ》が止まるまでは退院できない。

感覚に集中する訓練は入院中も続けた。今度は患者の立場から感じ取る訓練だった。ふくらはぎにはプラスチックの浮き輪のような血栓予防の装置が取りつけられ、それ自体に意思があるかのように膨らんだり縮んだりしている。毎日一回、たいていは朝早く、担当医が慌ただしく回診にやってくる。患者が生きているか、退院できる状態になったかどうかをチェックし、二、三分後に足早に立ち去る。ついに頭のドレーンが抜去され、退院できることになった。頭部を保護するキャップをビニール袋一杯もらった。ストッキングのような素材を使ったベージュ色の筒で、片方の先端は結んである。格好の良いものではけっしてないが、実用的ではあった。

手術室での話も聞くことができた。僕を担当した神経外科医と懇意にしている医学生の友人が、僕の手術に立ち会いを許されたのだ。頭皮を切開すると、脈動している腫瘤塊が露《あらわ》になった。周囲の頭骨はほぼ失われていた。血管腫瘍だった。緊張が走り、病院でいちばん上級の神経外科医が呼ばれた。「たぶん生まれたときからあった奇形の血管束が成長し、頭骨を侵食していたんだろう。すくい取ればいい、アイスクリームのようにな」と、その医師はこともなげに言ったそうだ。

別の学生は、放射線科医たちが僕の症例について話し合っているところにたまたま居合わせた。彼らは造影剤増強法による画像を見ただけなのだが、腫瘤は悪性で、脳の表面にまで広がっているとほぼ確信していたそうだ。

病院で受けた治療には心から感謝している。ただ、それ以上に、自分の症例から学んだものに感謝している。医学研修を積んでいく際に、臨床医の立場からの経験も、患者の立場からの経験もぜったいに忘れないと僕は誓った。大学の講義に戻っても、しばらくは保護キャップをかぶっていた。手術跡はくっきり残っている。僕にとっては貴重な記念だ。鏡を見るたびに、自分の写真を見るたびに、僕は思いを新たにするだろう。医師でもあり、患者でもあるということを。医学部三年目、病棟での臨床実習が始まった。僕はまだ髪を剃《そ》り続けていた。

病棟では、文化の違いを強く感じた。臨床実習ごとに文化的背景が異なるのだ。実習を始めるにあたり、僕は人の一生を順に追っていけるように科目を組み立てた。まずは産婦人科だ。出産の現場に立つのはまったくの初めてではなかったが、そこで飛び交う言葉や文化の多様性には驚かされた。痛みの表現方法が文化によって大きく異なるのだ。英語で吐き捨てるように悪態をつく人もいれば、スペイン語で延々と罵り言葉を繰り出す人もいる。罵り言葉だけではない。ある女性は聖母マリアのさまざまな呼称をスペイン語で並べ立てた。「ああ、神よ、神の、イエスキリストの聖母、グアダルーペの聖母、エルコブレの聖母、無原罪の御宿《おんやど》りの天使！」

医学生時代に出会う患者たちが、その後医師として患者と接するときの基礎を築いてくれる。僕は産婦人科病棟全体を監督する二人の婦人科研修医の下で、ひとりの患者を担当することになった。

その女性は三十代前半で、入院して二カ月近くになる。がんが広範囲に転移している患者と出会ったのは、彼女が初めてだった。卵巣がんが腸のほぼ全体に転移し、腹腔《ふくくう》内のあちこちにも広がっていた。少しでも長く生きたいと彼女は願い、腫瘍を切除する前に〔再発リスクを低減させる目的で〕おこなうネオアジュバント化学療法を受けることに合意した。手術は骨盤内臓全摘術——子宮、卵巣、直腸、膀胱《ぼうこう》、尿道、つまり骨盤内にある臓器すべてを除去するものだった。彼女の腹腔内に残っているのは、リンパ系に入り込んだ悪性腫瘍だけとなり、胸から下の身体機能はプラスチック管やカテーテルが代役を務め、それらが何本も身体の外に伸びている。化学療法のおかげで一時的にがんの再発を食い止められたものの、彼女は耐えがたいほどの神経障害性疼痛《とうつう》症候群に悩まされることとなった。鎮痛剤の用量を増やしていっても、吐き気も痛みもおさまらない。彼女に挨拶するたびに、僕は絶望と後悔の重みを感じ、苦痛と向き合った。

彼女のために何かしてあげたかった。投与されている薬をすべて調べ、呼吸困難にならない程度に鎮痛効果をもたらす理想の組み合わせを探した。彼女は、緩和ケアは望んでいなかった。母親と夫が拒んだのだ。残された選択肢はほとんどない。僕は医学生としてではなく、一人の人間として彼女に接することにした。午後、手術室にいない時間は彼女のベッド脇に座り、話を聞いた。僕が言えることは何もなく、ただ話を聞いてうなずき、あなたがここに存在していたことを僕はけっして忘れない、と心の中で伝えていた。彼女は英語とスペイン語を交え、か細い声で話す。とくに強調したいときは僕をそばに呼び寄せ、あなたは何もわかっていないと言う。もっと年を取れば、人生はつらいものだと実感するだろう、と。

僕たちは彼女の病室で、わびしさを分かち合っていた。彼女は僕の手を握り、あなたにわかるかしらと言った。死をじかに経験したことのない者に、死を間近にした者の気持ちが理解できるものだろうか。ひとりひとりの患者との心の通わせ方を決めるうえで、彼女とのやりとりが最初の土台となるのだろう。僕は生まれつき、自分を機械のように感じていた。頼りになるオペレーティングシステムを備え、自分の身体にコマンドを出す。疑問が生じる余地はない。次のコマンドが出るまで、感情を持たない回路基板は静かにデフラグする。だが、ミラータッチ共感覚により授けられた感覚があるため、僕のコンピュータは「感情」を感じ取るべく——少なくとも、感情を表す身体的感覚を感じ取るべくプログラムされてもいる。そうして感じ取った感情をどう解釈し、次にどう行動するかを決めるのはこの僕だ。

ところが、驚くべき変化が生じ始めていた。鏡に映されたような感覚は、他者から反映された経験をも再構築し、おおげさに言えば共感の代用となり、それが深い共感や優しさへの原動力となっていたのだ。ある朝、彼女の病室の前の廊下で医療チームが報告をおこなった。他の医学生が研修医に担当患者の報告をしている間、僕は自分のノートを見直していた。ノートを見ないで報告するほうが、「担当患者をよく知っている」とみなされるからだ。

彼女の病室のドアは半開きで、ベッドの周りのカーテンも少し開いていた。仰向《あおむ》けになっている彼女が僕の目の端に映った。顔の表情にはいつもほどの緊張が感じられない。だが、僕には唇が乾燥し、唇を舐《な》める感覚もあった。このつらさは、これまで彼女と経験していたものとは少々異なっていた。今は絶望だけでなく、喉の渇きも募っている。テーブルには使い捨ての小さな透明のコップがあるが、テーブルはベッドから一メートルほど離れている。彼女はテーブルのほうを見ていた。僕は考える間もなく病室に入り、ベッドの背を上げた。彼女が水を飲むと、僕の口の端から幻の水滴がこぼれ、喉を伝った。彼女の口や舌の動きも僕の身体に反映される。僕たちは同時にほっと安堵の息をついた。彼女はいつもの苦しげなか細い声で言った。「ありがとう……。助けを待つのはもう諦めていたの」

僕は手を彼女の手に重ね、目を見てほほえんだ。そして最後に軽く手をぽんと叩き、病室を出てチームに戻った。人を思いやる行動は、患者の欲求を反映したものなのか、それとも患者の痛みや苦しみを反映した自分自身に対するものなのか、わからなくなるときがある。でも、そんなことで悩むよりも、患者と僕は同一人物だととらえるべきなのだろう。そう考えたほうがしっくりくる。

内科の実習では、短期間ながらがんの入院患者を受け持った。ここでは研修医ではなく担当医と一緒に仕事をすることができた。僕とペアを組んだシンシア・ガルシア医師は、内科での研修期間を終えたばかりだった。快活で、頭が良く、話のわかる医師だった。無意味な敬称はやめようと言い、「シンシア」と呼んでくれと言い張った。各患者のこと、疾患の基礎概念、それに対する治療法について、きちんと教えてもらえたのは本当にありがたかった。僕は病態生理学的メカニズムの機序を分子レベルから臨床症状まで自分なりに考え、シンシアに話した。医学に関する僕の論理の枠組みを継続的に改良していくには、こうするより他にないと思った。シンシアは僕の考えを辛抱強く聞いてくれた。

思いがけない緊急事態《コードブルー》が発生し、僕が初めて死を経験したのは、シンシアがここで勤務する最後の日だった。その後、僕は臨床医師としての訓練と、共感覚者としての自分の訓練に集中した。

何もかもきちんとしておく必要があった。患者の身に起きることが反映されるこの身体にどう対処すべきか。それがわかるまでは、先に進めなかった。

ひとつひとつの経験を、微妙なニュアンスに至るまで完全に受け止め、「小さな自我」の枠を超越して、できる限り患者の立場に身を置こうと努めた。そして自分の中に沸き起こる感情を把握し、自分の感覚や感情で加工してさまざまな角度から考え、今すぐ行動する、さらに処理をおこなう、とりあえず棚に上げておく、のいずれかをすばやく判断するよう心がけた。

ひたすらこの訓練をおこない、数カ月後に外傷外科に移ったときには、かなり自信が持てるようになっていた。急を要する外傷外科での経験はスリルに満ちていた。外傷患者の外科的処置に関する資料を何度も読み直し、自分自身のつらさを顧みず、患者ひとりひとりの感覚にできるだけ近付けるように努めた。必要な器具類の扱い方も覚え、外科医の指示に従えるようになった。どんな処置が必要か、外科医が判断を下す前に自分なりに予測し、正解率を高めるよう努力もした。

外傷センターは壮絶をきわめている。患者の身体的経験に呑み込まれそうになったときは、すぐに注意をそらすに限る。あるとき、銃で撃たれた患者が運び込まれた。最初の検査を終えた患者は鎮静状態から目覚め、興奮し始めた。担当看護師は鎮静剤の追加投与と拘束具を求めたが、処方の権限をもつ外科医は緊急手術に駆り出されていた。そこで、看護師はさりげなく患者に歩み寄り、「楽になるようお手伝いしますね」と話しかけ、手にした毛布を彼の胸に押し付けてそのままベッドへと押していった。患者がしかたなく横になると、看護師はシーツと毛布をかけ、その端を薄いマットレスの下にどんどん押しこんでいく。こうして身動きできないようにしているのだ。

看護師の肩には緊張と疲れが感じられた。患者は戸惑い、クモの巣にかかったハエのようにもがいている。僕の胴体が毛布に締めつけられる感覚が強くなり始めたとき、新たな外傷患者が緊急治療室に運ばれてきた。僕は目の前の患者が受けている生理食塩水の点滴に目をやり、落ちていく輸液に神経とエネルギーを集中させた。顎から耳へとしずくが伝い上っていく感覚が生じ、同時に、小さな点滴筒に自分が閉じこめられたようにも感じる。ようやく僕は落ち着きを取り戻し、次の患者のもとに飛んでいった。

外傷のほとんどは不注意や無知、偶然によってもたらされる。悪意によるものはめったにない。不慮の事故による外傷性切断もある。あるとき、ホームレスの男性が運ばれてきた。線路の近くで寝ていて、右腕の肘より上を列車に轢《ひ》かれ切断してしまったのだ。

患者のいる部屋に入ったとたん、僕の左腕の感覚がなくなった。そのときは患者がどんな怪我なのか知らなかったため、なぜ腕が麻痺したのかわからなかった。彼の右腕には血に染まったタオルがかかっている。そのとき、僕の腕が冷たくなり、上腕二頭筋の近くにすり切れたような感覚が生じた。外科用トレイに彼のちぎれた腕が置かれている。何か別のものに意識を集中させようとしたが、そのとき外科医たちが患者の腕に置いていたタオルを取り除き、切断部が目に入った。腱の切れ端、筋肉の塊。僕は外科用備品の自動供給機に視線を移し、備品をひとつひとつ食い入るように見つめていった。チューブ、鉗子《かんし》、縫合糸、どれも滅菌包装され、何列にも整然と並んでいる。僕の感覚はまだずたずただったが、この秩序によって落ち着きを取り戻し始めた。僕は何度か深呼吸をし、秩序の間隔を保ちつつ男性の傷口に視線を戻した。そして弾《はじ》かれたように行動に移った。

　十代の少年が交通事故で運び込まれた。ハンドルを握っていた彼の姉が車の操作を誤り、助手席に座っていた姉の友人は即死だった。少年はシートベルトを着用していなかったため、フロントガラスを突き破って外に放り出されたという。彼の顔は挫傷と無数の裂傷で腫れ上がり、脇腹にも挫傷があった。治療法について、外科上級医と若手医師《フェロー》〔研修期間を終了した医師〕の間で意見が分かれた。外科上級医は処置実施要綱《プロトコル》どおり、まずは外傷検査をしようとしたが、フェローはプロトコルを破り、すぐさま少年を手術室に運ぶべきだと言う。少年の血圧は急激に低下し、輸血もできない状況だったため、手術室に運ぶことになった。僕はストレッチャーを押しながら、初めて死を目の当たりにしたときと同じ感覚を抱いた。うつろな、命が身体から滑り落ちていくような感覚だった。

　出血箇所を探るため、外科医は緊急試験開腹術をおこなったが、出血が著しく、少年は心室細動から心停止に陥った。フェローは金属パドルを心臓に直接あてがった。鼓動が戻り、僕たちがほっとしたのもつかの間、再び細動が生じた。鼓動が再び戻ることはなかった。

ある晩、僕は銃創により内出血している男性を担当した。弾丸は彼の腹部を貫通していた。出血源を見つけるため、外科医は胸腔を切開した。患者が心停止となり、外科医は大動脈遮断を試みた。脳に血液を送り続けるため、僕は開胸式心臓マッサージを命じられた。患者の心臓にじかに両手をあてがい、圧迫を繰り返す。自分の手で自分を生かし続けているような感覚だった。この手を止めたら、僕の心臓も止まってしまうのだろうか、と思ったほどだ。しかし約二十分後、死亡が宣告された。

外傷外科での実習が終わったとき、この科でやっていきたいと思った。プロトコルとアルゴリズムでプロセスが構造化されているのが、たまらなく魅力的だった。自分の共感覚もなんとか扱える自信がついていた。でも、この高揚感は医学生言葉の「外傷外科熱」だということもよくわかっていた。外傷外科を選択すると決める前に、しばらく頭を冷やす期間が必要だった。その後も僕は実習を重ね、経験を積み、学んでいった。そして三年生の実習は神経学を残すだけとなった。

二年生の頃から、神経学こそが僕の進む道ではないかとうすうす感じていた。二年生のとき、スティーブン・セブシュ博士の神経学の講義を受けた。分離脳〔右脳と左脳をつなぐ脳梁を切断された脳〕の現象と、意識を理解するうえでの意義に関する内容で、医学校での典型的な講義とは違っていた。だからこそ魅力を感じたのだ。聴講していて全身がぞくぞくし、鳥肌が立つほど興奮した講義は他になかった。こういうわけで、神経学がリストのトップとなったのだが、三年生の実習計画を立てる際にはいちばん最後にした。他の専門領域も学んでおきたいという好奇心を満たしてからじっくり神経学を学びたいと思ったのだ。

神経科病棟に足を踏み入れた瞬間、ここに来て正解だったと感じた。神経学者たちは凝り性で、洗練されてはいないが、果てしない好奇心に突き動かされている。僕は担当した患者と辛抱強く語り合い、水面下で起きていることを分かち合った。

神経科病棟に入院している患者のひとりは中年の女性で、脳の左側に小さな虚血性脳卒中が起きていた。「小さい」と言っても、その影響は甚大だった。右腕、右足の運動機能はほぼ保たれていたものの、話す能力は完全に失われた。彼女は質問をされると顔を歪《ゆが》め、必死に答えようとするのだが、わずかな声や、質問とはなんの関係もない単語しか出てこない。何度か試み、しまいには両手を上げ、首を振る。自分の身体も人生も受け入れられないと言わんばかりに。

「他に何か私たちにできることはありますか？」研修医のひとりが訊いた。彼女は息を吸いこんだ。目に見えない障壁の向こうに言葉を押し出そうとするのが僕には感じられた。やがて彼女の顔から緊張が抜け、僕の右頬に幻の涙が伝い落ちた。彼女の左頬が濡《ぬ》れていた。午前と午後の回診のたびにこれが繰り返される。まったく変化が見られない。当時は病院に言語聴覚士がいなかったため、彼女はベッドが空き次第リハビリ施設に転院することになっていた。

「退院まで何日かあるだろうから、経過観察をしてみたらどうだ？」ある研修医から言われた。

「精密検査も終わったし、もうこちらでできることはあまりない。きみがそばにいたら、彼女も暇つぶしになるだろう」

僕を暇にさせておきたくないというのが本音なのだろう。こういうわけで、彼女を担当することになった。僕は真剣に彼女と向き合い、注意深く、忍耐強く、丹念に観察をした。彼女のベッド脇で過ごす時間が増えるにつれ、単語のひとつでもいいから話せるようになってほしいという気持ちが募っていく。彼女は音節や音声はいくつか出せる。発話能力は失ったものの、モチベーションは失っていない。言葉を発しようとするたびに、欲求不満が露わになり、怒りも伝わってくる。

僕は彼女の「非流暢《りゅうちょう》性失語」の原因を探り、なんらかの進歩をもたらせるようなテクニックを探し求めた。診察のたびに、新たなテクニックを加えていく。そして数日後、共通配列のある刺激《プライマー》を与えられたら話すことができる、と僕たち——彼女と僕——は証明してみせたのだ。

ベッドに集合した医療チームの前で、僕は口を開いた。「1……2……3……」彼女は身を乗り出し、難なく言った。「4……5……6……7、8、9、10」彼女は顔を輝かせた。「11！12！13！」そして、ここからが見せ場だと言うようにチームを見やり、20まで発音したのだ。チーム全員から拍手を送られ、彼女は嬉しそうに毛布の端を握りしめた。僕は彼女の肩に左手を置き、右手で握手した。「じゃ、今度は曜日を言ってみましょうか？」彼女は恥ずかしそうに横を向き、くすくす笑った。

調べては試してみる、というこの方法は別の患者にも通用した。ある男性患者は、亡くなった兄の左腕が自分のベッドにあるはずだと言い張り、捜し続けている。彼の混乱は毒物や代謝障害のせいではないことを僕は証明した。彼は重度の左半側空間無視〔脳の右半球を損傷後、左側の刺激に注意が向けられなくなる〕を患い、それにより身体パラフレニア〔自分の身体部位を他人の身体の一部だと思うこと〕が生じていたのだ。彼が見えなくなっていたのは自分の腕だった。僕にとって重要なのは自分が楽しむこと、その一瞬一瞬を楽しんでいるということだった。

　三年生の最後にはさらに自信がつき、神経学について関心があることをもっと探り、詳しく調べてみたいと思うようになっていた。研究は楽しく、臨床医と科学者を両立する生き方も考えた。神経学なら臨床が研究に活かせる。僕は一年間のドリス・デューク臨床研究フェローシップ・プログラムに申し込んだ。研究を左右するのは指導者によるところが大きいと知っていたので、神経科学分野で最高の指導者を探した。見つけたのはペグ・ノプロス医学博士、このプログラムの指導者《メンター》を指導する立場で、神経精神医学で神経画像研究を専門としている。ただし、ひとつだけ小さな問題があった。彼女の研究室は地理的にも文化的にもマイアミから遠く離れていた。アイオワ州の中心部、トウモロコシ畑の中にあったのだ。

CHAPTER 3

ミラータッチ共感覚

州境を越えてアイオワに入ると、景色はいちめんの小麦畑となった。沈みゆく太陽に照らされ、温かみのある金色に輝いている。夜のとばりが下りる頃、そよ風に乗ってホタルがゆるやかに舞い始めた。魔法の世界のような雰囲気だった。

アパートはアイオワ大学の研究病院と通りを隔てた向かいにあった。寝室が二つある広々とした部屋だ。荷ほどきをして落ち着くと、僕はすぐにペグ・ノプロス博士と共に働き始めた。ペグの師はアメリカ国家科学賞を受賞した神経科学者・神経精神学者であるナンシー・アンドリアセン医学博士で、統合失調症の研究に脳画像を取り入れた先駆者のひとりだ。ペグは才気あふれる研究者で、現代の神経画像技術を駆使して小児の神経疾患、精神疾患を研究している。僕を臨床医兼科学者として育てようという意欲に満ち、僕の「研究上のママ」だとすら言う。カールした赤毛は威勢良くはね、上半分だけ銀色のフレームの眼鏡をかけた彼女から発せられる色は、深紅、赤紫、紫、薄いオレンジ。数字は2がほとんどで、たまに3もあり、小さな5も見える。こうした数字にふさわしく、ペグはわくわくした気持ちをいつもたたえている。地元の食堂で働く陽気なウエイトレスと言っても違和感のない女性だが、アイオワ州の神経科学界のリーダーだ。僕は小さなオフィスに陣取った。彼女から与えられた指示は——学び、探求し、質問し、好きなだけ失敗すること、それだけだった。

ペグの下で、僕はアイオワ大学神経科学科の研究者たちと定期的に会った。彼らの専門は視空間認知能力、実行機能、共感だ。これは神経学者としての訓練に欠かせない一歩となったばかりか、この三分野が僕の共感覚とどのように関わるかを理解するのにも役立った。初めてペグに僕の共感覚の特徴を話したとき、彼女は自分なりの仮説を述べてくれた。僕のような共感覚者は、誰とでもつながりやすいというハイパーコネクティビティの度合いが、共感覚者ではない人々よりも高いと示唆するエビデンスがあるそうだ。具体的に関与しているのは後頭葉のV４野と、これと隣接する紡錘《ぼうすい》状回顔領域で、後者は、共感覚者もそうでない人でも、人の顔や書記素、とくに特定の意味が結びついた文字や数字を認識するのに役立つ。ハイパーコネクティビティが生じるのは、おそらくシナプス刈り込みに欠陥があるか、それとも脳のさまざまな領域内でシナプスの抑制が低下しているかのどちらかだと思う、とペグは言った。

僕がとくに関心をもったのは、シナプス刈り込みに欠陥があるという考え方だった。子どもから大人へと脳が成熟していく際に、刈り込みは自然におこなわれるからだ。新たな情報をできる限り吸収しようとする幼少期には、脳の異なる領域間のシナプス結合が最も密になっている。ところが思春期を迎える頃になると、効率よく情報を領域間に伝達するため、脳は必要なシグナルの伝達を遅らせるような「ノイズ」、つまり不要な結合を除去し、神経回路を洗練し始める。これをシナプス刈り込みと言う。僕も含め、共感覚者はたいてい二つかそれ以上の特徴を持っているため、共感覚の原因となる生物学的メカニズムが脳のある特定の場所に集中しているわけではないことも示唆される。おそらくは三毛猫の模様のように、脳のあちこちに散らばっているのだろう。

神経系は最も単純かつ最も基本的な形で、僕たちの内面世界、つまり「小さな自我」と外界を結びつける。その構造と微妙な差異は、共感覚者にとっても、そうでない者にとっても、驚くべきものであり、途方に暮れるようなものでもある。自分が何者なのかを理解したいという本能に従い、人は内と外、二つの世界の結びつきを理解しようとする。科学者も、哲学者も、芸術家も、農家も、運動選手も、夜空の下でキャンプファイヤーを囲む子どもたちも。この好奇心は僕たちの「自我」の物語に深く埋め込まれている。

だが、二つの世界を隔てているものの巨大さと次元をどうやって把握すればよいのだろうか？視空間認知能力というものを理解するために、僕は「情報処理モデル」を利用することにした。モデルとしては不完全だが、少なくとも、抽象的なメカニズムをより具体的に図式化するぐらいはできる。このモデルは、経験（刺激）、刺激の評価、行動（反応）という、単純そうに見える三段階のプロセスから成る。この「刺激－評価－反応」は、システム言語でいうと「インプット－情報処理－アウトプット」に置き換えられる。

第一段階では、インプット（刺激）を受け入れ、そして知覚する。インプットは僕たちの身体を通じて伝達される感覚情報ならなんでもいい——たとえば、目に入る光、肌に加えられる圧力、舌の上や鼻の中で感知される分子、組織・細胞集団の変化などだ。この感覚情報の流れをしっかり把握するためには、図式からまず脳を除外し、神経学者が腱反射に使うハンマーに焦点を絞るのがいちばん簡単だと僕は気づいた。患者を椅子に座らせ、両足を床につけた状態で膝頭のすぐ下、膝蓋腱《しつがいけん》をハンマーで軽く叩く。すると、大腿《だいたい》四頭筋が瞬間的に伸び、筋紡錘と呼ばれる感覚神経終末の伸張受容器から電気化学的なメッセージが感覚神経を通じて脊髄へと送られる。このシグナルは脊髄内の運動神経終末の受容器へ、さらには大腿四頭筋へとドミノのように伝わっていく。こうして、下腿が跳ね上がるというおなじみの膝蓋腱反射が生じるのだ。また、脊髄内の感覚神経と運動神経が接続する場所には介在神経があり、感覚神経のシグナルを受けて、大腿後面にあるハムストリング筋に弛緩《しかん》するよう命じる。これにより大腿四頭筋が収縮しやすくなる。この反応全体――叩く（インプット）、感覚神経から運動神経へシグナルを送る（情報処理）、筋肉の収縮（アウトプット）――を反射弓と言う。

これはすべて自動的に生じるものだ。では、このプロセスに脳を挿入したらどうなるだろう？「インプット－情報処理－アウトプット」という基本は同じだが、一連の事象は視床、大脳皮質、内側側頭葉、大脳基底核という脳の主要な四分野と接続するため、はるかに複雑になる。脳の中心近くにある視床は、情報伝達の拠点であり、脊髄と脳幹を大脳皮質につなぐ。大脳皮質は脳の外層で、情報を処理する。大脳辺縁系と傍辺縁系が交差する下に入り込んでいる内側側頭葉は、記憶や情動に最も関与する複数の大脳皮質をまとめ上げる。大脳基底核は視床から大脳皮質へと情報を伝える中継地点で、運動活動（動作や弛緩）または非運動活動（思考や情動）を誘発する。

「インプット－情報処理－アウトプット」というシグナル伝達により、人体の感覚系は物理的環境に関する情報を受け取る。この情報は、全身に埋め込まれている神経細胞受容器を通じて中枢神経系に入る。どの細胞も分化しているため、ひとつひとつが外界の特定の特徴に反応する。たとえば、皮膚にある温度受容器は温度に反応し、胃の伸張受容器は満腹を我々に教えてくれる。頸《けい》動脈の圧受容器は血圧に、鼻の中や舌の上にある化学受容器は、ある特定の化学分子やホルモン分子に反応する。どの感覚受容器も、脳神経や脊髄神経を通じて、特定のシグナルを伝達する。

　こうした感覚情報は電気化学的シグナルとして神経系を通過していくのだが、五感のうちの四つ（視覚、聴覚、触覚、味覚）は視床を通ってから大脳皮質を巡るのに対し、嗅覚だけは芳香分子が鼻の嗅覚化学受容器に捕らえられると、脳神経のひとつである嗅神経から大脳皮質へと、シグナルが視床を介さず直接送られる。

　視覚情報は後頭葉へと伝わり、後頭葉で結合し、大脳皮質全体に送られて、さまざまな感覚情報とつながる。記憶や情動に関わる部分ともつながり、視覚体験に文脈を与えることになる。脳が視覚情報をどう処理するのかを学んでいたとき、僕はそのメカニズムに心を奪われた。まず、ものに反射した光が目のレンズを通る。網膜にある、タイプの異なる光受容器がこれに応答し、視神経の中で個々の電気シグナルがひとつにまとまる。電気シグナルは視床を通過し、後頭葉に達する。ここで誘発された個々のニューロンのパターンが、大脳皮質に伝達される。そして、大脳皮質は連想能力を駆使し、シグナルにふさわしい文脈を与えるのだ。

こうした神経解剖学の知識を暗記するのも必要だが、実際にどう機能するのかを理解しないと脳の3Dモデルを使いこなせない。脳の視空間能力を把握しようと、アイオワ大学病院の廊下を歩いていたとき、近くのドアがいきなり開いたことがある。さっと左に身をかわし、ぶつからずにすんだのだが、僕の脳はどうやってこの動作をもたらしたのだろうか。

後頭葉から大脳皮質に向かう視覚情報の経路は二つある。腹側経路と呼ばれる経路は、対象が「何」なのかを認知するもので、側頭葉へと向かう。ドアからの光が視神経に入ると、その感覚情報が後頭葉に伝達され、色や形と結びついた脳神経ネットワークを通じて広がり、「大きくて茶色い長方形のものがある」と警告を発する。形に対する連想は、おそらく脳の紡錘状回顔領域でおこなわれる——顔や文字、数字を認知する際に役立つ領域だ。ここから視覚情報は内側側頭葉に向かうのだが、ここは感覚シグナルを関連する記憶と結び付け、以前の経験に基づいた、豊かな多感覚3D表現をおこなう。そして、この情報は言語野に送られ、今見ているのは「何」なのかを特定する。こうして、「大きなマホガニー製のドア」を認知するのだ。

ドアの位置を身体と関連づけて知覚させるために、視覚情報はもうひとつの経路をもたどる。背側経路と呼ばれる、「位置」を認識する経路で、頭頂葉へと向かう。後頭葉からこの経路をたどる間に、単純な視覚情報はさらに形や運動などの特徴と結びつく——大きな長方形のものがこちらへ勢いよく向かってくる、と。ドアに関する視覚情報は、頭頂葉でさまざまな空間表現と結びつく。たとえば、床を踏みしめている足の感覚や右側でドアノブが回る音などが統合され、ドアが顔に当たりそうだ、という「位置」感覚をもたらす。こうした段階すべてを踏まえたものが、視覚と呼ばれる。

僕たちがこのようにして「見る」のであれば、「意識して見る」場合はどうなのだろう？　僕たちは、評価と解釈というプロセスによって拡大し続ける順列の世界にいる。注意を払う一歩手前で認識し、フィルターにかけ、よく考え、解決し、決定し、反応する。

このプロセスの一部は、色や形など物理的な特徴で表される視覚情報との関連で生じる。大きなマホガニー製のドアという視覚情報が、記憶と感情に関連した大脳皮質領域を通るとき、僕の脳は新たな情報（ドアがこちらに向かってくる）を、すでに蓄えてある情報（ドアにぶつかった経験など）と照らし合わせる。この作業により期待や感情的な意味が関連付けられ、ある特定の感情との結びつきがもたらされる。ドアが開いたときの僕のとっさの知覚は、「ドアだ！」であり、ぶつかったら痛いぞという予想が続いて訪れる。豊かな文脈を与えられた情報は、脳の実行管理ネットワークの一部をなすニューロンの広範なコントロールシステムに統合される。このコントロールシステムは感覚情報を評価する主要メカニズムで、運動反応やそれ以外の反応を生じさせると考えられている。こういうわけで、僕の視覚情報はドアにぶつからないよう、筋肉を動作させる。

実行機能は、前頭前野での一連の脳活動に基づくものだ。前頭前野は額の奥にあり、脳全体の関連領域と連携して働く。旧約聖書に登場するサムソンは怪力の持ち主だが、力の源である頭髪を削り落とされ、力を失ってしまう。同じように、前頭前野もすばらしい力を持っているが、弱点も備えている。

前頭前野は脳のなかで最後に進化した部分だ。発達も遅く、成熟するには成人期初期までかかるため、機能障害になりやすい。実行機能の核心は三つある。ワーキングメモリ、認知の柔軟性、セルフコントロールだ。「ワーキングメモリ」は情報を保持し、その情報を操作、応用する。「認知の柔軟性」は、新しい情報をかつて処理した情報と結びつける神経基盤で、たとえばレンガの重さを覚えているからドアストッパーとして利用するというのも認知の柔軟性だ。「セルフコントロール」は脳が意識的、無意識的に抑制制御を働かせる能力に基づく。抑制制御とは、注意を払うべきものを選び、気を散らせるもの、衝動、誘惑に抵抗または無視することで、これにより脳は目標に向かう行動に集中できる。

実行機能が平均以上であれば、ノイズとなるさまざまな考えや感情を制御することも可能だ。脳活動が増加し、さまざまな刺激同士にゆるい関連を持たせる能力が増し、これらのフィルター作用も向上すれば、大量の情報——外界の物理的情報も内側の精神的な情報も——をよりうまく処理することができるだろう。このフィルターによって、共感覚者（や同様の状況に置かれた者）は情報を合理的に理解し、いつでも好きな情報、必要な情報を選び出せるのかもしれない。

では、このフィルターがあっても、創造性や新奇な考えは生み出せるものなのだろうか？　逆に、このメカニズムが壊れたらどうなるのだろう？　行動制御を失い、幻覚を伴う精神疾患が発症するのだろうか？

僕にはある程度のハイパーコネクティビティがあり、共感覚体験を管理するなんらかの保護因子も存在している、とペグは考えている。以前発生した血管線維腫によって、共感覚が生じる状況、または共感覚が強まる状況がもたらされていたのではないか、と彼女は推測した。血管線維腫が増大するにつれ、右大脳半球がより活性化するというメカニズムはあり得る。より具体的には右頭頂葉が発達し、視覚系・体性感覚系の合流点における皮質機能をつかさどるようになったことで、僕の共感覚を育てたのだろうとペグは言う。僕は賛成したかったが、その逆もあるのではないかと思わずにいられなかった。つまり、血管線維腫が右頭頂葉の発達を遅らせ、異なる感覚情報の結び付きにフィルターをかける能力が損なわれたとは考えられないだろうか？

脳の実行機能により、僕たちは自分の身体や心を、ひいては自分の人生を導くことができる。このような脳の反応は、前頭前野の主要な三つの非運動野をループしつつ巡っていく。

三つの回路は並行して以下の作業をおこなう。感情を処理・表現する、気持ちを調節する、痛みを処理する（前帯状皮質）、感情や物理的要因の変化に合わせて行動を調節する（眼窩《がんか》前頭皮質）、目標指向性行動を追求または制御するなかで、認知制御を通じて情報を操作する（背外側前頭前野）。

これらの回路に損傷や機能異常が生じると、しばしば神経行動学的障害や神経精神病学的障害につながり、共感など人の最も複雑な経験に変化をもたらすこともある。

僕はミラータッチの共感覚体験があるため、とくに共感の回路を知りたかった。いったい、どう機能するのだろう？　ただ、自分の経験が他の人の経験していることと違うのかどうか、僕にはよくわかっていない。だいたい、「共感」を定義するのですら難しい。僕がいちばんしっくりきたのは、ブレネー・ブラウンの定義だ。ソーシャルワークの研究が専門の彼女は、共感とは「人と共に感じること」だと述べている。誰かが占めている心的空間に入り込み、あなたはひとりではない、私も以前ここに来たことがあると伝える能力——つまり、相手と共に感じることが共感なのだという。

共感の定量分析においては、この複雑な行為は一般的に「能力」「潜在力」と考えられている。他者の経験を、自分の視点から「理解する」または「感じ取る」ことができる力だ。正確かどうかはさておき、他者の精神状態を理解している、感じ取っていると強く思うにつれ、感情を読み取る反射神経として共感を体験するようになる。

腱反射を調べるハンマーと比べると、共感覚を特徴付ける感覚情報ははるかに変化しやすく、多感覚的で、涙、視線、表情、姿勢などの視覚情報や、相手の口調など聴覚情報も含まれる。こうした感覚情報が脳の主要な感覚皮質に伝わると、複数のネットワークがこれを処理し、文脈や感情的意味を与える。この作業にはミラーニューロンシステムも関わっている。

ミラーニューロン理論は、最初のうちは懐疑的に受け止められていたが、僕がこの理論を知った頃には神経科学の分野で信用を築き始めていた。今日では多くのエビデンスに基づき、脳の働きを説明する理論として広く受け入れられている。ミラーニューロンとは、人が他者の何に注意を払うかについて、多感覚の3Dシミュレーションをおこなうニューロンを指す。

最初にミラーニューロンについて述べたのは、イタリア、パルマ大学の神経生理学者ジャコモ・リッツォラッティと共同研究者だ。マカクザルの手や口の動作を研究していたリッツォラッティらは視空間マップを使い、運動の計画や身体感覚の統合に関わる脳領域におけるニューロン活動を計測した。そして、サルが餌をつかむときに活性化するニューロンは、餌をつかむ研究者をサルが観察するときにも活性化することに気づいたのだ。マカクザルと同様に、人も他者の行動、感情、嫌悪、痛みを見ると、同じようなミラーリングを示す。そこで、仮説が立てられた。ミラーニューロンは、顔の表情やボディランゲージなど他者の身体的体験の反映をシミュレートすることで、感覚情報を自動的に処理する、というものだ。

3Dシミュレーションの結果生じるのは、僕たち自身の感情的な反応である。この反応は、他者の経験を自分の過去の経験（記憶システムに保管され、思い出すことができるもの）と照らし合わせる能力に基づいている。たとえば、自転車から落ちた人を見て、自分のことのようにぎくりとするメカニズムは、ミラーニューロンによる可能性がある。また、ミラーニューロンは「漏れる」こともある。話し相手と同じように脚を組む、テーブルの向かいに座った人と同時に水のグラスに手を伸ばすなど、無意識にミラーリングしているときがそうだ。さらに、感情が伝染する際にもこのメカニズムが関わっている可能性がある。

ここで僕は誤りを犯した。ミラータッチの共感覚体験は通常のミラーニューロンによるものだと思ってしまったのだ。誰もが体験している取るに足らないものだと。

それでも、僕は疑問をいくつも引きずっていた。人は意識して他者の精神状態を理解し、または感じ取り、共感能力を身に付けていかなければならないのか？　それとも、身に付けるべきは、共感に身を任せる能力なのだろうか？　どちらもやったらどうなる？　どうしたら他者の精神状態をもっと鮮明に想像できるようになるのだろう？　僕たちには共通するものがもっとたくさんあると、どうしたら認識できる？　自分で意識しなくても、共感は体験しやすくなっていくものなのか？　誰もが「他者」とより深く結び付いていると集団レベルで感じるようになったら、その下流効果はどんなだろう？　ミラーニューロンがあるのなら、今体験しているのが他者の感情を知覚したものではなく、自分自身の感情だとどうしてわかるのか？　自己と他者を隔てる境界の一貫性に影響を及ぼす状況とはどんなものなのか？　その境界を強化することは可能か？　逆に消し去ることは？

僕は結論に達した。共感の枠組みを解剖学的、概念的に解明したところで、他者に心を寄せるという仕組みの全貌が見えてくるわけではない。あくびが人にうつるのは、おそらくミラーニューロンの枠組みが関わっているからだ。他の感情的な反応や身体的反応、たとえば人と話していて「ふむ」とつぶやく、生まれたばかりの初めての子を抱く親の姿を見て涙ぐむといった場合でも、おそらくこの枠組みが部分的に関与している。共感でもとくに強力なものは、他者の精神状態より次元の高い認識があるのかもしれない。共感のうち、感情は他者の内面世界を認識することと、その世界で分かち合うこととの境目で生じるように思われる。つまり、他者の経験を理解すると同時に感じ取る、ということだ。お互いの経験が結びつき、共に生きるように共鳴しあって流れていく。それは人間にとってかけがえのない才能《ギフト》と言えるほど強烈な意味をもつ。共感の先にあるのは思いやりだ。思いやりは人を行動へと駆り立てる。他者の苦しみを和らげようとして行動を起こすことは優しさだ。共感には他者の置かれた状態を理解すること、または感じ取ることが必要であり、より高次の共感には、どちらも必要になる。思いやりには苦しみを和らげるという動機が、優しさには行動が求められる。

共感や共感覚体験の根底にあるメカニズムを知ろうとあれこれ考え続けるよりも、自分自身の特徴や脳について、まだまだわからないことがたくさんある、と僕はペグに打ち明けた。彼女は、共感覚について好奇心の赴くままに研究していけばいいと励ましてくれた。私と一緒に研究している間に、あなた自身のことや脳の内部の働きについて、何か学べるかもしれないから、と。僕は自分の共感覚について、まだわかっていない点を切り崩していくために、アメリカ全土の信頼できる神経科学者たちと会ってみることにした。彼らは全員、異常な現象や認知機能に強い関心を抱いていた。

最初に会ったのはダロルド・トレファート博士、サヴァン症候群の研究で世界的に有名な精神科医だ。サヴァン症候群とは、神経発達障害のある人が特定の分野に限って並外れた才能を示すことを指す。音楽の演奏がずば抜けている人もいれば、膨大な計算をコンピュータに近い速度でこなせる人もいる。トレファートの研究協力者には、映画『レインマン』のモデルとなったキム・ピークや、「ブレインマン」として知られるダニエル・タメット（いずれもサヴァン症候群）も含まれている。暗記と言語習得に並外れた才を示すタメットは、自閉スペクトラム症、てんかん、共感覚も有していた。

脳には他のニューロンの働きを抑制するニューロンもある。サヴァン症候群の人は神経系または脳の領域全体に障害があり、ある部分の活動を自然に抑制している可能性がある。その結果、シナプス標的がより活性化し、並外れた認知能力を発揮する場合がある。

僕に個人的体験を書くよう勧めたのはトレファート博士が初めてだった。けれど、僕は気乗りしなかった。どう受け止められるかわからず、臨床医・科学者としての自分の名に傷が付くかもしれない。患者がどんなふうに僕を見るかもわからない。僕が経験している現象を言葉にしてみても、主観的すぎて誰も興味を示さないだろう。

それに、性的指向をカミングアウトしたばかりだというのに、それを不特定多数の人々にも知られることは、僕にとってはリスクのほうが大きかった。当時はまだ他の共感覚者に会ったことがなかったし、手記を書いてみたところで『ポピュラーサイエンス』誌の誤りに貢献するのが関の山だ。この件は棚上げし、医学の道を黙々と進んでいこうと思った。

だが、共感覚をより理解するために、カリフォルニア大学サインディエゴ校の知覚・認知研究室を訪れ、そこで神経科学者のV・S・ラマチャンドラン博士と当時の優秀な大学院生デイヴィッド・ブラングに会った。二人とも共感覚その他の異常な感覚体験——幻肢症候群〔手や足を失っても、まだ存在しているように感じる〕、視床症候群〔視床の障害による麻痺、痛み等〕、身体完全同一性障害〔身体の一部を失いたいと願う〕（四肢欠損性愛として知られることもある）等——に強い関心を抱いていた。

僕が到着したその日のうちに、デイヴィッドは一連の心理テストを開始した。制御された状況下で、僕の共感覚体験のさまざまな側面をできるだけ多く、客観的に数値化するのが目的だった。ほとんどのテストは体系化されていたが、なかにはラマチャンドラン博士の飽くことのない科学的好奇心が生み出したものもあった——「ちょっと調べてみよう」というやつだ。

博士の研究所の地下室で、僕は最初の課題を与えられた。ヘッドホンをつけてコンピュータの前に座る。モニターは真っ黒で、ときどき赤い×か白い四角が一瞬映し出される。その際、甲高いビープ音が同時に聞こえるときもあれば、聞こえないときもある。赤い×が見えたとき、または音が聞こえたときは、即座にキーボードのスペースバーを押すよう指示された。共感覚者は脳内の感覚領域間のシグナルの接続が著しいため、赤い×と音が同時に出現した場合、つまり視覚と聴覚が結びついた場合は非共感覚者よりも早く認識し、したがって反応速度も速い、と博士らは考えた。

ところが、テストを終えたとき、このデータは使い物にならないと言われた。僕の反応速度は非共感覚者より速かっただけでなく、平均的な共感覚者の三倍を超えていたのだ。ラマチャンドラン博士らがこれまでにテストした共感覚者たちのデータを基に考えると、僕は平均的な共感覚者よりもハイパーコネクティビティの度合いがさらに高いということなのか？　それとも、たんに僕の筋反射が速いせいなのか？　この異常値をどう解釈したらよいのかわからず、博士もデイヴィッドも僕も同時に眉を上げた。このような問題を解決するには、さらに多くの共感覚者からデータを取って比較検討する必要がある。他の人と同じだと確信できるような情報が欲しかった僕は、今回のテスト結果はただのランダム変動か技術的エラーだろう、と自分に言い聞かせた。

別のテストでは、真っ白なホワイトボードに背を向けて立った。僕の背後でデイヴィッドが黒のマジックでアルファベットを書いている。合図を出したら振り返り、最も数の多い文字を見つけるよう彼は言った。共感覚者なら色をヒントに文字を早く認識できる、とデイヴィッドは考えていた。何種類の文字が書いてあるのか、僕には知る由もなかった。

「準備はいいかい？」彼はストップウォッチを高く掲げた。「始め！」

僕は振り返りざまに叫んだ。「青！　E！」

デイヴィッドはストップウォッチを使うまでもなかった。ホワイトボードにはEとAが全部で百個書かれていて、Eのほうがわずかに多かった。僕が当てずっぽうで答えているわけではないと確認するため、このテストは数回繰り返された。

次に、デイヴィッドはモニターに視力検査表を映し出した。僕はモニターから数メートル離れて立ち、検眼と同じように文字を読み上げた。いちばん下の最小の文字まで読めると一歩下がり、同じことを繰り返す。さらにまた一歩下がり……ついには廊下にまで後退し、これ以上は下がれなくなった。モニターとの距離は六メートルを超えていた。焦点を合わせるのに時間はかかったが、これほど離れていても最小の文字を識別できた。文字らしきものが見えさえすれば、その色がわかるのだ。Gは明るい黄緑、Dは茶色、Aは赤、それぞれ大きさの異なるしみのように見える。デイヴィッドは興味をそそられたようだ。

「このテストも使えないだろうな。また極端な異常値だよ。ここまで後退した人はひとりもいなかった」

別の日、僕たちはラマチャンドラン博士のオフィスにいた。部屋には心理テスト用に作られたありとあらゆる装置が置いてあり、まるで自然史博物館の神経科学棟に足を踏み入れたようだ。僕たちはさらにいろいろなテストをおこなった。重なり合った文字と数字の色を述べるテストもあった。数字の2がWの左端にかかっている場合、2は赤、Wは緑のままなのだが、2とWが交差しているところを見て、僕はあぜんとした。まるで深淵《しんえん》を覗きこむような、なんとなく心もとない気分になったのだ。そこは赤か緑のどちらかしか存在しない。両者が同時に見えることはなく、色があるともないとも言える。長く見つめていると、虚空の中で自分を見失いそうだ。これは脳の抑制という現象によるものなのだろうか。脳は意味を理解するために、予測に一致しない不都合な情報を反射的に消そうとする。錯視が生じるのは、ほとんどの場合、脳が抑制を働かせるからだ。

デイヴィッドは一枚の白い紙に数字の2を縦に三つ、等間隔で書き、その紙を僕の前に掲げた。

「2は何色かい?」

「赤……といっても、純粋の赤ではなく、もう少し複雑な……」

「オーケー。じゃあ、僕がストップと言うまで見える色を続けて」

彼は僕から見ると時計回りに紙を回転させ始めた。

「赤……赤……赤……赤……赤……ふむ。茶色だ」

三時から四時の位置の間で急に色が変わった。変わったと気づくのに二秒かかった。

「今はNだ」

数字の2を右に90度回転させると、僕の脳はNと認識し、それに伴い見える色も変わる。感心するほど劇的な、意識下での変化だ。僕の脳の紡錘状回顔領域は、文字や数字をこの領域があらかじめ決まっているものとして処理しているのではないかと推測される。僕の目に入ってくる光のうち、2を表すパターンは赤で、Nを表すパターンは茶色だ。何かを見ているという意識は、視神経を通して入ってくる光の種類ほど決定的な要素ではない。僕の頭はまず共感覚的な処理をおこない、その後に意識の処理に取りかかる。この現象は肝に銘じておくべきだろう。意識可能な心理学的なものというより、もっと機械的、神経学的な現象なのだ。

ラマチャンドラン博士は僕の視神経路と脳の視覚系の関係に関心をもった。白い紙に書いた黒の3を三十秒間見つめ、それから白い壁を見てごらん、と彼は言った。人はコントラストの強い画像を見つめていると、それから目を離したときに負の残像がある。カメラのフラッシュや太陽を見た後にしばらく目がくらむのは、残像のせいもあるのだ。僕は紙から目を離し、白い壁に視線を転じた。3の負の残像がくっきりと見える。博士とデイヴィッドは、残像が完全に消えるまでの時間を計った。どんなにまばたきしても、三分から五分は消えなかった。非共感覚者の場合、記録されている平均時間は十五秒から三十秒だという。残像が長引くのはハイパーコネクティビティのせいかもしれない、と博士は言った。そのせいで神経シグナルがフィードバックとフィードフォワードというメカニズムの中で基本的に「反響」するのだろうと。これは、写真のように精緻な映像記憶をもつ人に備わっている付加メカニズムのひとつだと彼は仮定した。

映像記憶をもつ人は脳の視覚系をほとんど利用することなく、写真のフィルムのように視覚表現を保持できるのかもしれない。脳の記憶システムのなかで情報を符号化し、保管し、取り出すという複雑な作業をせずに、この双方向の反響によって視覚映像をより長期的に持ち続けることができるのかもしれない。

サンディエゴに滞在中、僕はラマチャンドラン博士とデイヴィッドとキャンパス内をよく歩き回っていた。デイヴィッドはこれを「サンドウォーク」だと言った。かのチャールズ・ダーウィンがサンドウォークと呼ばれる小道を学生たちと歩きながら、思考を深めていたことにちなんでいる。歩きながら、僕はいろいろな質問をされた。散歩が終わりに近づいたとき、自分の感覚経験で異常だと思えることは他にないかと訊かれた。人よりも数字や文字を見つけやすい傾向がある、と僕は自分で感じていた。そこで、何も書いていない紙きれを見つけ、直線や曲線をめちゃくちゃに書き殴るようデイヴィッドに頼んだ。彼が書いている間、僕は目をそらしていた。紙を渡されるなり、僕は自分に見える文字を矢継ぎ早に挙げていった。「A、F、B、C、Z、N、H、G、F、L」デイヴィッドが書いたのはもつれた線だったが、僕にはカラフルな積み木がばらまかれているように見えていた。色を見れば、それに対応する文字が浮かぶ。なんだか子どもだましのようなトリックをしているようで、僕は少々恥ずかしかった。だから、二人の反応を見たときは驚いた。

デイヴィッドが訊いた。「子どもの頃、『ウォーリーをさがせ!』とか『ミッケ!』とか得意だった?」

「よく遊んだよ。でも、他の人より速いかどうかはわからない」

僕たちは最寄りの本屋に行った。デイヴィッドは、僕が今まで遊んだことのない本をと考え、山ほど買い込んだ。研究室に戻り、彼はストップウォッチを取り出した。「始め!」僕は本のページを次々にめくっていった。手が止まることはない。どのページもウォーリーが飛び出してくるからだ。

次は『ミッケ!』だ。よく知っているウォーリーの顔を探し出すのとは異なり、今度は見つけるものがどんな見た目なのかわからないため、少々手こずった。「ウサギを見つけよう」とあるが、どんなウサギなんだろう? 色は? 格好は? 不思議の国のアリスに登場する三月ウサギのような感じ？　即興でおこなうテストには限界があったが、それでもデイヴィッドやラマチャンドラン博士はこうしたテストから刺激を受け、僕の視覚系についてさらに質問をした。最後にデイヴィッドが訊いた。「もしかして、きみはミラータッチ共感覚者なんじゃないか？」

「そんな言葉は聞いたことがないよ」

「自分が見ている人の感覚を、まるで自分の身に起きているように感じることだ」

僕はすぐには返事をしなかった。「そうだな……うん、感じる。でも、誰だってそうだろう。ミラーニューロンはそういうことを解明したものじゃないのかい？　わざわざ名前をつけるほど特別なことではないと思うけど」

「僕の顔を見て」デイヴィッドは指先を自分の顔の左側に滑らせた。「何か感じた？」

「顔の右側に指先が滑っていく感じがあった」

「うん。それは普通ではないんだよ」

僕は額をぴしゃりと叩いた。

「普通の人間では、こういうことは起こらない」デイヴィッドはきっぱりと言い、笑いながら言い足した。「きみはまるで、いろんなおもちゃが詰まったピニャータ〔日本のくす玉のようなもので中におもちゃやお菓子が入っている〕みたいだな」

親切なデイヴィッドから教えてもらった情報をもとに、僕はさらに研究や実験を調べ、知識を得ていった。ミラータッチ共感覚は、他の共感覚の一般的な特徴もいくつか備えている。共感覚が生じるのは意識レベルだ。つまり、本人はそのプロセスに気づいており、共感覚体験を詳しく述べることもできる。共感覚体験は視覚刺激によって自動的に引き起こされる。数字や文字を見れば色や音、味覚を、ミラータッチ共感覚なら触覚を感じられる。僕が見ている相手の感覚は、頬なら頬、腕なら腕というように僕の身体の同じ部位に反映されるが、相手と向かい合っている場合は、鏡のように左右が逆になる。もっとも、逆にならないミラータッチ共感覚者もいるし、相手が隣にいるときは僕も逆にならない。

僕の場合は、ミラータッチによる共感覚体験の鮮明さにいくつか差が生じる要素がある。まず、僕と特徴が似ている人に対しては、実際に自分が触れられているような、鮮明なミラータッチの感覚があるが、見た目が僕と似ていない人にはそれほど強くは感じない。対象が人ではない場合の鮮明さの度合いは、マネキンなど人に似ているもの、コンセントなど人の顔を思わせるもの(パレイドリア)、の順に低くなっていく。水を入れたコップなど、人とは完全に異なる物体に対しては、ミラータッチ共感覚が生じることもあるが、鮮明さは最も低くなる。また、新しい経験、思いがけない経験(驚きやショックなど)をしたときは、感覚が強くなる。強い感情が結びついているものを見たときもそうで、これはトラウマを抱える人の経験と大差ないように思う。さらに、注意力も鮮明さを左右する。ミラータッチの共感覚体験に注意を払えば払うほど、それがリアルに感じられてくるし、逆に、無視していれば鮮明さは失われる。

ただ、注意力の有無を完全に区別するのは、実際には不可能だ。同様に、カフェインを摂取したり（活性化）、お酒を飲んだり睡眠不足だったりすると（抑制の低下）、脳内活動が増すため、共感覚体験はよりいっそう鮮明になる。こうした特徴はすべて画像診断や脳波の研究が示しているものであり、ミラータッチは主にミラーニューロンの活動性の高まりと関係があることが示唆される。普通は人に触れられたと感じたときだけ活性化する脳の領域が、交差活性化〔共感覚に関わる脳領域が同時に活性化すること〕によりハイパーコネクティビティにつながり、これがほぼ途切れなく持続する。この仮説を支持するものとして、社会的知覚や共感と結びついている脳部位では、脳の構造的結合がより多いことが観察されている。

しかも、自己と他者の境界を認知する脳部位では、構造的結合はそれほど多くない。この認知に最も関連しているのは右の側頭頭頂接合部で、視覚、空間認知、身体地図《ボディマップ》化、記憶、感情処理を統合する諸領域が交わる所に位置している。興味深いことに、右側頭頭頂接合部は僕の腫瘍と近いのだ。ミラータッチ共感覚者の独特な脳の回路は、自身の身体空間がより拡張し、知覚した他者の身体空間に溶け込む原因となっていると思われる。

ミラータッチ共感覚について学ぶにつれ、いくつかの疑問が何度も浮かぶようになった。ミラータッチ共感覚者は共感力が強いのか、それとも共感のしかたが異なっているのか？　僕はどうなんだ？

ロンドン大学ゴールドスミス・カレッジの心理学部で、マイケル・バニシーのグループがミラータッチ共感覚者の確実性を調べる客観テストを実施し、徹底的な検証をおこなった。共感覚の表現型には幅広いバリエーションがあると認めたうえで、厳密な方法に基づいて検証している。これは称賛すべき偉業だ。「共感」という現象を定量化するのも非常に困難だが、さまざまな共感覚を個別に検証し、客観的に定量化するのも技術的に非常に難しい。バニシーはこの検証から、ミラータッチ共感覚者は非共感覚者よりも高いレベルの「情動的共感」を示すが、「認知的共感」のレベルは同じであることを発見した。このエビデンスは、僕にはぴんと来るものだった。ミラータッチ共感覚体験はおおむね具現化されたものであり、経験の物理的構成要素は他者の経験に対して強い情動反応を呼び起こしやすいからだ。でも、それが僕にとってどんな意味があるのだろう？　僕はミラータッチの実際的な意義に疑問を抱いていた。意義などない、ただの奇異なものではないか？　または、虫垂のような、脳の配線のうちの退化した部分ではないか？

だが、科学者としてではなく、不完全で先入観にとらわれた一個人として、自分の経験について考えてみると、ミラータッチ共感覚体験は僕の認知的共感を強めているような気がする。もっとも、ミラータッチ共感覚を持たない人の認知的共感がどんなものなのか、僕には知る由もないのだが。相手の見方を百パーセント理解できるのであれば、テレパシーに近いものだろう。ミラータッチはSF小説で描かれるようなテレパシーとは言えないだろうが、たとえば病院で患者にもうひとつ質問をしたり、絶妙な質問をしたりするといった、診断を左右する決定的瞬間に力を添えることはあり得る。その恩恵を受けた患者が僕の人生の中でひとりしかいなくても、それだけでも僕の共感覚は意義あるものだと胸を張れるはずだ。

痛みについてはどうだろう？　僕は本当に他者の痛みをそのまま感じ取っているのか、それとも、こんな感じに違いないと脳が推定しているだけなのか？　ミラータッチによる痛みには距離が感じられるものの、実際に自分がつまずいたり指を切ったりしたときの痛みと同じだ。痛みの自己知覚はややこしい。その痛みの概念を抽出し、要点をまとめてフォーマット化するのは至難の業だ。実用性を重視して明確さを求めれば、微妙な差を犠牲にすることになり、抽出に力を注げば、解釈の余地が増えるからだ。

科学者としての僕は、ミラータッチ共感覚という現象を説明するのに、「他者の痛みそのものを感じる」などといった断定的な表現に最初のうちはためらいを感じていた。しかし、慎重に考えた結果、やはりこれでいいと受け入れた。

痛みというのは、それほど主観的なものなのだ。科学研究の世界では、痛みは共感などと同様に、自己報告で測られる。つまり、調査には最も基礎的なツールである「質問」が使われる。痛みの度合いには有効性が認められた段階がいくつかあるが、「痛みを感じますか？」「痛みの強さを〇から十までの段階に分けると、今はどの段階ですか？」といった質問だ。血圧やコレステロール値のように、測定可能で確実な検査方法はない。機能的磁気共鳴画像法《MRI》を使えば、脳内の小さな活性領域を見ることができるが、これで見えるのは脳の体性感覚野〔身体が感じ取る感覚の情報を受け取り、伝える領域〕と、感情体験や心理的体験など（痛みも含む）の感情的特徴にかかわる脳の領域の活性化だ。興味深いことに、先天的に身体的苦痛を感じられない人々でも、脳の活動パターンは変わらない。脳の活動を調べたある研究では、配偶者が痛みを伴う電気ショックを受ける姿を見た人は、まるで自分がその痛みを経験しているかのように痛みの関連脳領域《ペインマトリックス》全体が活性化するのに対し、配偶者以外の人が同じ電気ショックを受ける姿を見た場合は、脳の活動パターンは同じだが、ペインマトリックス全体が活性化されるわけではないことが示された。

ここから推察できるのは、僕たちが客観的に解釈できる痛みとは——身体が受けた損傷も、心理的苦痛も、誰かが苦しんでいると見てわかることも——痛みの後遺症がほとんどであり、それは最終的には心理的なものか、少なくとも主に高次認知機能の領域に存在するということだ。

ちなみに、痛みのシグナルは損傷部位から脊髄へ、さらに脳へと伝わり、身体的な痛みの解釈がおこなわれる。最初のシグナルが出される前に、損傷を受けた組織からサイトカインやその他の神経ペプチドが放出される。これは炎症反応の一部で、Ｐ物質などと謎めいた名称で呼ばれる痛覚の伝達物質も関わる。こうした分子が放出されると、脳に伝える痛覚繊維にスイッチが入る。脳に伝わったシグナルは処理され、痛みの核心と言われる負傷箇所や感情的特徴、嫌悪、意欲に関係する情報と結びつく。やけどしても、化学物質を浴びても、どこかを切っても、脳は身体的な痛みとして等しく解釈する。そして、痛みの経験を止めようという原始的な衝動が発生し、「痛い！」となる。

痛みはリアルではっきりと感じられる。でも、それは幻想なのだ。痛みのつらさを思えば、とんでもないと言いたくなるけれども。人差し指を切ったら、切った所が痛いと感じるが、本当の痛みは脳の中にある。「インプット－情報処理－アウトプット」モデルの他の側面と同じように、脳は3D立体モデルを作り、指の痛みを感知する受容体からの神経シグナルをこれに結びつける。すると、脳内で次々にシグナルのスイッチが入り、人差し指が痛いという幻想を生み出す。

ただ、これはあくまでも医学的見解であり、非常に狭く特異的な枠組みを使って考えている点は認めざるを得ない。僕自身が「痛み」という言葉から感じることとも、実際にやけどなどをしたときの経験ともかけ離れている。国際疼痛学会《IASP》でも、この点は承知しているようだ。痛みの定義を、組織の損傷またはその可能性、もしくはそうした損傷に関して述べられる不快な感覚的・感情的経験としているのだから。

「痛み」の分類に重要となる顕著な特徴は「不快」であり、これもかなり主観的なものだ。僕自身の主観的な経験から言うと、僕は痛みを感じにくいほうだ。この点は、経験した感覚の背後にある感情的特徴の認知に影響を与えているかもしれない。しかし、ミラータッチ共感覚に関連した感覚現象は、かなり一貫性のある性質をもっている。他のミラータッチ共感覚者の話を聞いてみても、共感覚による感覚のほとんどは、刺激を受け取り、知覚し、解釈する脳の機能として一般的に認められている原理の枠内におさまっていると思われる。もっとも、ミラータッチ共感覚体験はトップダウンのプロセスだとより強く感じられる。つまり、脳で発生していながら身体で感じ取るということだ。それでも、不快感ひいては痛みの経験はあるため、ミラータッチ共感覚者は他者の痛み、他者の痛みから生じた痛みを感じることができる。

しかし、まったく同一の身体が二つ存在する確率はゼロだ、と科学者としての僕は言いたい。たとえ一卵性双生児であっても、同一ではない。だから、ある人の痛みの解釈が別の人の解釈とまったく同じとなることはあり得ない。ただ、他者とまったく同じ痛みを同時に経験することはできないものの、それを反映し、反響する――つまり、疑似体験することはできる。それを相手と「同じ」「まったく同一」と解釈するか、「だいたい同じ」と解釈するかは本人次第だ。

科学者としての僕には、前者を認める傾向がある。いっぽう、僕の中の科学者以外の部分では、「だいたい同じ」でも通じる場合がほとんどだとわかっている。個人的にはミラータッチ共感覚の軽くくすぐられるような感じから、もっと強烈なミラータッチ共感覚に至るまで、不快だと感じるときがある。その感覚の強さに驚かされる場合もある。激しく振動している携帯電話を顔に押しつけられたような感じなのだ。こんなとき、人はなんと容易に脳の機能に影響されるものなのかと改めて思わされる。屈辱的だとすら思う。だが、ミラータッチ共感覚は必ずしも情動的共感として解釈されるものではない。なかには身体的共感（「機械的共感」のようなもの）と呼ばれるものもある。

だが、たとえミラータッチ共感覚が機械的なものであっても、共感という意味深い体験機会をもたらすことに変わりはない。こうした機会に注意を払える能力は、自発的に育てられるものでもあり、自分では意識することなく備わっているものでもあると思われる。

その後、僕は「痛み」の本質的な要素をほとんど盛り込み、自分なりの定義を拡大していった。

共感覚や痛みといったテーマの何がいちばん魅力かというと、科学的な見方と非科学的な見方の両方からアプローチすることが大事だとはっきりわかるからだ。主観的経験の外的／内的妥当性と、個人の世界を理解するのに役立つ客観的尺度とのバランスが重要なのだ。

サンディエゴでの滞在に話を戻そう。デイヴィッドは僕の共感覚を探ろうと、大学の脳磁図《ＭＥＧ》センターに僕を連れていった。脳の活動をもっとよく理解したいのだと言う。脳磁図は脳を通る一方向の電流を利用したものだ。電流により発生する磁場には予測可能な性質があり、これをＭＥＧで測定すれば脳内のどこで電気活動が発生しているのかを調べることができる。

僕は実験室の中央に置かれた王座のようなプラスチック製の奇妙な装置に背筋を伸ばして座った。頭を細長いトンネルの中に入れ、この状態でテストがおこなわれた。数字や文字が次々に現れる。その色は僕の共感覚と同じ色のときもあれば、異なるときもある。数字や文字の背景は濃淡の異なる灰色だった。この実験は、数字や文字と背景との対比がはっきりしているか否かで、脳の色覚や顔認識に関わる領域の活性化に差が生じるかどうかを調べるものだった。脳のどの場所が、どんなときに共感覚活動に入っていくかを明らかにする手がかりが得られる。

磁気遮蔽された装置から出てきた僕に、デイヴィッドは予備データを見せてくれた。「数字を見ると同時に、脳の色覚と顔認識に関わる部分の間にわずかな活動が生じるようだな。自分の共感覚の色の番号を見たときは、やっぱり活動が最大になる。いろいろな共感覚者をＭＥＧで調べてきたけど、きみの場合、後頭葉で発生する活動が誰よりもはるかに大きい。まあ、これはあくまでも予備データだから、きちんと分析するまでは完全に信用するつもりはないが、きみはこのテストでも異常値を叩き出したな」

なるほど、と僕は思った。視覚情報は後頭葉に伝わり、そこから過度につながり合った近隣の共感覚の経路と「調和」していくのだろう。また、顔認識と色覚の領域に顕著な活動が見られるのも、両者が交差活性化するからだ。でも、僕の後頭葉の活動量は普通ではない。僕の脳は概して視覚関連がより活動的なのだろうか？　もしそうだとしたら、それは今までの人生から得た生物学的理由なのか、それとも遺伝的なものなのか？　その両方とも考えられるのか？　これは神経の可塑性、つまり、新しいスキルを獲得する一環として、脳の中に新たなつながりが形成されたということなのだろうか？　幼い頃からテレビをよく見たり、ものを観察したりしてきたことにより、脳の視覚に関する部分が発達したのかもしれない。記憶や言語に関する部分はこうして発達する。音楽家として大成した人が、そうではない人と比べて手の動きが違うのも同じだ。僕の後頭葉はなんらかの理由でつながりの数が増えたと言えるのだろうか？

デイヴィッドはMEGを使ってさらにミラータッチの共感覚体験を計測できる方法を編み出そうとした。だが、わずか一日でできることは限られている。彼が思いついたのは、光ファイバーのようなもので自分を打ちすえる人々の姿を僕に見せ、その間に脳をスキャンするというものだった。もちろん、この計画はボツとなった。

最後のテストをすることなく、僕はアイオワに戻った。ペグの陽気な指導がまた始まった。フエローシップが終わる頃、僕は首尾良く研究成果をまとめ上げた。テーマは頭頂葉の発達における男女の構造差について。当時、頭の中で3D立体物を回転させるような視空間課題は、女性よりも男性のほうが成績は良いと示唆するエビデンスがあった。視空間機能をつかさどる頭頂葉にはある程度の性差があり、そのためだと考えられた。頭頂葉の灰白質量は女性のほうが多いのに対し、頭頂葉の表面積は男性のほうが大きく、これが視空間課題に不利・有利に働くという。ただ、僕が知りたいのは、性差が生じた結果だった。

シナプス刈り込みを中心とする脳の発育の変化は、大部分が思春期に生じるのだが、性ホルモンはどうやら脳の構造の性差には大きな役割を果たしていないように思われる。並外れた視空間認知能力があり、エンジニアリングや生命科学などで成功している女性たちを見てきた僕は、脳の構造や機能における性差は幼少期から、おそらくは変えることのできない遺伝的原因によって存在しているのか、それとも僕たちが暮らす物理的・社会的環境の影響を受け、もっと年を取ってから差が生じてくるのだろうか、と疑問に思った。子どもから大人まで、健康な人々の頭部MRIを見てみると、女児は男児よりも頭頂葉の表面積が大きいが、思春期に差が逆転し、成人期を迎える頃には、表面積は男性のほうが大きくなっている。視空間認知能力にかんする脳の構造の遺伝性と、性差を「仕込む」可能性を示す既存のエビデンスをまとめると、より複雑で動的な脳の姿が見えてくる。変化する環境や生活現象が絡み合い、脳の構造や機能に、ひいては僕たちの本質に影響を与えているのだ。

研究の合間に、僕はグループの指導についても掘り下げていた。医学生の全国組織である米国医学生会《AMSA》に、より深く関わるようになった。この組織は、グローバルヘルスから健康政策、医学における性的多様性にいたるまで、さまざまな取り組みをしていて、僕の関心と重なる部分も多い。医学部一年生のときから僕はＡＭＳＡに加入し、地元組織、地域組織、全国組織へと順調に地位が上がっていた。気さくで快く受け入れてくれる人たちに囲まれ、僕は嬉しかった。本当の自分を認めたことで、完全な自分になったと感じられたのは、ＡＭＳＡのみんなが後押ししてくれたおかげだと思っている。

アイオワに滞在していたとき、僕はすでに全国組織の副会長に選ばれていた。全米各地の会議に出席し、他の多くの医学生たちと出会い、彼らの人格、癖、強さ、優しさに浸ることができたのは、言い尽くせないほどありがたいことだった。

医者または臨床医兼科学者となるために、すでに敷かれた伝統的なレールを、時間をかけて進んでいきたいとは思わなかった。それよりも、今まで学んできたものを活かして技能に磨きをかけ、極め、訓練し、精緻化し続けていくための基盤をもっと強化し拡大する必要があると感じた。そこで、僕はマイアミ大学で最近始まったＭＤ／ＭＢＡプログラムに出願した。僕の医学部のクラスからは最初の二人がＭＢＡのみの課程を修了したところだった。ＭＤ／ＭＢＡ共同学位を取る初の学生となるチャンスだ、と僕は思った。僕はこのプログラムの参加を認められた。完全に独自の道を突き進めると感じ、僕は胸を躍らせた。

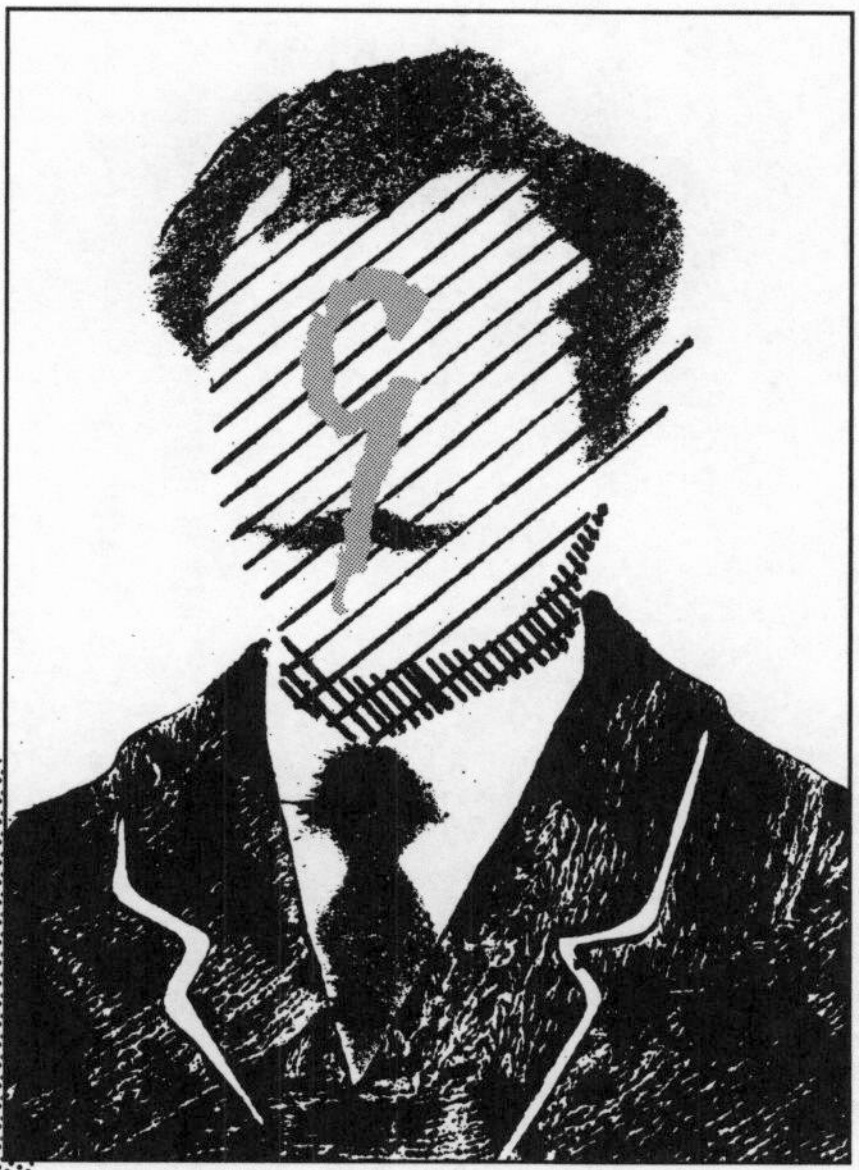

CHAPTER 4

ラザロのように

特別研究期間の終了を数週間後に控えた五月六日、僕は早起きしてルームメイトを空港まで送った。明け方の四時頃で、外はまだ暗かった。アイオワ州のハイウェイは、この時間帯は車がほとんど走っていないので、快適なドライブだった。車に乗っている間じゅう、僕たちはお気に入りのポップミュージックを聴き、口ずさんだり笑ったりしていた。空港に着き、グッドラックと告げて発車させた。そしてまたラジオをつけ、空港出口の交差点で止まった。この日のはっきりした記憶はここまでだった。

断片的なイメージは覚えている。ハイウェイを運転していたこと。車のクルーズコントロールを制限速度の時速百十キロメートルに設定したこと。足の下で大きな音がし、激しい揺れを感じたこと。ヘッドライトは、車に打ちつける草を照らしていた。車は中央分離帯に入りこんでいる。車道に戻ろうと、とっさにハンドルを右に切ったが、車は排水路と衝突した。

僕は自分の存在を感じられなくなっていた。血管線維腫を取り除く手術を受けていたときと同じだ。口の中がじゃりじゃりする。泥か、折れた歯か、それともガラスの破片なのか。僕の臨床状態は？　最初に思い浮かんだまともな考えがこれだった。目が開いているのはわかるが、何も見えない。漆黒の闇があるだけで、光や影すら見えない。僕は感覚を駆使し、頭の中で全身をスキャンしてみた。身体中に痛みの不協和音が感じられるが、鋭い激痛は頭にも、首にも、胸にも、腹部にもない。出血しているかもしれないが、少なくとも明らかな刺創や大きな裂傷はなさそうだ。左腕を動かそうとしたが、無理だった。耐えがたいほどの痛みがある。骨折か脱臼だろう。ここがどこなのかも、何が起きたのかもわからない。誰かに気づいてもらえるよう、叫ぶしかない。僕は焼けつくような痛みを感じながら息を吸いこんだ。

「誰か、助けてください！　事故に遭ったんです！　救急車を呼んでください！」

叫んだつもりだったが、かすかな声しか出せなかった。

助けてと口を動かしながら、どのくらい時間が経ったのだろう。ラジオから流れる不明瞭な色と痛みのせいで、自分の声がほとんど聞こえない。まるで壊れたテレビからの歪んだ映像でぐちゃぐちゃになった闇の中に沈んでいるようだった。

「だいじょうぶですか？」運転席側の窓から声が聞こえた。

「病院に行かないと……。あと、ラジオを……止めてください」

次の記憶はまだ闇の中だったが、目を開けられないことに気づいた。たぶん、そのほうがよかったのだろう。

「お酒を飲んでいました？」右側から声がした。

「いいえ」

「ドラッグは？」

「いいえ」

後ろのほうで声が聞こえた。「さいわい、カルテがあって緊急連絡先も書いてあるんだけど、何度電話しても出ないんだ」

「ペグ・ノプロス。ペグ・ノプロスを」

「ペグ・ノプロス?」キーボードを叩く音が聞こえた。「精神科の? なぜ精神科医に会いたがるんだろう?」

「僕の精神科医ではなく、指導教官なんです……。頼みます、彼女を呼び出してください」

左側から別の声がした。「肘を脱臼していますね。今すぐ整復します。それから、痛み止めのお薬も」

静脈注射を打たれ、右腕に冷たいものが上がってきた。僕は再び意識を失った。


廊下から濃いオレンジ色のなじみ深いブザー音が聞こえ、僕はおもむろに目を開いた。毛布が何枚かかけられていて、顎は固いプラスチック製の頸椎カラーの上に乗っている。右側に見慣れた顔を見つけ、僕は温かい安堵に包まれた。ペグは木の椅子に座っていた。

彼女は何が起きたのかを話してくれた。すぐ後ろを走っていた車の運転手が、僕の車のライトが何度も回転したのを目撃したそうだ。警察の話では、現場の様子から、僕の車は排水路にぶつかり、三十メートルほど吹っ飛んでから、道沿いに百メートルほど転がったらしい。居眠り運転していたとしか考えられない。車は全損し、ガラスと金属の山と化していた。回転の衝撃は、フレームの設計技術のおかげでほぼ吸収されていた。

車も、電話も、そのほか車の中にあったものもすべて失われたが、僕は左肘脱臼と左手首骨折、そして心臓と肺の上部に挫傷を負ったものの、命に別状はなかった。全身は車が転がったときに受けた無数の裂傷で覆われていた。まるで壊れたガラスと一緒に靴箱に入れて揺さぶられたみたいだ。目の表面にある血管はすべて破裂して角膜の周りに血が広がり、ウサギの目のようになっていた。

外科の集中治療室で数日過ごし、その後は外傷外科病棟に移された。父がマイアミから飛んできてくれた。ペグは父に自宅に泊まるよう申し出てくれた。痛み止めとしてアヘン剤の投与が開始されたため、僕は鎮静状態になったが、過敏にもなり、頭の中で生じることをコントロールしづらくなった。

それから一年間、僕は左肘の機能を取り戻そうと必死に努めた。長らく腕を吊《つ》っていたため、傷跡の組織が拘縮《こうしゅく》を起こし、腕を動かせなくなっていたのだ。肘はほんの数度の角度しか動かせない。元通りにするためには、曲がったままの腕に毎日少しずつ力を加え、傷跡組織を裂くしかない。僕はできる限り身体機能を取り戻したかったので、どこにいても腕のリハビリに取り組んだ。ただ、ひとりで腕を壁に押し付けたり、横になったりするのは無理だった。肘をまた脱臼するリスクがあったからだ。痛みをおしてリハビリするために、僕は旅行中でも友人に助けを求めた。神経の豊富な傷跡組織を一年間毎日欠かさず、痛みに耐えて裂くのは非常につらかったが、そうしなければならなかった。

リーを訪ねたとき、彼は僕が肘から全身に広がる痛みに顔を歪めるのを見て、恐れおののいた。痛みが最高潮に達したときは、目の前に赤、黒、紫が混ざり合ってほとんど何も見えなくなる。僕の顔や発する声など無視してリハビリ作業を続けてほしい、とリーに頼んだ。彼や他の友人たちの穏やかな顔を見ていると、痛みが限りなく治まっていく。そうすることで僕は、身をよじるほど痛みを感じる自分の身体ではなく、一時的に他者の身体に浸ることができた。友人たちを見ていると、完全な化身と完全な離脱との中間に心地よく浮かんでいる気分になれるのだった。

マイアミでさらに作業療法を受け、左腕の動きはほぼ回復した。経過観察のために診察をしてくれた整形外科医は、僕が診察室に入る前に、事故後のレントゲン写真を見ていた。僕がここまで腕の機能を回復させたことを知り、彼は信じられないと言わんばかりだった。

やがて、僕の目は赤からピンクへ、さらに白へと澄んでいった。傷跡は全身に残った。ほとんどは小さかったが、なかには大きなものもあった。とくに頭部の右側、腫瘍の手術跡から生じた新しい傷跡は大きかった。それはニューロンの一部に似ているように見えた。手術跡が発するメッセージをより強固なものにしているこの傷跡を、僕は受け入れた。これは僕の今までの軌跡を、そしてこれからどこに向かおうとしているのかを再認識させてくれるものとなるだろう。

MD／MBAプログラムは予定通り始めることができた。ビジネス、制度、組織の根底にあるスキルや基本概念を学ぶのは非常に楽しかった。僕は患者に対するように、割り当てられたビジネスの事例にアプローチした。どんな事例にも、主訴と現病歴がある。薬物治療とよく似て、システム、病歴、既存の治療を検討し、家族歴や社会歴のような状況に関わる病歴の検討もする。身体検査のように分析をおこない、得られた知見と診断データを合わせて評価し、プランを作る。生物学的な視点から考えるのは胸の躍る経験だった。僕は得られるものすべてを学びたかった。これまでの経験から、実践してみるのがいちばん身につくとわかっていたので、僕はプログラムに参加していたもうひとりの医学生と手を組み、大学が年に一回開催するビジネスプランのコンペティションに参加することにした。医学生が参加するのは、僕たちが初めてだった。

僕たちが提案したのは、患者の断片的なカルテに対するモバイルソリューションの開発だった。当時はまだ、スマートフォンでインターネットをブラウズすることに人々がようやく慣れつつあった頃だった。経験豊富なビジネススクールの学生たちと競い合った僕たちは、幸運にも優勝したばかりか、エレベーターピッチ〔15～30秒でおこなうプレゼンテーション〕のコンペティションでも最優秀賞を獲ることができた。こうした新しい経験や観点から学ぶこと自体が、あの悲惨な事故から立ち直るための最良のリハビリとなった。

このプログラムを修了したのち、僕はフルタイムの医学生として病棟に戻った。必要な臨床実習はほぼ終えていたので、九月以降はもう実習に縛られることもなく、五月の卒業まで基本的に自分の好きなことを自由にできた。この期間を利用し、僕は他大学の医学部で臨床実習を受けることにした。学外臨床実習《アウェイ・ローテーション》と呼ばれるもので、自分の大学では得られない領域の実習経験を得ること、そして秋に志望する研修医プログラムで自分のスキルを示すことを目的としている。

こちらに関心を示してくれそうな研修医プログラムの面接を受ける前提として、まずは申込をしなければならなかった。どのプログラムの面接を受けようと、申込者は「マッチリスト」でプログラムの優先ランクを付け、プログラム側もランクをリスト化する。両者ともにマッチリストを第三者機関に提出すると、アルゴリズム化されたコンピュータに情報が入力され、相互のランクに基づいて「マッチング」がはじき出される。面接を受けた者とプログラム側の双方ともに一番であれば、そのプログラムに採用される可能性が高い。プログラム側のランクは低いが、志願者側の評価が高い場合は、空きがあれば採用の可能性はある。僕は神経科での研修を希望していたので、神経科のプログラムとマッチングする可能性を高めるために、シアトルとサンフランシスコのアウェイ・ローテーションに参加することにした。おまけに西海岸を知る機会にもなった。

シアトルではコンサルテーション・リエゾン精神科で二週間過ごし、ICUで、ある統合失調症患者を診察した。彼は薬物の過剰摂取で運ばれてきた。聴覚障害があるのだが、自傷行為を防ぐために両手をベッドに縛りつけられていて、手話でのコミュニケーションが取れない状況だった。僕たちは手話通訳をつけ、向精神薬を調節して拘束を外せるよう提言した。彼が手話で説明する間、僕は彼の身体の動きを感じ取っていた。

「もう手首を縛らないでくれ」彼は皮膚が擦りむけ始めている手首を指し示し、さらに続けた。「UFOに乗ったエイリアンに拉致されたんだ」人差し指と親指で丸を作り、飛んでいるUFO

いといけない。これほど熱のこもった手話を見たのは初めてだった。「連中が戻ってきたら話をしないといけない。だから、これ以上手首を拘束しないでくれ」

さいわい、彼の要求の受け入れは可能だった。わかった、と僕たちは彼にはっきり伝えた。

精神科の臨床実習の次に、脳波とてんかんの実習を一カ月受けた。医学生には一カ月も必要ないだろうと指導医に言われたが、僕は譲らなかった。この実習が終わる頃には、モニター上を美しく動く曲線のさまざまなパターンを正確に理解できるようになった。曲線の不安定な鋭い動きは共感覚の音を伴い、その触覚は僕の舌や顔に反映される。視覚情報は僕のボディマップ上に刻み込まれ、自動的に脳に焼き付く。感覚を総動員して曲線を探っていくうちに、単純な脳波なら判読、解釈できるようになった。神経科の場合、脳波の判読は研修修了後、てんかん専門のフェローにならないと経験できない。判読の基礎レベルを身に付けたおかげで、僕は神経科医に一歩近づけた気がした。

十月下旬に臨床実習を終えたときの達成感はひとしおだった。外に出て祝杯をあげようと思った。音楽と光に、共感覚の世界にどっぷり浸りたい。僕は近所のバーに出かけたが、時間が早すぎた。八時か九時にならないと客は入らないのだろう。誰もいないダンスフロアを通り、バーテンダーに訊いてみたところ、ダンスが始まるのは十一時半ぐらいだという。僕は水を一杯もらい、そばのソファに座ってEメールをチェックし始めた。バーの片隅にいた少人数の女性グループから、お喋《しゃべ》りしようと声をかけられた。彼女たちにおだてられ、友人だという男性を紹介された。

彼はすでにかなり酔っていて、酒をおごると言い張るので、僕はラムコークを一杯だけちびちびと飲んだ。

酩酊《めいてい》した人間がひとりでもそばにいると、僕はその脱抑制行動などを反映し始める。脳のトップダウンによるコントロール減退としか考えられない。僕は彼と話をしたが、同じペースで飲まないことを快く思われていないのは明らかだった。

バーテンダーの言ったとおり、十一時半になるとダンスフロアが人でいっぱいになり、音量も大きくなった。僕は人から人へと視線を移しながら、ダンスの動き、店に入ってきた人の動きを感じ取っていた。そのときふいに、ハシバミ色の目が悪びれもせず、こちらを見つめているのに気づいた。僕の顔かシャツに何かついているのだろうか。僕は相手の視線を受け止めた。背が高く、ハンサムな男性だ。僕は人々の間をすり抜けながら彼のほうへ向かい、手を差し出した。

「やあ。ジョエルだ。僕を見ていたね。きみの名前は？」

「ジョーダンだ。よろしく」バリトンの声には、ヌテラ〔チョコ風味のナッツペースト〕の味と、ねっとりした感覚があった。

その晩、僕たちは意気投合した。お互い、同じようなパートナーを求めているような気がした。これまで僕が惹かれたのは、ゴージャスな青の4の人がほとんどだった。けれどジョーダンは赤みがかったオレンジの5が圧倒的で、黒の9が少々、ハイライトとして赤の2、そして背景は青緑の7だ。青の4も見えるが、ほんのわずかしかない。それで充分だった。ただ、夜が更けた頃、ジョーダンは携帯電話が故障して苛立ち、壁に投げつけた。

僕の脳内で、今までに出会った冷静な人々が警告の声を発した。心配してくれてありがとう、と僕は心の中で彼らに言った。「でも、彼の声は……。だいじょうぶだ」

ジョーダンが僕に語りかける言葉には、暖かみと冷静さが滲んでいる。その感覚には、他の合理的な考えすべてを抑える力があった。僕は警告する人々を脇に押しやり、危険を示す赤旗を心の中の箱にしまい込んだ。旗をしまいきれなくなる日が訪れようとは思いもしなかった。

翌週、僕は神経科のサブインターンシップのためサンフランシスコに飛び、研修医の下で病棟勤務となった。患者たちの病態生理は多様だった。マイアミでは脳卒中専門の診療科でほとんどの時間を過ごしていたので、機能性神経障害による非生理的な動作から、クロイツフェルト・ヤコブ病の容赦ない痙攣《けいれん》や痙縮まで、神経学については全貌を見てきたと思っていた。

僕が担当した患者のひとりは、横断性脊髄炎を患っていた。脊髄の炎症で、原因不明の自己免疫や感染過程で生じることが多い。彼女は腰から下を動かせず、感覚もほぼ失っていたが、体内の自己免疫活性をいくらか抑える免疫グロブリン静脈内投与《IVIG》を受けたら症状が改善していくだろうと期待されていた。じきに退院できると彼女は喜んでいたが、治療に保険がきかないと知って打ちのめされた。僕は何人もの保険外交員に電話をかけ、ようやく保険適用を認めさせた。彼女は喜びのあまり泣き出した。

退院の日、治療チームを監督するシニアレジデントが彼女に名刺を渡し、何か質問があれば連絡するよう伝えた。彼女は名刺を受け取り、僕のほうを見て、あなたの名刺も欲しいと言った。退院後も担当医になってほしいと。僕は光栄だった。彼女に礼を述べ、研修が終わるまで、あと少なくとも四年待ってください、と伝えた。希望通り、神経科の研修プログラムに入れるようにと祈りつつ。

僕が担当したもうひとりの患者については、夫から話を聞いた。妻は話している途中で混乱してしまうため、心配になり診察を受けさせに来たという。実際、彼女から反映される感覚は、あてもなく漂うような思いがけないものだった。落ち着いているように見えるが、どこに注意を向けるべきかを探しているような感じだ。

ＭＲＩにより、大脳半球の両側に小さな塞栓性脳梗塞が三十二カ所見つかった。次に心電図検査をおこなったところ、脳に最も近い心臓弁に血栓が見つかった。先のＭＲＩでは出血のリスクが見られなかったため、僕たちはすぐに血をさらさらにする薬を投与し始めた。超音波検査では、一分間に十二個ほどの小さな血栓が首の血管へと上がっていくのが見えた。さらなる脳卒中のリスクが高まっている。血液感染は見られないため、最も可能性が高いのは非感染性心内膜炎、つまり衰弱性心内膜炎と思われた。血液に異常な血栓形成因子がないため、次に高い可能性としては、なんらかの潜在性悪性腫瘍が体内にあり、血栓を形成していると考えられた。

過度に活性化された組織異常がないか調べるため、ＰＥＴ〔陽電子放出断層撮影法〕スキャンをおこなった。こうした異常組織はグルコースをより多く取り込み、腫瘍増殖が示唆される。放射能標識したグルコースの取り込みが胸部でやや増えているのが判明した。肺の端か、胸の奥に嚢腫があり、活性化した組織とつながっているようだ。彼女は検査から戻ると、病室の左側の窓に気を取られているように見えた。何か外にあるのかと僕が窓のほうへ向かったとき、彼女は戸惑ったようにつぶやいた。「あれ、先生はどこに行っちゃったんだろう?」もう一度脳を検査すると、新たな脳梗塞が三カ所見つかった。今度は右の大脳半球の中大脳領域に損傷が生じており、それが無視症候群を引き起こしていたのだ。

血栓形成の原因を突き止める必要があった。翌朝、僕たちは胸の後ろにある嚢腫の超音波検査を手配し、病理医に組織検体を取ってもらった。さらに眼科検査で網膜の裏に血栓その他の異常がないか、彼女が左側の視野を失っていないかどうかも調べた。視力障害はなく、網膜に血栓形成がないことも確認できた。これなら回復に期待が持てる。

翌朝、超音波内視鏡下穿刺《せんし》吸引生検をおこなったところ、嚢腫の奥に不顕性乳癌《がん》が見つかった。これが血液の凝固亢進《こうしん》の原因だった。したがって、診断は衰弱性心内膜炎となった。僕たちは抗血液凝固剤を変更し、乳癌の検査治療を始める手伝いをした。僕はまもなくマイアミに戻ることになっていたので、彼女が退院する前に病室に立ち寄った。彼女は礼を述べ、今回の入院生活の記念に、夫のヨットの名前を「*35 Strokes and I Don't Care*（脳梗塞が三十五カ所あっても気にしない）」に変えるつもりだと言った。

僕はマイアミに戻ったが、シアトルが恋しかった。あんなすばらしい、進歩的な街でもっと暮らしてみたい。ジョーダンとのことも考え続けていた。その答えを見つけるため、そしてキャリアを積むために、僕はシアトルに引っ越し、提案したモバイルアプリケーションのコンセプトとデザイン開発を進展させた。同時に、仕事以外でどのような人生を送りたいのかを模索していた。

数カ月後、研修先がまもなく発表されるというときに、僕がどこに行くことになっても一緒に行きたいとジョーダンに言われた。嬉しかった。お互いに愛を感じていたが、共に暮らすとなれば僕の家族、とくに両親にカミングアウトしなければならない。

話をどう切り出すか。友人たちから経験談を聞き、インターネットでいろいろ調べた。両親が快く思わないことはわかっていた。子どもの頃から、同性愛者を軽蔑するようなことを聞かされていたからだ。両親との関係が修正不可能とならないよう、できる限り努めたかった。

僕は医学部の友人と実家に行き、友人には家の前に止めた車の中で待っていてもらうことにした。その後、キー・ウエストに行って遊ぶ予定だった。両親には向かいのソファに座ってもらった。僕の心臓は胸を破りそうなほど激しく鼓動していた。手のひらは冷たく、汗に濡れ、感覚をコントロールできなくなりつつあった。

「僕にはボーイフレンドがいるんだ」

母の顔から血の気が引いた。父の顔からは表情が消え失せ、もはやこの部屋にいないも同然となっている。僕は完全に知覚麻痺状態となり、めまいがしてきた。なんとか自分を保とうと、鼻から深く息を吸いこんだ。母は何も言わず、話を理解しようと努めている。僕は両親を裏切ったような気持ちになった。両親の感情が反映され、自分自身を裏切っているように思えてくる。二人の中に深く潜るあまり、自分を見失いそうだった。患者と接するときのようにしっかりしなければ。僕は足の指を丸め、靴下をつかむ感触に集中し、そして指を伸ばした。もう一度息を深く吸い、酸素がつま先まで届くのを意識しながらゆっくり息を吐き出した。おかげで、身体的にも精神的にも自分を保てることができた。

母が矢継ぎ早に質問し始めた。

「クリスティーナはどうしたの？」「女の子が好きなんだと思っていたけれど？」「子どもは？欲しくないの？」「欲しければ子どもを持てるってどういう意味？　どうやって⁉」

母は不安になっていた。

「また今度話すけど、子どもは持てないわけじゃないんだ」

僕はできる限り質問に答えた。母の質問が終わったとき、母も僕もずっと涙を流していたことに気づいた。父はまだ心がどこかに行ったままだ。キー・ウエストから戻ったらまた話そう、と僕は両親に言った。

発《た》つ前に、弟と妹にもカミングアウトした。二人ともただ僕をハグし、愛してると言ってくれた。

両親につらい思いをさせたことは申し訳ないと思う。でも、あとは両親が決めることだ。両親と距離を置き、何を言われても腹を立ててはいけない。彼らは未知の領域に足を踏み入れようとしているのだから。

一週間後、父が僕を空港まで送ってくれた。

「あのな、人生には幸せになるより大切なことがあるんだぞ」

父がなぜそういうことを言うのはよくわかる。父の言葉ひとつひとつに賛成も、反対もできる。それでも僕は反対のほうを選んだ。幸せや至福の状態は永遠には続かないのかもしれない。だが、充実した人生より大切なことがほかにあるだろうか？　僕は今まで生き延びてきたことを感謝し、これからも充実した人生を歩み続けていく覚悟だった。

異性愛者の息子とその未来という幻想を失った両親は、それから何カ月も嘆き続けていた。母は、転向療法を考えてみてはどうか、今はそういう過渡的な時期だと考えてはどうか、という手紙やEメールを送ってきた。胸が張り裂ける思いだったのだろう。僕は腹を立てないことにした。母への返事は電話かEメールですませるのが、自分を見失わないための最善の方法だった。僕は自分の皮膚の内側に、自分の骨の中にとどまる必要があった。僕は大丈夫だし、自分に満足している、と両親にはっきり伝えた。両親が納得できるよう、力になることはあるにしても、交渉の余地はない。これは僕の人生なのだから。

研修先の発表の日の週、両親は僕とジョーダンと一緒にディナーに行くと言った。僕は驚いた。両親にとって馴染みのある店がよいと思い、家の近所のアルゼンチン・ステーキハウスに予約を入れた。ジョーダンのおかげで、その晩は最高の時間を過ごせた。彼は僕の父とスポーツ、狩猟、車の修理、カーレースなどを語り合い、男らしさを不安視していた父を満足させた。彼はまた、自分の家族と深く結ばれていること、カトリック教徒として育てられたことを語った。おそらく母にとっては、その話がいちばん安心できただろう。ジョーダンが無神論者なのは確かだったのだが。

翌日、僕たちは医学部の中庭に張られたテントの下に集まった。学生が次々に名前を呼ばれ、壇上に立つ。「ジョエル・サリナス！」僕は壇上に立った。手にした封筒をいじくりながら、集まった大勢の人々を見渡す。さまざまな感情の海を前にして、あらゆる共感覚がテレビのノイズのように感じられる。そう、まさにノイズだ。ときおり、人の動き、色、音、感情に注意が向くことはあるが、僕はノイズの中に浸っていた。大勢の前にいるのは心地よい。自分自身も他の人たちも同時に意識でき、かすかな感覚が共鳴する場所は、自分がいちばん自分らしく感じられる。僕は深く息を吸い、封筒から一枚の紙を取り出した。アドレナリンが跳ね上がり、色つきの文字が全体に散らばっていることしか見えない。もう一度深呼吸をし、書かれてある文字に意識を集中させた。医学部長が僕の前に立てたマイクに向かい、満面の笑みを浮かべて僕は読み上げた。「ハーバード大学医学部、マサチューセッツ総合病院内科インターンシップ、マサチューセッツ総合病院およびブリガム・アンド・ウィメンズ病院の神経科合同プログラム！」僕の第一志望だ。信じられなかった。そして、この瞬間を与えてくれた宇宙に感謝し、喜びに浸った。僕は両親の隣の席に戻って二人にキスとハグをし、ジョーダンの手を握りしめた。僕たちの行き先はボストンだ。

ボストンに着いてすぐ、研修医制度は「研修医《レジデント》」から始まるわけではないことを思い知らされた。数年に及ぶ研修のうち、最初の一年間は「インターン」だ。取得したての医師免許を持って病院の病棟に割り当てられる。外科を専門とするなら、希望する解剖学的な専門分野に行く前に、一般外科でインターンシップを終えなければならない。外科以外を専門とするなら、インターンシップは一般内科だ。六十名あまりのインターンが集まる講堂で席に着いたとき、僕は感動していた。ついに医師としてのスタートラインに立ったのだ。内科について、できる限り学びたい。来年、神経科に転科するまでに、神経系以外の身体の部分——神経科医にとっての支持器官について充分な知識を得ておきたい。少なくとも、基本的なことなら内科の専門医に相談しなくてすむくらいになっておきたい。僕は夢を抱いていた。

内科でこれからずっとやっていくわけではなかったので、僕は「プレリム」と呼ばれるインターンのグループに入れられた。プレリムとは予備軍のような立ち位置で、内科の人間と見なされることも、内科医の内輪のサークルから完全に信頼されることもない。とくに最初の数週間はその傾向が強い。こんなわけで、プレリムはいつも貧乏くじを引く羽目になる。プレリムは、最初から気の張る病棟に入るよりも、まずは非臨床の選択科目から始める者が多い。選択科目をやる数週間は、悲惨な病棟勤務から解放される貴重な期間となる。だから、誰もが真冬に選択科目をやろうとする。冬は夜が長く、周りの人々から感じの良さというメッキが剥がれ始める時期なのだ。

最初の実習は、病院における質と安全性を学ぶ、自分でデザインした選択科目だった。僕はこれを存分に活用し、密かに楽しんでいた。組織構造を理解するという意味で、ビジネスプログラムの延長のような感じもあった。この病院のシステムを知るチャンスだ。臨床研修を開始するときに役立つかもしれない。

ジョーダンはまだこちらに来ていなかったので、とりあえず、病院と通りを隔てて向かいのおんぼろアパートの一室を借りた。夜は救急車のサイレンがひっきりなしに響き、部屋も僕の心も赤く染めた。一階下はレストランだったが、僕が越してくる数カ月前に閉店し、今はネズミとゴキブリのホテルと化している。それでも、すぐに職場に行けるのはありがたかった。

二週間後、最初の臨床実習が始まった。個室のある病棟で、インターンは僕を含めて二人。後期研修医《シニアレジデント》が僕たちを監督する。僕と交替したインターンは、これでインターンシップが終わるため、浮かれているような印象を受けた。担当していた患者十名について、ひとりずつ治療のポイントとＴｏＤｏリストを早口でまくし立て、ときおり「何か質問は？」と訊く。僕は青ざめ、礼儀正しく黙ってうなずくばかりだった。

担当医として患者リストにサインしたとたん、僕のポケベルは止まることなく振動し続けた。次から次に通知が入ってくる。どの患者も何らかの処置が必要だ。診察はおろか、まだ顔を合わせてもいないというのに。

自分の未熟さを思い知らされる日々が続いた。コンピュータシステムもワークフローも煩雑なうえ、医者としての手際の悪さも甚だしい。担当する患者と心を通わせ、彼らの人となりを知り、信頼できる医師として自己紹介したかった。だが実際は、コンピュータの前から動けずにいる。指示を入力し、前の指示を訂正し、指導医をポケベルで呼び出し、指導医に折り返し連絡する。看護師からも、複数の担当医からも指示を受け取る。患者たちは七桁のカルテ番号で示される。年齢、性別、部屋番号、疾患について一、二行の書き込みがあり、今日じゅうにやるべきタスクのチェック欄が延々と続く。

わずか数日後には欲求不満が募り、どろりとした熱いスープの中でもがいている心境になっていた。人の命を扱っているのだと誰もわかっていないのだろうか？　ひとりの患者、ひとつの問題に集中する時間もなく、雑用に追われるばかりだ。心停止に至る患者がひとりもいなければ、それでいいのか？

担当医が患者と接するのは一日わずか数分だ。僕も忙しすぎる。数カ所に同時に存在しているような感じで、それはつまり、どこにも存在していないということだ。しかも、もうひとりのインターンからはるかに後れを取っている。彼はどんな状況でも何をすべきか正確に見抜き、仕事を淡々とこなしているように見えた。スピードも速く、内科の用語に精通している。彼は自信に満ち溢れ、経験を積んだ医師のように感じられた。いっぽう、僕は臨床現場でしばしばへまをやらかしていた。なんとか仕事をこなしても、自分を褒める間もなく上司か看護師がやってきて、僕がどんなミスを犯したかを親切に教えてくれる。そのせいで誰かが死ぬところだった、と。やっとの思いで臨床研修の最初の一週間を生き延びた。僕の患者たちもなんとか生き延びてくれた。とはいえ、インターンには防御手段とチェック機能が何重にも置かれているので、患者が危険にさらされることはない。ただ、僕が無意識のうちに誰かを傷つけている可能性はあるかもしれない。

二週目に入ると、医学の道に進むのは正解だったのか、と僕は自問し始めていた。患者が退院するまでに、僕は本当の意味で「よくなった」と言えるようなことをしているのだろうか。仕事に少し慣れ、効率よくこなせる作業も出てきたため、僕は浮いた時間を回診に使うことにした。嚢胞性線維症を患う二十代のアシュリーは、以前も何日か入院していたが、多剤耐性肺炎のため再入院となっていた。あるとき、アシュリーの点滴ポンプのアラームが鳴った。担当看護師は別の患者に対応していて手が離せない。アシュリーの姉が戸口で僕に向かって声を張りあげた。

「ねえ、ちょっと！　点滴を直してくれない？」

看護師が設置した点滴には手を触れないに限ることを僕は知っていた。「すみません、点滴は慣れていないので、担当看護師を呼んできます」

患者の姉は片方の眉を上げた。「あなた医者なんでしょう？　点滴の扱いも知らないの？　役立たずね」

その嚙みつくような、相手を人とも思わないような口調をもろに身体に受け、僕は病室の外に出た。僕に対する彼女の怒りと嫌悪が皮膚に反映され、筋肉にしみ込み、骨にまで達していた。やはりそうか、と思った。患者がこんなことを言うのなら、僕は医師になりすました詐欺師にほかならないのだろう。

廊下の反対側の病室にも、僕が担当する患者がいる。僕が生まれる何十年も前から診療をしてきた癌専門医だ。彼は下半身不随で、腎臓と膀胱の感染症を再発して入院した。いつも機嫌がすこぶる悪く、病室に入ってくる人すべてに辛辣な言葉を投げつける。僕は歯ブラシを投げつけられたこともあった。毎朝、僕は彼の胸に聴診器を当てる。入院して二日目の朝、彼は僕に冷たく言った。「なんのためにこんなことをしているんだ？　医者になるためかね？　医者などくだらんよ。私はずっとやってきたが、きみは始めたばかりだ。やめられるうちにやめたほうがいい」

彼の肩は怒りに震えている。僕の顔の下半分は彼の弛緩した下半身を反映し、嫌悪と捨て鉢な気持ちの混ざった落胆がこだましている。僕はかすかな笑みを無理矢理浮かべ、聴診器を彼の胸に戻した。「はい、ハリス先生。口から深く息を吸って、吐いてください」半ば自分に言い聞かせるように僕は言った。

周囲の人々を喜ばせようという僕の試みはことごとく失敗した。ひとりを満足させようとすると、他の人たちに不満を抱かせ、下手をすると僕の能力に対する信頼までも失わせてしまう。夜明け前にアパートを出て、シフトを交替し、床板を軋ませ帰宅する。今日は何か意味のあることをやり遂げただろうか？　Ｅメールの受信トレイには、ビジネスプログラム時代の仲間たちからLinkedInのメッセージがたくさん入っていた。彼らはコンサルタントとして刺激的なプロジェクトに取り組み、僕の三倍の収入を得ている。親切なハリス医師の忠告を聞き入れ、辞めようかと思った。なんのためにこんなことをしているのだろう。僕がもたらせようとした価値は何ひとつ役に立たなかった。

医者になって十日後、僕はすべての共感覚フィルターを外し、何かに集中するわけでもなく、感覚のノイズに身を任せることにした。五感で知覚する好奇心とは真逆のなじみ深い無感覚へと流され、粘りつくような靄《もや》の中にゆっくり沈んでいく。そうすることで、少なくとも今までよりは仕事を効率よくこなせるようになった。

チェックリストを手に、退勤までの時間を心の中でカウントダウンしながら、病室から病室へと見て回る。まるで割り当てられた役割をこなすサイボーグだ。患者の感情を自分の身体を通して取り込んでは、すぐにそれを捨てて次の仕事に取りかかる。僕自身の痛みと他の人たちの痛みを取り除くのに最も簡単な方法は、より多くの患者と接し、より多くのタスクをこなし、より多くの時間を割き、より親身に、より完璧をめざし、日々の多忙な流れの中に痛みを沈めてかき消すことだった。水の中にいたら転べない。外界から守られているような安心感も得られる。すべての感覚は飽和し、同時に鈍くなる。目を閉じて流れに身を任せ、静かに沈んでいく。だが、感覚を窒息させるとなると、自分を人間として生かすものをも窒息させなければならず、その代償はあまりにも大きかった。

あと四時間。いや、三時間五十九分。カウントダウンをさえぎったのは指導医のひとりだった。彼女は僕のいるカウンターの前に来て自己紹介した。「こんにちは。ミセス・ピーターソンを担当しているのはあなたよね?」

彼女はなんの目的も映っていない僕の目を見たに違いない。僕はすぐに返事をした。「はい。どんな指示でしょうか?」

彼女は手を差し出した。僕を握手するに足る人間として扱ってくれた初めての指導医だ。「スーザン・ベネットよ。よろしく」

「ジョエル・サリナスです。こちらこそよろしく……。先生の患者さんに何か指示することはありますか?」

彼女はそばにいたシニアレジデントを見やった。「彼のポケベルをあなたのほうで受けてくれる? ちょっと彼を借りるわね」

僕はあっけにとられたが、断れるものではなかった。ポケベルの設定を切り替えて渡し、スーザンと一緒に病院のカフェテリアに向かった。彼女はコーヒーをおごってくれ、この一週間どうだったかと訊いた。

ひどい一週間だったと正直に答えた。職業の選択を間違えたかもしれない、と。彼女は自分のインターン時代のことを話してくれた。当時抱いていた不満、犯したミス、後悔したことについて。それでも彼女は辞めなかった。インターンとなって最初の数カ月は、誰でもその後のキャリアとは似ても似つかないことも彼女は語った。僕は信じられない気持ちだったが、彼女の率直さに心を打たれた。穏やかな口調が反映され、自分が清められたように感じた。肩から力が抜け、顔は晴れやかになり、筋肉は温泉に浸かったように柔らかくなった。ゆったりとした呼吸が蘇ってきた。

上司がわざわざ時間を割き、僕の悩みを一緒に考えてくれたという単純な事実が、僕にとってどれほど貴重だったか、おそらく彼女にはわからないだろう。あの思いがけないコーヒーブレイクのおかげで、僕は医学にとどまってよいのだと納得できた。危機的な瞬間があっても、自分のやっていることに喜びと感謝の気持ちさえあれば、それで相殺されるのだ。患者と話し、反映し、対処し、学び、楽しみ、感謝する時間を作るには、自分の脳の配線を引き直す必要があった。本物の、身体的な、個人的な温かみは、職業的な温かみとはまったく違う。前者は二人の人間が分かち合う空間で発生する。共に弱みを見せ合い、お互いを認め、同じ空気を吸いたいという気持ちが欠かせない。共感とは、傷を治すのに必要な高気圧酸素のようなものなのだ。

スーザンと一緒に病棟に戻った。シニアレジデントからポケベルを返され、僕は深呼吸した。スタートが苦しいからといって、将来の失敗が決まるわけではない。一日一日を大切に生きていこう。息を吐ききったときには、胸の中でひしゃげていた黒い板がわずかながら元に戻り始めていた。

アシュリーの病室の前を通ったとき、声をかけられた。「ねえ、ちょっと!」

病棟ではこれが僕の呼び名となっている。まあ、先生《ドクター》と呼ばれるのはまだ違和感があるのだが。振り向くと、アシュリーがベッドに腰かけ、手招きしている。今朝は彼女にののしられた。ブドウ糖とグルカゴンを急速静注する代わりに、オレンジジュースとカフェテリアのフラッペを与えるよう、僕が担当看護師に指示したところ、いつもと違うとアシュリーは激怒し、医療ミスだと怒鳴ったのだ。

今、病室にはアシュリーしかいない。僕はどうしてよいのかわからず、その場に突っ立っていた。午後の日射しを受け、痩せて壊れそうな身体つきが際だって見える。彼女のこけた頰と骨ばった腕の感覚を反映しつつも、屈辱的な言葉を投げつけられると思い、身構えていた。

「あの……。この間、姉が言ったこと、本当にごめんなさい」

「ああ、うん、気にしないで。病院はストレスが多い所だからね。思ってもいないことを口走ってしまうときもある」

「それでも、あんな言い方は失礼だった」

「謝ってくれてありがとう」

「ゴールマン先生がいらしたの。血糖値の話をして、あなたのことで文句を言うつもりだったんだけど、あれで正解だって。つらい思いをさせちゃってごめんなさい」

「悪く思っていないよ」僕たちは握手した。「仕事に戻らないといけないけど、何かあれば僕か担当看護師に言ってくれたらいいからね」

僕は病室を出た。気持ちが軽くなっていた。

この病棟での勤務があとわずかとなったある日、いつものようにハリス医師の前胸部を聴診していると、何かが消えたと気づいた。今日の彼は柄にもなくおとなしい。寝たきり状態による遅発性の吸気の異常音を聞きながら、彼の顔を見上げた。彼は窓の外を眺めていた。チャールズ川をヨットが静かに進んでいる。聴診器を外していたとき、彼が振り返った。

「私の診療録はもう全部目を通したかね？」

「ほとんど読みました。少なくとも、今回の入院に関するものはすべて」

「では、なぜ私がこうなったのか知っているのだね？」

「銃創ですよね」

「そうだ。脊髄を貫通した。T9からT10の辺りだ。診療録にはそのいきさつが書いてあるのか？」

僕は電子手帳に過去の病歴をそっくりコピー&ペーストしただけだった。「じつは、ほとんどの記録には『射創による下半身不随』としかなく、それ以上詳しいことは書かれていません」

「知りたいか？」

「先生さえよろしければ」

「もちろん、私はかまわない。そんなにおどおどするものじゃない。患者に難しい質問をするのを恐れてはだめだ。そこに答えがあるのだから」

　僕はうなずいた。

「患者に撃たれたんだ。彼の癌はもう手の施しようがなく、それを恨んだというわけだ。ある晩、クリニックから出て車に乗ろうとしたところを待ち伏せされ、背後から撃たれた」

　僕の心は沈んだ。たいていの患者は医者を嫌うものなのだろうか。

「あの男はすべてを失いつつあった。だから、私からすべてを奪おうと考えたのだ。数週間後に彼は死んだ。いっぽうの私ははケツが床ずれだらけで、恥骨上カテーテルにしょんべんをしている。怒りはまだ収まらんよ。こうして入院していると、失ったものの大きさを思い知らされる。医者であることを楽しめるうちに楽しみたまえ。実際は、そんなに悪いものじゃないぞ。ほとんどの患者は、自分のことを考えてくれる人間がいるというだけで感謝する。中には心《しん》の腐った奴もいるが、医者をやっていなくても、そういうのはどこにでもいるからな。で、きみは一年目か？」

「はい。インターンとして最初の臨床研修なんです」

「大学はどこを出た？」

「マイアミです」

「マイアミ？　ボストンは寒くてこたえるだろう。医者になる道を選んで正解だという確信はあるのか？」

「あります」

彼のほほえみを見たのはこれが初めてだった。「じゃ、聞いておきたまえ。初めての臨床研修なのだから、経験豊かなベテランとして助言しよう」

彼は毛布を引き上げ、胸の前で手を組み合わせた。

「初めての患者は忘れられないものだ。きみは望むと望まざるとにかかわらず、私のことをずっと覚えているだろう。どの患者の背後にも、カルテ番号以上のものがあることを忘れるな。私がこの教訓を得たときは、もう手遅れだった」

彼はにやりとした。偽りのない気持ちだ、と僕は自分の目の周りに感じ取った。

「きみは大丈夫だ」

「ハリス先生、あなたの治療ができて光栄でした」

彼は信じられないといった調子で、声をあげて笑った。

「僕に辛抱してくださってありがとうございました」

「どういたしまして……。さあ、もう部屋から出ていってくれ」

最初の病棟での研修最終日、僕はToDoリストすべてにチェックを入れる程度はできるようになっていた。一歩前進だ。

翌日からは、まったく新しい研修が始まった。今度は「ビゲロウ」と呼ばれる一般内科病棟だ。ここは病棟がAからDまであり、僕の配属先は「ビッグC」、いちばん大きな病棟だった。インターン四人、監督役の初期研修医《ジュニアレジデント》二人、その上の指導医二人でチームを組む。病棟に常駐するのはインターン二人のみで、一度に二十四名から三十六名ほどの患者を診察する。診療科に足を踏み入れて十秒以内に、激しい渦に呑みこまれる。患者リストはひとりのインターンが対処できる限界を常に更新していた。ビゲロウではとにかく迅速に、効率よく学ばないとやっていけない。

ジュニアレジデント二人はチームリーダーとして、診療が滞りなくおこなえるよう目配せする。また、できるだけ臨床知識を授け、インターンの模範となることも求められる。教師やリーダーの素質は誰にでもあるものではないが、どのジュニアレジデントも順番に医療チームを率いていた。

僕はプレッシャーを感じていた。ちょうど勤務時間規則が施行されたところで、インターンは十六時間以上続けて働くことは禁止された。これまでは二十四時間の交替勤務に加え、事務作業四時間、さらに片付けで数時間、実質三十六時間近くになっていたのだ。勤務時間規則が非常に重視されたため、主任研修医《チーフレジデント》もインターン教育のリーダーたちも、時間通りに職場を離れるようにと厳しく言う。だからといって仕事が減るわけではなく、サポートが与えられるわけでもない。結局、より懸命に、より速く、より完璧に働くしかないのだ。三十六時間かかる仕事を十六時間でこなすのは、まさに狂気の沙汰だった。

ビッグCで一週間が経った。僕はフロアを離れるため、ジュニアレジデントの許可を得なければならなくなった。清潔な服がなくなってしまったからだ。洗濯機や乾燥機は持っておらず、町のコインランドリーは通常の営業時間にしか開いていない。当時の生活は、朝五時半前に家を出て、帰宅するのは夜の九時過ぎ、太陽の光を浴びるのは病院の窓際を足早に歩くときだけだった。チームの中で夜勤の番が回ってくると、「ナイトフロート」と呼ばれる。夜間の入院も含め、病棟全体の対処をたいていひとりでおこなわなければならない。バックアップのシニアレジデントへの連絡が奨励されているが、そんなことをすれば「弱さ」と暗黙のうちにみなされ、通常は信用されなくなり、自主性を与えられなくなる。インターンは誰もが自主性を欲していた。尊敬を勝ち取り、成功したかった。

初めて抑えたナイトフロートで、僕は五人の患者を新たに入院させた。あまりに多すぎる。すでに入院している患者たちをチェックする暇はほとんどなく、ノートも取れない。緊急治療室に詰めている多忙な医師たちから情報を得るなど、とんでもなかった。僕の仕事をチェックしているシニアレジデントが、僕が入院させた患者の数を見て、確認しにやってきた。僕が研究で大学を離れる前、医学部の最初の三年間は彼女も一緒に学んでいた。それが今では、僕を監督する立場にある。研修初期には、この上下関係はとてもはっきりしている。彼女は思いやりがあり、僕に助言してくれた。「新患をひとり診察したら、すぐに次の患者に移ること。ひたすら動き続けるの。ノートはいつだって書けるんだから」

別のシニアレジデントが挨拶をしに立ち寄ってくれた。彼とは共通の友人を通じ、かつて病院の外で会ったことがある。彼が来たとき、僕はある患者が心停止に陥らないよう、病歴に目を通しているところだった。彼が患者の心拍リズムを記録する遠隔測定装置のボタンやダイヤルをいじっているのには気付いていた。こっそり手助けをしていた、と彼が認めたのは何カ月も経ってからだった。あのとき、患者は持続的な頻脈に陥っていた。遠隔測定装置のアラームが鳴っていたが、僕は気づかず、彼は僕をこれ以上きりきり舞いさせたくなかったのだ。あの晩の自分の精神状態を思い出し、僕は彼に心の底から感謝した。

ビッグCでは二人の指導医に恵まれた。どちらも心の強い女性で、インターンに対する忍耐と高い期待のバランスを上手に取れる。僕たちをひとりずつ呼び寄せ、よく考えもせずにチェック欄にチェックを入れてはいけないと諭してくれる。僕たちは強制給餌のように二人から教えを注ぎ込まれた。

朝の回診時に初めて正式な概要説明をしたとき、僕は反逆的と言えるほど簡略化した内容にした。「こちらは×××さん、○○歳です。クローン病で炎症が再発し、再び入院しています。腸管安静が必要なため、そのように治療計画を作成しています」睡眠不足の錯乱した頭には、病歴の九十五パーセントはわからなくてもいいと思えた。回診の最後に、僕は指導医二人から呼ばれた。前の晩がどんなに忙しくても、医師は患者について、検査内容について、そして自分が下した評価と治療計画について、必要最低限は理解している必要がある、と諭された。簡潔な説明は効率の証と考え、高く評価されると思い込んでいた僕は、実際には必要最低限すら満たしていなかったことを思い知らされた。

その後、僕は指導医からのフィードバックに熱心に耳を傾け、ノートを取り、帰宅後はノートを見返すようにした。直すべきところは自分の改善領域リストに加え、そのひとつひとつにできる限り懸命に取り組んだ。ビッグCでの研修の最終日、僕が回診時におこなった患者の概要説明は、ノートを見ながらという欠点はあったものの、慈悲深い二人の指導医は僕をまたも呼び寄せ、進歩を祝福してくれた。また一歩前進した。

インターンの日々は、ばかげているとしか言いようがないと感じるときもあった。愚痴や泣き言をこぼせば「弱さ」とみなされる。だが、そんな日々でも、僕たちのためになっていたのは紛れもない事実だった。ある朝、過酷なナイトフロートを終えて帰路についた僕は、うっかり逆方向の地下鉄に乗ってしまった。二駅乗ったところで間違いに気づいた。正しい電車に乗り換えたとき、周りの乗客の視線を感じた。手術着を着ているせいか？　着替えるべきだったのだろうか？　もしかして僕が臭いとか？

こっそり嗅いでみたところ、どぎつい赤とオレンジ色の臭いが感じられた。まだ時間が経っていない吐瀉物《としゃぶつ》の臭いだ。辺りを見回すと、左側の座席に女性が座り、顔をハンドバッグに埋めている。バッグの中に吐いていたのだ。僕は彼女の前にしゃがみ、脈を調べた。異常なし。気道はふさがっておらず、息をしているのが僕の胸に反映される。異常なし。僕はスマートフォンのライトで瞳孔を調べた。これも異常なし。この三点から、アヘン剤、たぶんヘロインの過剰摂取だろうと思った。錠剤は見当たらなかったが、左腕に注射跡らしきものがあった。緊急医療隊が到着するまで僕は脈を測り続け、呼吸数が危険なレベルにまで落ちないか気をつけていた。彼女が担架で運び出されたとき、僕は自分の考えを隊員に手短に伝えた。彼らがアヘンの解毒剤であるナロキソンを投与すると、彼女は徐々に目を覚ました。正真正銘の医師になりつつある、と僕は思わずにいられなかった。人に与えられるものを身につけているのだ、と。

それでも、個人開業医を主治医としている患者について、病棟の担当医に概要説明するなどという医学上の礼儀に反することもしでかしていた。僕はその患者の急性疾患を、彼が抱えている不治の病に関連づけて説明したが、主治医は不治の病のことを一年以上も患者に話さずにいたのだ。結局、病棟の担当医が患者に真実を伝えた。患者にショックと悲しみを与えてしまったが、少なくとも、予後について率直に話し合うための土台作りには役立った。

数週間が瞬く間に過ぎていった。僕は着実に一人前のインターンになりつつあると感じていた。医者としての勘が働くようになり、臨床的判断も予測でき、指導医に好印象を与え、患者やその家族と座って共に過ごす時間も作れるようになってきた。

同僚のインターン、とくにプレリムたちとは親しくなった。お互いに相手を気にかけ、前線で戦う者同士として話を分かち合った。たとえば、一般内科にはアルコールの離脱症状の治療を受けている患者たちがいる。彼らは内科や精神科の疾患を複数併発しており、薬物（たいていはアルコール）の乱用が続いているため、どれも悪化している。一、二杯飲まないでいると、二十四時間から四十八時間以内に振戦せん妄をきたすリスクがある。震えを伴う急性の精神錯乱のことで、離脱発作の確率が高い。こういう患者には、離脱を相殺するベンゾジアゼピン系の薬をほぼ毎日投与している。

ある晩、僕は退役軍人のカーティス氏を入院させた。彼は、僕が知る離脱症状で最も重度の興奮状態に陥った。いちばん強力な短時間作用型のベンゾジアゼピン系薬のひとつ、ロラゼパムの用量を増やし続けていく必要があった。彼が唾を吐き悪態をつく感覚も、手首と足首をベッドに固定している革製拘束具をいきなり強く引っ張る感覚も伝わってくる。暴力的で、不安定で、不快な共感覚がカオスとなり、暗い病室の中で僕自身も幻の拘束具につながれていた。でも、自分を解放するために、彼の拘束具を外すわけにはいかない。彼が自身や他人を傷つけるリスクはあまりにも高いからだ。

僕たちはフェノバルビタールの使用を検討せざるを得なかった。フェノバルビタールはベンゾジアゼピン系薬と同系列の薬剤で、より以前から使われているが、(過剰投与では)昏睡《こんすい》状態となる可能性があるため、指導医、看護師、薬剤師の誰もが不安を抱いていた。だが、その晩カーティス氏は興奮のあまり素っ裸でベッドから飛び出し、罵り、手当たり次第にものを投げつけた。夜勤だった同僚のインターンは、病院の当直室でその騒動を聞きつけた。彼がドアを開けかけたとき、「閉めて!」と看護師が叫んだ。そのとき、カーティス氏がアメリカンフットボールのラインマンのように、猛烈な勢いでぶつかってきた。警備員たちが駆けつけ、彼を拘束した。このような難しい症例でフェノバルビタールがどのように作用するのか不明なところもあったが、カーティス氏は一般内科診療で「フェノバルビタール錠投与プロトコル」による治療を受ける最初の患者となった。翌朝、カーティス氏はきちんと患者衣を身につけてベッドに座り、クラシック音楽を聴きながら朝刊をめくっていた。過去四十八時間の出来事は何ひとつ覚えていなかった。そのときから、僕はアルコール離脱に対するフェノバルビタールの威力に信頼を置くようになった。

インターンとしての一年が終わりに近づくにつれ、僕たちプレリムは密かな感動を覚えるようになっていた。チームを監督するジュニアレジデントよりも、一般内科病棟で多くの経験を積んできたからだ。病棟と外来とを行き来する内科専攻のインターンよりも、プレリムのほうが病棟で過ごす時間は長く、各病棟でこき使われている。プレリムが内科の体系的なセッションなどに参加するのは無理だろうが、患者を実際に治療する経験を重ねていくうちに、差はたとえあったとしても消えていった。

僕は患者と一緒に生き延びてきたが、心の底から揺さぶられる思いも味わった。マーガレットは高齢の末期肺癌患者で、肺炎で入院していた。彼女の状態コードにはDNR／DNI（蘇生措置不要／挿管不要）とあった。つまり、万一の場合は心臓マッサージや電気ショックをおこなわない、喉から肺へ人工呼吸器を挿入しない、というのが彼女の最後の望みだった。

ある日、看護師がマーガレットの病室から飛び出し、僕の同僚のインターンを大声で呼んだ。マーガレットはもう息をしていなかった。そのインターンは彼女のベッドに駆けつけ、走って戻ってきた。「緊急事態《コードブルー》！　緊急事態《コードブルー》！」僕たちはマーガレットの病室に急いだ。看護師や研修医が集まる中、インターンは胸部圧迫を開始した。そのとき、ひとりの看護師が走ってきた。「止めてください！　その患者さんはＤＮＲ／ＤＮＩです！」

僕たちはマーガレットを楽な姿勢にした。その後間もなく死亡が宣告された。彼女は痛みも息苦しさも感じることなく旅立ったと僕は信じたかったが、胸部圧迫の感覚は無視できるものではなかった。圧迫の一回一回が、死に対する涙ぐましい抵抗と感じられた。だが、懸命な蘇生行為は、死が不思議でもなんでもないことを際立たせただけだった。僕がマーガレットと最後に共有した感覚は、彼女が望まないとはっきり言っていたものだった。あの瞬間、マーガレットと病室に集まった僕たち全員とを隔てていた膜が破れた。僕たちは、マーガレットが残した穴を覗き込んだ。全員の目に映っていたのは、暗い奈落の底だった。

患者が亡くなるとき、僕はいつも、自分も死んだように感じる。その感覚は薄れることがない。そういった意味で、僕は何度も死を経験してきた。死にゆく患者を見つめていると、命が消える直前に、むなしい恐怖が僕に反映されるときもあるが、気品ある無言の行為と感じるほうが多い。

死の間際には、何かをしなければといつも思う。望まぬ形での死を、うっかり心を傷つけてしまうような死を防ぐために、できることならなんでもしたい。患者の意識がある最期の瞬間を、敬意をもって見届けたい。死に向かう過程を非の打ち所のないものにしたい。死は稲妻や華々しいフィナーレと共に訪れるわけではないからだ。命は夜明けの霧のように消えていく。僕たちが厳かに、畏敬の念をもって見守るうちに、霧は薄らいでいく。人の最期の瞬間を見届けることで、命には限りがあることを改めて思い知らされる。僕たちは片手で死を握りしめつつ、もう片方の手で残りの人生にしがみついているのだ。他者の死を経験するとき、僕には生物学的な瞑想状態のように感覚が沈黙する瞬間がある。そして、再び自分の身体に戻っていく。

僕の身体は壁のない大聖堂だ。ラザロのように、僕は定期的にその入り口に立っては、遠くに見える祭壇を見守る。そこには神聖な感覚が新たに生じる空間が充分にあり、その空間を僕の好きなように満たせるというさらに大きな自由がある。

CHAPTER

5

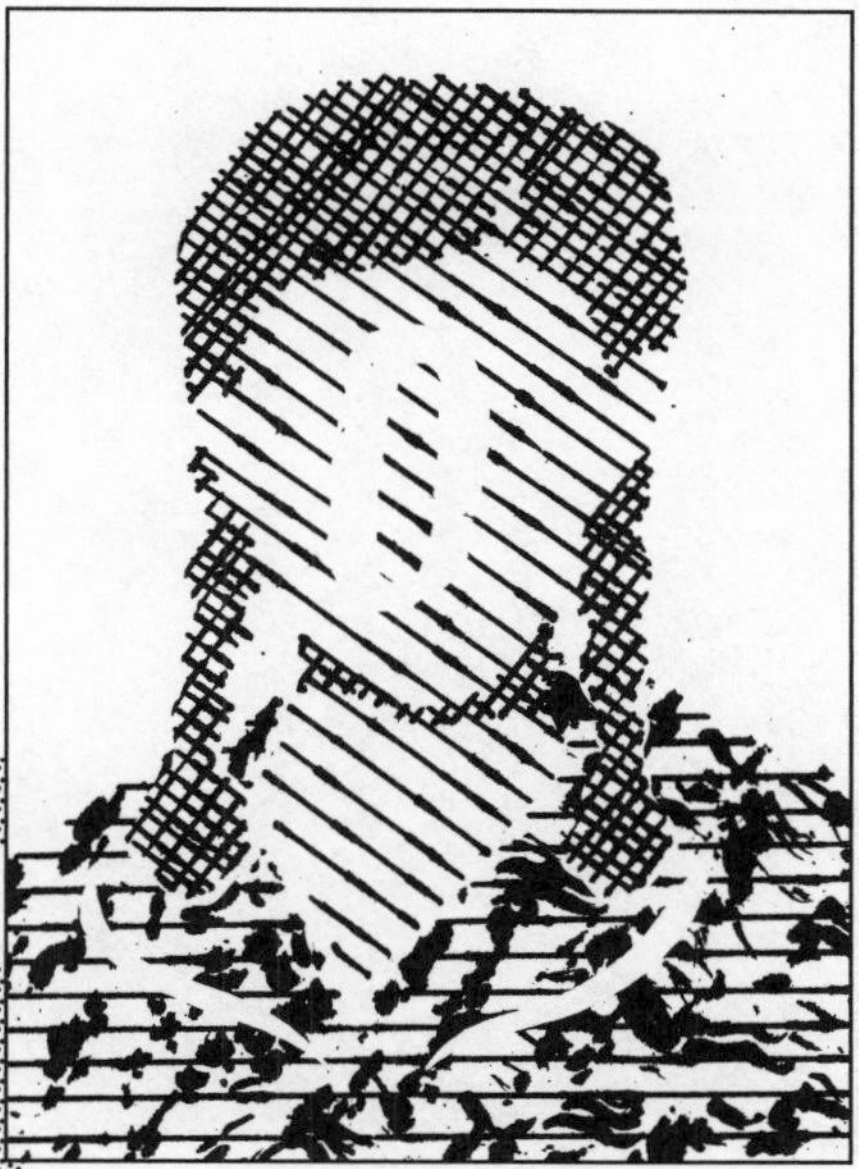

心の闇

医学部の三年目を迎えてまもない頃、臨床実習をしていた僕は、意図せずに患者と強いつながりを築いていることに気づいた。大学の試験では、症状の描写に対して疾患名を選択肢から選ぶのだが、患者の個人的経験を知ることで、患者を単なる症例としてではなく、独自の考えや感情をもつ多次元的な人間として、より深い理解が得られるのだ。

臨床実習生として基本的なことを経験した僕は、患者と交流して現病歴に関する基本情報を集めてそれを解釈し、医学関連事項を箇条書きにする力がついた。そのことが少なくとも自信につながっていた。病歴について尋ねていると、気付かないうちに相当な時間が経っている。「それでどうなったんです?」とつい訊いてしまう。訊きたいことはいくらでもあり、時間はいくらあっても足りない。話に引き込まれるのは、その内容を自分で解釈したいからではなく、患者が感知しているものを理解したいからだ。病態生理学的概念を理解するためには、原子レベルから始めて社会的レベルまで把握する必要があるのと同じように、要因が情緒的なものであれ、遺伝子のせいであれ、それがどのように患者を形作り、来院するに至ったのか、必要であれば両親や祖父母のことまで話を聞き、自分なりに理解する必要があると僕は感じていた。

実習期間が終わる頃には、病院で体験した共感覚を分類する習慣が身に付いていた。ただし、他者の内面世界に深入りしすぎていると感じると、僕は身を引き、自分の身体に意識を集中させる。そして、患者を評価するプロセスを、慎重さを要する外科手術と同じだと考えるようになってもいた――冷静さを失わず、経験を積むことが肝要だ、と。客観的に評価する対象が自分自身の場合、つまり自分を手術する際には、さらに慎重さが求められる。正直に、確実に、心をこめて、自分の腱、血管、神経をひとつひとつ知っていくしかない。僕は自分と他者とを優雅に行き来できる能力を身に付けることに専念し、周到に訓練をしていった――効果が得られたら最高レベル、自分の身体に負担をかけるだけなら最低レベルだ。でも、柔軟さを失わずに何度でも軽々と行き来できる時が訪れるとは思えなかった。医学生として患者を診察し始めたときは、本当に前途多難だった。

精神科病棟で働き始める前から、脳の研究を専門にするのが僕にはいちばん合っていると感じていた。脳は人の実在におけるマザーボードだ。心臓、腎臓、肺は移植できても、脳は無理だ。いつの日か、技術的には可能になるかもしれないが、他人の脳の移植を選ぶ人はほとんどいないだろう。頭の中に入っているのが他人の脳なら、自分はいったい何者なのか？

脳を専門にするのなら、神経学か精神医学だ。この二つは、第二次世界大戦まではひとつの分野だった。戦後、病気の根底にある病態生理を調べるツールがまだ開発途上だった頃に、病因とそのメカニズムについて、事実に基づいていないが正しいとされていた意見によって、徐々に二分野に分かれていった。脳腫瘍や脳卒中など特定できる損傷が脳にあれば、おそらく神経学に分類される。損傷が見当たらなければ精神医学だ。だが、過去半世紀の間、両分野は同じ診断・治療ツールを使い、同じ理論的枠組みの中でやってきているため、再統合に近い状態へと着実に進みつつある。根幹が同じなので、どちらが自分に合っているか確信が持てなかった。それぞれに独自の特徴があり、どちらも劣らず魅力的なのだ。精神医学が理想的だと思えるのは、患者の背景全体、とくに社会的背景の理解に焦点を当てているからだ。でも、神経学が扱う神経解剖学的メカニズムも魅力的で、甲乙つけがたく、ミクロからマクロに至るまで系統的アプローチにより総合的に理解するというのも、僕には合っている。結局、臨床実習は神経科と精神科の両方を試してみることにした。まずは精神科からだ。脳の世界に足を踏み入れるには理想的な入り口であり、具体的な結論を引き出せる好機だと思われた。僕は脳に関わる臨床実習にわくわくしていた。それぞれの患者が抱える問題に触れ、理解することも、患者が理解し感じているものを共有することも僕にはできる、患者とその病状に共感できる、と自分では思い込んでいた。

だが、精神科病棟は外傷外科病棟より精神的にきついという噂があり、患者のエピソードも漏れ伝わってくる。わくわくしていた僕はやや気分をそがれた。精神科の患者とどう向き合えばよいのだろうか。感覚のカオスを経験する可能性もあるだろう。精神科の臨床実習に入る直前の週末、僕は実習生用の手引きに目を通し、この分野の用語になじもうと努めた。

「関係妄想」――他人が自分のことを話している、世間が自分に注目しているという考えが頭から離れず、よくある出来事でも自分に引きつけて考える。

「考想伝播《でんぱ》」──自分の考えていることが他人に筒抜けになっているという妄想。

「思考吹入」──他人から考えを吹きこまれるという妄想。

「思考奪取」──自分が考えていることを他人に抜き取られるという妄想。

「脱線思考」──話がメインテーマからどんどんそれていく。

「音韻的連想（*clanging*）」──音に基づき単語を次々に連想する。論理的な流れがなく、コミュニケーションが損なわれる。

「ワードサラダ」──単語がランダムに、一貫性のない順序で発話され、コミュニケーション不能となる。


精神科病棟の臨床実習にあたって受けた講義には、スティーブン・セブシュ教授のものも含まれていて嬉しかった。二年生のとき受けた「分離脳」の講義がとてもすばらしかったからだ。

今回の講義では「インプット－プロセス－アウトプット」行動理論モデルを習った。患者と接する実習生は、自分がおこなうこととおこなわないことに注意を払う必要がある、と彼は強調した。患者がおこなうこと、おこなわないことに注意を払うのはもちろんだが、それと同等またはそれ以上の注意を自身に向ける必要がある、と。精神疾患は何よりも脳の障害として理解することだと彼は言い、その神経解剖学について、例として統合失調症（*schizophrenia*）を取り上げた。この病名は、「分裂する《Skhizein》」と「心《phren》」という二つのギリシャ語に由来し、近代ラテン語から

「心の分裂《split mind》」を意味するひとつの単語となった。

心の分裂といっても、人格の分裂というよりもむしろ、人の心が「現実」から分離することを指す。

統合失調症は、かつてはひとつの疾患とみなされていたが、現在ではスペクトルの一端と考えられている。統合失調症スペクトラム障害は、一般的には同時に現れる精神疾患の症状から構成されている。そのひとつは解体である。自分の置かれた状況に不適切または無関係な、解体された（＝まとまりのない）思考、情動、行動を指す。また、認知の変化も挙げられる。現実を把握する力が損なわれ、妄想や幻覚など、精神疾患の症状とよく言われる状態がもたらされる。注意転換に障害があると、頭の中から、または外界から不要な情報を除去するフィルターが利かなくなる。思考はしばしば合体して作り話や妄想を生み、自分は王族だ、救世主だと信じることもある。世界は大変動に見舞われる、自分には寄生虫がいっぱいだ、目に見えない強い力によって迫害されている、といった被害妄想もあれば、有名人に愛されているといった強迫観念にとりつかれることもある。

このような強い思い込みは統合失調症の症状のひとつで、論理的、非論理的な情報の断片がまとまり、恐怖、誇大、筋が通らないといった特徴をもたらす。関連のない思考や感情を結びつけて妄想を作り上げる能力は、創造的思考を生むメカニズムと類似している。このような知覚障害、幻影、その他の感覚経験は、外界からの感覚入力がなくても生じることを、セブシュ教授は解説した。妄想が生じると、患者は自分の内面世界で起きていることと、外界で起きていることの区別がつかなくなり、何が「現実」かを把握できなくなる。

また、幻覚は、自分の名を呼ぶ声や罵り声が聞こえるという聴覚に関するもので、その神経機構は我々が独り言を言うときに使うものと同じである。不合理な、解体された行動や情動は、脳の回路を巡り、たとえば愛する人の死に際して笑うとか、泣いた次の瞬間に怒り、陽気になり、そして怯えるといった形で表れる。身体的動作も、思考や情動のように、同じ動作が反復されたり、数分から数時間まったく動作が見られなかったりする。脳の化学シグナル、細胞異常、細胞構造の形に関するどの研究も、統合失調症の症状は、複数の神経回路網の相互作用や結合のしかた、とくに複数の感覚の結合や、ストレスに対する感受性の障害から発生する傾向があることを示唆している。神経画像検査をおこなうと、幻覚が生じている統合失調症患者は、視床が著しく活性化している。視床は脳に入ってくる感覚情報の中継地点で、情報をフィルターにかける働きもある。

パラノイア（偏執病）の場合は、脳の扁桃体《へんとうたい》やその他の不安に関連する部分で活性が高まる。前頭葉、側頭葉、大脳辺縁域、傍辺縁域と、脳のあらゆる領域で機能を調べた研究でも、統合失調症の解体症状が、行動、認知、情動の統制に関わる脳の構造体に障害や経時的収縮が見られることが示されている。こうした構造体には、情動に関わる情報にフィルターをかける、感覚を統合するといった、ものごとを判断する際に不可欠なものも含まれる。こうした知識は、ミクロからマクロに目を転じる際にレンズの役割を果たす、と僕は感じた。精神科病棟でより公平な立場に立つために、このレンズは役に立ちそうだ。

精神科病棟での臨床実習の初日、僕は他の医学生二名と共に、重厚なドアの前でぎごちなく待っていた。ドアにはなんの表示もない。ここは病院本館とは別の建物にある。通路の角にはビデオカメラが設置され、そのひとつが僕たちにレンズを向けている。頭上には「行動障害病棟」という文字があった。

僕たちはインターコムの前に立ち、誰がブザーを押すか、互いに顔を見合わせた。押したのは僕だった。音の鳴らないブザーを押し続けていたとき、インターコムから雑音交じりの声が聞こえた。「はい?」

僕はインターコムに顔を近づけた。僕たちが今日来ることは伝わっているのだろうか。マイクはちゃんとしているのだろうか。「こんにちは。あの、今日から実習に入ることになっているんですが」

ドアのそばでブザーが大きく鳴った——暗いオレンジ色とマホガニー色、そして黒の混ざった音だった。金属製のロックが外れる音がした。ドアの向こうは狭いホールで、目の前にもうひとつドアがある。温かみのある木材で、分厚いガラスの丸窓があり、鋼鉄で補強されている。鼻眼鏡をかけた看護師が僕たちに手を振りながらボタンを押した。別のロックが外れた。僕たちは二、三歩進んだ。これからどうすればよいのかわからないまま、僕たちは二、三歩進んだ。右手には強化ガラスの窓に囲まれたナースステーションが見える。僕たちが立っているのは待合室のようだ。テレビ、テーブル、椅子、パズル、雑誌、その奥には長椅子がひとつと二人掛けのソファがいくつか、そしてさらに奥には椅子が丸く並べてある。左手は廊下で、病室が連なっていた。病室のドアはほとんどが開け放たれ、付添人の姿も見えないが、ひとつだけ、ナースステーションの向かいの病室だけはドアが閉まり、丸窓にカバーがかかっている。

しばらくするとシニアレジデントがやってきて、この病棟の反対側の端にある医師の作業室に案内してくれた。僕たちはこれから毎朝このコースを歩くことになる。一列縦隊で、気持ちの半分はゆったりと、半分は足早に、患者の横を通り過ぎる。僕はセブシュ教授の講義を思い出し、患者が感覚入力をしかねないことは避けるよう努めた。前方の作業室のドアをまっすぐ見つめ、患者とは目を合わさず、表情を出さず、患者の関心を引くようなものはいっさい表に出さない。病室の奥で、患者が椅子のそばをぐるぐる歩き回っているのが目の端に映る。恐ろしい知らせを待っているかのように両手を強く握りしめている人。悔悛しているかのように、床に視線を落としている人。長椅子に座り、罫線入りの黄色い紙を膝に置き、太いペンを手に、遠くを見つめている人。紙には何も書かれていない。コーヒーテーブルの前に座り、ジグソーパズルを広げ、箱の中のピースを根気よくかき回している人もいる。

作業室のドアに丸窓はない。部屋は狭く、中央に置かれた長テーブルと黒板、椅子が数脚、それだけでいっぱいだ。聞いていて苦しくなってくるような話が三十分ほど続いたとき、指導医がやってきた。彼は自己紹介をし、黒板に書きながら話を進めた。今、僕たちが見てきた患者の一部は、統合失調症の中でも「陰性症状」が主だという。「そういう患者の大半は病室にこもっています。部屋から出てきても、とくに何かをするというわけではありません」それから陽性症状の患者について話し始めた。昨日入院したばかりで幻覚症状がある患者の診察をこれからおこなうという。「陽性症状がどういうものかわかるでしょう」

研修医がその患者について話し始めたが、あまりに早口で細かい内容を把握するのが大変だった。彼は陽性症状と陰性症状の特徴をまくしたて、次にその患者の行動についてざっくばらんに語った。台本からそれたな、と僕は感じた。説明が終わると、看護師が患者を部屋に入れ、テーブルをはさんで向かいの端の席に座らせた。患者は中年女性で、双極I型障害。ということは、定義上、鬱病歴の有無に関係なく、過去に少なくとも一度は躁状態を経験している。彼女の場合は躁状態を何度も経験し、精神疾患の症状を伴うことが多かった。そのため、いつもの躁状態が始まったと自覚し、すぐに自ら精神科救急外来を訪れたのだった。

「イエス様は、あなた方が爆弾を爆発させるのを止めるために、タイムマシンで私を遣わしたのです」一、二分経ってから彼女が口を開いた。

指導医は椅子の背にもたれ、腕組みをした。「お名前は?」

「ナオミ・クレオパトラ5世、ナイルとエジプトとアメリカ全土の女神よ!」

僕は彼女の激しやすさに圧倒された。どこからそういう話が出てくるのだろう。症状が悪化しないうちに、昨日来院できて幸運だったと伝えようとしているのだろうか？　それとも、嵐のような思考過程の中で、記憶の切れ端が拾い上げられたのだろうか？　彼女は肩を前に押し出し、両手でテーブルの端をつかんでいる。筋肉が緊張しているのが伝わってきた。僕に反映される感覚は尋常ではなく、しかも強調されている。彼女の身体と思考は、弾かれたように四方八方に螺《ら》旋《せん》を描きつつ宙を進む。叫びと共にどこからともなく情動反応が生じ、そしていきなり闇へと落ちていく。

「お子さんはいますか？」

「二、二、二十万五百三十九人、全員私から生まれたわ！　二百年の間にね！」

面接はこんな調子で続き、最終的に看護師が患者を部屋から連れ出した。彼女には入院中、抗不安薬を増量し、さらに抗精神病薬を追加することになるだろう。僕は押さえつけられたバネのような状態だった。頭の中で、彼女がテーブルに投げ出したモザイク状の断片を組み合わせようとし続けていた。つなげる順番を変えたら、この断片の中に何か隠された物語が見えてくるかもしれない。僕は現実に戻る必要があった。ドアノブに焦点を合わせ、その曲線に、金属の表面に光が反射するさまに意識を集中させた。自分の顔がドアノブの形になり、皮膚が金属になった感覚がある。それでようやく少し落ち着けた。身体からよけいな力が抜け、思考も安定してきた。

指導医は黒板に向かい、この機に向精神薬について説明しておこうと言った。向精神薬とは精神疾患に使う薬で、脳に影響を及ぼす。彼は黒板に脳をスケッチしながら、統合失調症患者はドーパミン受容体が必要以上に存在する傾向があることが死後研究で示されたと語った。ドーパミンはシナプスで放出される化学物質で、これによりニューロンはシグナルを出し合う。とくに学習、注意、情動、報酬強化システムといった脳の動きに関わる。ドーパミンの受容体が増えると、おそらくドーパミンシステムはますます活性化し、幻影やその他の陽性症状のリスクが高まり、その結果、患者は内的刺激と外的刺激を区別する能力をまったく失ってしまう。精神疾患の症状の治療には、抗精神病薬として知られる薬剤が含まれる。「定型」抗精神病薬と「非定型」抗精神病薬があるが、メカニズムはほぼ同じで、ドーパミン活性を抑制する〔ドーパミン拮抗薬〕。通常では運動神経や思考など非運動神経の活動開始を制御する神経回路網内で、ドーパミン分子を受け取っている受容体をブロックするのがこの薬剤だ。抗精神病薬は一般に最も強力だが、ベンゾジアゼピンなどの抗不安薬でも激越の症状の緩和に役立つ場合があり、他の薬剤で興奮状態を安定させることもできる。患者の入院が決まると、チームを組んで患者について調べ、適切な薬、またはその適切な組み合わせを検討する。

　指導医はまた、ドーパミン拮抗薬の問題点についても強調した。精神疾患的な思考や衝動を抑える反面、このタイプの薬には副作用として、パーキンソン病などに見られる運動障害がある。運動にかかわる脳の自動機能の一部に干渉するからだ。後日、僕はこの副作用を目の当たりにした。入院を決定する前に患者を面接していたときのことだ。彼は歩き続けていた。目に見えないレーストラックがそこにあり、ゴールをめざして何周も早足で回っているかのように。彼が僕の隣に座った。とたんに、僕は鼻と口の周りがむずむずし始めた。患者がじっとしていられないのは、静座不能症《アカシジア》とよく言われるものだが、このせいで彼の顔や口の運動が増加し、ちょうどウサギが鼻をひくひくさせるような状態になっている。彼の面接をしていて、会話に集中するのは至難の業だった。筋肉が引きつる、ぴくりと動く、口をとがらす、皺を寄せるといった彼の動作を、僕の顔が反映しそうになる。こうした一貫性のない動作でもすぐに反映する、自分の共感覚の幅広さを思い知らされた。自然に生じた動作であるほど反映しやすい。僕は顔の感覚のせいで落ち着かなかった。まるで湿った粘土が人から人へと手渡しされるうちに形が変わっていくような感覚だった。それでも、僕は学びたい。人の助けになりたい。そのためには、自分の不快感を克服するしかないのだ。

　ある朝マイアミは激しい雷雨に見舞われた。指導医はいつもより遅い時間に病棟にやってきた。イタリア製の靴はきしむ音を立てている。遅れを取り戻すべく、指導医はすぐに回診を始めた。僕たちを従えて先頭に立ち、部屋から部屋へと回っていく。大きなゴルフ用傘をたたんで手に持ったまま、患者に鋭く質問をする。そのやりとりが非常に短くそっけないのは、重度の精神疾患がある患者を長年診てきた特徴なのだろうか。患者を閉め出して我が身を守るということなのだろうか。

　僕たちはノックもせずに暗い部屋に入った。指導医が明かりをつけた。この部屋の患者は六十代半ばの女性、難治性鬱病で積極的な希死念慮を有している。彼女は電気ショック療法《ECT》を開始したばかりだ。この治療法は不運な名前をつけられ、映画ではさらに不運な描かれ方をしている。ECTは、麻酔専門医の指導の下に患者に全身麻酔をかけ、脳に電流を通す。重度の鬱を患い、他に有効な治療法がなく（治療法の選択肢はあまりない）、自殺リスクが高い患者には効果があると知られている。指導医は傘の先でベッドの端を軽く叩いた。頭まで毛布をかぶっていた患者は目を覚まし、おもむろに毛布を引き下ろした。気分はどうですか、と彼は尋ねた。患者は間を置き、顔にかかった白髪をかき上げ、やや興奮した調子で話し始めた。昨日初めて治療を受けました。そのせいか、もう気分が軽くなっているようです。指導医は訊いた。まだ自殺を考えていますか？　患者はまた間を置いてから答えた。いいえ、考えていないと思います。それはよかったと言い残し、指導医は病室を出た。

僕たち全員が通路に出てから、彼は病室のドアを閉めて顔をそむけ、低い声でつぶやいた。「嘘だな」耳をそばだてなければ聞こえなかった。彼はため息をつき、ECTの効果が出るには早すぎる、良くなったと言えば退院できると思って彼女はああ言ったのだろう、と説明した。「彼女のような患者が自殺するのは、こういう時なんだ」指導医は歩き続けながら言った。僕は自分の重心が胸にあるような身体的感覚を味わいつつ、指導医の感情を自分に反映させていた——超然としていながら、避けがたい悲しみ、フラストレーション、無力感が漂っている。彼はいつ頃からこういう気持ちを抱くようになったのだろう？　なぜ精神科医になったのか？　退院後に自殺した患者はどのくらいいるのだろう？　個人的に知っている人が自殺したのだろうか？

彼自身、鬱に苦しんでいるのか？　僕はこんな質問をする立場にはない。でも、もし彼がこうした超然とした態度で患者から身を引くのなら、僕は臨床実習生として、患者にもっと意図的に共感を示すことで治療に貢献できるかもしれない。まだ学生で、何ができるというわけでもなく、百戦錬磨の医師たちには足手まといでしかないだろう。でも、人間性はどこから生じるものなのかをもっと学べるチャンスかもしれない。または、いかにも医者の卵が抱きそうなこういう期待を手放すきっかけとなるかもしれない。

僕たちは作業室に戻り、誰を退院させるかといつもの検討を始めていた。そのとき、木材をセメントに叩きつけるような鈍い音が聞こえた。ドアの外で動きがあり、頭上で「緊急事態発生《コードブルー》、行動障害病棟です、緊急事態発生《コードブルー》、行動障害病棟です」とアナウンスがあった。警備員が作業室のドアを開け、指導医に来てほしいと頼んだ。

椅子を丸く並べた中央に患者が立ち、手提げカバンを持つように椅子の脚を左手で持ち、振り上げている。彼は怒り、苛立っていた。「いやだ！　オランザピンは飲みたくない。あれは嫌いだ！」と叫び続けている。身長は百八十センチをゆうに越え、グレーのスウェットスーツを着ていても筋肉質なのがわかる。彼の胸が上下するさまが僕に反映された。眉根を寄せて、膝を曲げ、片足を少し前に踏み出しているのも。右手は拳を固め、やや後ろに引いて、今にも殴りかかりそうだ。警備員たちが慎重に近づいていく。私服姿の数名が足早にやってきた。

精神科病棟での緊急事態は、病院本館とは異なり、たいていは誰かが興奮した、好戦的になったなどという、問題行動が発生したことを知らせるものだ。緊急班は発生場所に駆けつけることになっているが、その場にいるだけだ。力を行使しなくても、周りに人が何人もいるというだけで、患者の暴力的行動の緩和に役立つ場合がある。そして患者は諭され、自制に必要な薬を投与されることがある。

今回、患者の怒りの原因は抗精神病薬で、薬の名を知って腹を立てた。オランザピンには体重増加という副作用があるのを彼は知っていたのだ。体重にとても気を遣っている彼は、たちまち怒りを暴走させ、「太らない薬をくれ！ ジプラシドンってやつだ！」と言い放った。警備員と指導医は、薬を変えても問題ない、まずは落ち着いて、薬を飲んでもらわないと、と彼を諭した。患者の呼吸が急に変わり、深く息を吸いこむのが僕には感じられた。まだ眉根を寄せたままだが、右手の拳から力が抜け始めている。彼は椅子を下ろし、脚を開いてそこに座った。椅子の背にもたれ、薬を待っている。ジプラシドンを服用したが、興奮しているため、ナースステーションのすぐ向かいの隔離室に連れていかれた。簡素な造りの部屋で、持ち上げたり投げたりできるようなものは何もない。結局、この病棟の実習期間中、彼はその部屋に閉じこめられていた。

僕はもう患者を以前ほど恐れなくなっていた。もちろん、患者が興奮状態になった場合は援護が不可欠だが、たいていの場合、暴力はこちらに向けられているわけではない。患者は怯えていることがほとんどだ。相手を恐れ、頭の中で鳴り響く音に恐れ、自分自身を、世界を、不確実な現実を、そして苦しみを恐れている。これは、僕が実習生として病棟内で経験したことだけではない。精神疾患のある人々を暴力的で残虐に描くのは、事実からかけ離れているとしか言いようがない。精神疾患は他者に対して暴力的だと判断する材料にはならないこと、そして患者は暴力の犠牲になる可能性のほうが高いことは、研究から得られたエビデンスがはっきりと示している。椅子を振り上げた彼の一件から、僕は思った。これまで無意識のうちに抱いていたかもしれない偏見を疑っていこう。もっと患者に近づけば、僕が思っているよりも共通している部分が見つかるかもしれない。

数日後、僕は躁病エピソードで入院している患者と一緒に座った。精神疾患で入院する患者のうち、双極性障害の躁病エピソードが引き金となる割合は大きい。信じられないかもしれないが、双極性障害はかなり一般的〔アメリカの成人では約六百万人〕で、社会で成功している人もいる。そういう人たちは、重度の躁状態になると自分から、または家族に促されて入院する。躁状態のいちばんつらい部分を緩和する抗精神病薬を何日か投与すると、仕事に戻れる人もいる。炎症性疾患の再発で時々入院しなければならない人と大差ないのだ。

隣に座った患者はシェフで、躁状態になるとものを書きまくる多書癖《ハイパーグラフィア》だった。彼が書くのはほとんどが詩だった。前の晩は遅くまで起きて詩を書き上げ、ナースステーションに現れ、傑作を書いたと言い放った。誰かに読んでもらいたいのだ。僕はナースステーションから出て、見せてもらえないかと尋ねた。彼の隣に立つと、エスプレッソを数杯飲んだような身体的感覚がある。鋭く、激しく、エネルギーがあふれて炸裂《さくれつ》する、そんな感覚だった。

シェフの詩は宗教的なテーマと悪魔を中心とした内容で、多音節のラテン語がちりばめられ、非常に感情的で傲慢さも感じられた。世界も神も知らない真理を知っていると謳《うた》い、優越を表す言葉がぐるぐると回っている。高々とそびえ立つような壮大さ。でも、躁状態から生まれた芸術作品や音楽は少なくないのかもしれない。こんな状態を僕は経験したことがあっただろうか？　勉強時間をあと一、二時間ひねり出すために、睡眠時間を減らすことはよくあった。何日も続けてそうするときもあった。もしかしたら僕だってこのシェフと同じくらい躁状態になれるのかもしれない。自分の内面世界を深く見つめてみたら、誰でもこういう特徴をいくらかは持っているのだろう。鬱病エピソードのときのシェフは激変しているはずだ。彼は僕の意見にあまり関心を示さず、詩を書いた紙を他の紙と一緒にまとめた。どの紙もしわくちゃで、青と黒のインクと鉛筆で一面にびっしり走り書きされている。彼は足早に自分の病室に戻っていった。傑作を書くために。

僕は患者と共通するものをもっと掘り下げたかった。疾患の根底を理解すると同時に、患者の中で何が起きているのか洞察を得られるかもしれない。その内面世界をほんのかすかにでも垣間《かいま》見《み》られるかもしれない。

精神疾患の症状のため入院が決まった女性は二十代前半、大学生だった。友人たちとカウンティーフェア〔祭りの一種〕に行っていた。その日の彼女はやけに上機嫌だと友人たちは感じていたが、周囲の人々について彼女が話し始めたときから様子がおかしくなった。みんな私のことを話している、とても面白い人だと言っているのが聞こえる、私のジョークをみんな知っている。友人たちは困惑してきた。彼女は家に送り届けられるまで、同じ調子で話し続けていたのだ。母親は怒り、ばかなまねはよしなさいと言ったが、高校では優等生だった娘の変貌ぶりに驚いてもいた。

その晩、娘は一睡もせず、母親の怒りは不安に変わった。娘を緊急治療室に連れていったところ、精神疾患の最初の症状と診断され、その場で入院させることになった。彼女は喘息用に吸入ステロイド剤を使い始めたばかりだったため、それがステロイド精神病を引き起こしたのかどうかが問題となった。ステロイド剤は、まれに精神疾患の症状を誘発する。だが、精神科の担当医はこの問題を提起した医学生を話の途中でさえぎった。「ばかばかしい。ステロイド剤のせいだとよく言われるが、彼女の場合はおそらく統合失調症の最初の症状だろう」

その日のうちに、僕は彼女と面談し、来院するまでの数週間がどんな具合だったのか探ることにした。彼女の行動を理解するために、あえて彼女の世界に潜ってみようと思ったのだ。名前を尋ねると彼女はくすくす笑い、アニメのキャラクターの名前を告げた。

「住所は?」

「165番地……」彼女は顔を歪めた。話を脱線させまいと苦闘している。「海の中に住んでいるの。来てみたい? だからここにいるの? 待って。ごめん。質問は何だったっけ?」彼女はあくびをした。「家に帰りたいわ……でも、ニンジャ・タートルズが帰してくれない」

統合失調症の症状のうち、動作や表情の欠落、情動の欠如、引きこもり等は陰性症状、幻覚や妄想は陽性症状に分類される。彼女が示す支離滅裂な思考や会話は、第三の分類〔認知機能障害〕に入る。うら若い女性が現実の世界に浮上したかと思うまもなく、すぐにまた病の世界に沈んでいくのを見て、それを感じると、胸が張り裂けそうになる。彼女は点と点をいくつか結べるものの、ある考えがよぎるとすぐそちらに気を取られ、道からそれて遠くに行ってしまう。自分で制御できるものが何ひとつなく、思考と思考を隔てるフィルターが壊れている。

子どもの頃に熱を出し、幻影としか言えないものを経験したことがある。アニメ『こいぬのスクービー・ドゥー』のキャラクターたちが見えたのだ。みんなは僕の頭の中にいたが、僕も自分の頭の中にいたので、目の前にいるようなものだった。みんなが僕に話しかける。吃音《きつおん》交じりで話し始めるのだが、途中で凍りつき、丘の傾斜を滑り落ちていく。キャラクターたちに交ざって、プラスチック製で金髪のポリーポケットの姿も見える。目の前で巨大化したり、アリほど小さくなったりを繰り返している。僕にはわけがわからなかった。彼らをコントロールできない。熱が引くと奇妙な音は止み、幻も消えた。

この女性患者も似たような経験をしているのだろう。彼女を理解しようと努めるにつれ、自由な連想の深みにはまっていく。そのとき、シニアレジデントが僕の肩に手を置いた。僕ははっとして、他のみんながいる現実世界に戻った。周囲の状況をこうもたやすく見失う自分が怖くなった。

女性患者は二日ほど抗精神病薬を投与され、現実世界に浮上するのが少しは楽になってきたようだった。でも、まだもがいている。入院から三日後、看護師がシニアレジデントに話している声が聞こえた。彼女が「昨夜やってくれた」という。看護師の話によると、患者は頭にタオルを巻き、トイレと流しと床の排水口にペーパータオルを詰め、蛇口をひねって水を出しっ放しにし、バスルームを水浸しにしたそうだ。夜勤の看護師がベッドに連れ戻そうとしたところ、彼女は興奮して看護師を引っ掻こうとした。そして抗精神病薬が何錠か追加投与された。

回診時間には、彼女はベッドで上体を起こし、おとなしくしていた。用量を増やした抗精神病薬を服用したばかりだった。入院時とは違って見える。こちらに反映される身体的感覚が予想しやすくなり、僕はほっとした。彼女の言葉や感情の論理をたどることができる。だが、表情は生き生きとしているのに、僕の顔にはそれがあまり反映されない。表情の中に不安があり、それが暗い青紫色のひしゃげた山となって僕の中に現れる。昨夜何があったか覚えているか、と僕たちは尋ねた。スポンジボブと一緒にホームパーティに招かれたことしか思い出せないと彼女は言い、眉を上げた。自分でも妙に思えたのだろう。だが、パーティを始めるために家を水に沈めようとした、と続けて言った。病の深みにはまっている彼女の本能が、さらに沈んでいくのが僕には痛いほどよくわかった。

彼女と僕はほんの二、三歳しか違わなかった。統合失調症の好発年齢の範囲内だ。僕も彼女のようになりかねない、と不安になった。僕の共感覚が、本当は共感覚ではなく、統合失調症の始まりだったとしたら？　のちにシアトルの精神病相談サービスで働いていたときも、同じ不安がよみがえった。

そのとき担当したのは、二十代後半の男性患者だった。彼は海賊がテーマの祭りに参加した。フィアンセと一緒にそれらしい衣装で決め、思いきり楽しんでいたのだが、その日のうちに彼の思考は解体し始めた。フィアンセは会話の流れについていくのに苦労した。二人は早い時間に帰宅した。その晩、フィアンセは目を覚まし、彼がベッドにいないのに気づいた。家の中を捜し回り、ついに裏庭に突っ立っている彼を見つけた。呼んでも返事をしない。もう一度呼んでみた。彼は両手を上げ、よろよろと足を前に踏みだした。その手は血まみれで、前腕にいくつも裂傷がある。フィアンセは急いで救急車を呼んだ。

のちにわかったのだが、彼は家の裏手の林に入り、停《と》めてあったぼろぼろの軽トラックの窓を割ろうとしていたのだ。このエピソードが発生するまで、彼はなんの症状も示していなかった。彼も、そしてマイアミの精神科病棟の女性患者も、イベントに参加したことが発症の引き金となっている。

統合失調症の発症については、「脆弱性ストレスモデル」というモデルがある。発症には脆弱性とストレス要因が内在すると提案するものだ。「脆弱性」とは、統合失調症になりやすい素因や発症しやすさのことで、遺伝的要因や、他の神経発達に関わる生物学的要因を含む。ストレス要因としては、幼年時代のつらい出来事や極度の危機的状況などが挙げられる。一部の人には、統合失調症になりやすい生物学的または遺伝的なものがあるのかもしれないが、充分なストレス要因がなければけっして発症しない。この点は極度の、または慢性的な貧困など社会経済的なストレスにさらされている人たちに発症する傾向が多く見られることの理由にもなるだろう。精神疾患が貧困や社会経済的ストレスをもたらすという仮説より、はるかに可能性の高いシナリオである。

それにしても、人はなんとたやすく統合失調症になってしまうのだろう。僕がそうなる可能性だって充分にある。統合失調症を発症する人の割合は百人に一人だが、遠い親戚に発症患者がいると二十五人に一人となり、近親者にいると十人に一人と跳ね上がる。一卵性双生児の場合、たとえ別々の環境で育てられても、割合は二人に一人だ。

僕の年齢は好発年齢に該当するため、発症の引き金となるような経験を長期にわたり積んでいたとすれば、統合失調症になるリスクはさらに高まるかもしれない。まさにそういう年齢層にあるのだから、トリガーがいくつも重なれば発症する可能性はある。思考、感情、行動に影響を及ぼさない大半の慢性疾患なら、自分の病気について考える余裕がある。でも、精神疾患の患者は自分の身に何が起きているのか洞察することができない。それが本人にとって救いなのか、悲劇なのか、僕にはわからない。

シアトルの相談サービスでは、別の患者のモニタリングもやっていた。僕は彼の病室で、精神疾患の相談担当医と一緒に立っていた。患者は落ち着いているように見え、ベッドで黙々とクロスワードパズルを解いている。

担当医が話しかけている間、僕は患者の世界に飛び込んでみた。感覚を研ぎ澄ませ、彼をできるだけ理解し、共感したかった。平静な感覚の下に、僕は眼球周辺に鋭い不安を感じた。患者は僕を見て、担当医を見てからすばやく視線をテーブルに移す。これを繰り返している。ベッドの隣のテーブルには本が積み上げられ、その上に今日の朝刊が置いてある。本の背表紙には『電気工事入門』『無線周波数』『電気回路』『諜報』『盗聴』とあった。

「今日はどんな気分?」担当医が尋ねた。

「だいぶよくなった。うん、間違いない。じきに退院できる?」

「少なくともあと何日かは様子を見ないとね。今の用量で状態が安定していればいいんだけど」

「わかったよ! ありがとう!」そして彼はクロスワードに戻った。

病室を出たとき、僕は何を信じていいのかわからなかった。テーブルの上に何が置いてあったか、担当医に話そう。患者の声に滲む不安が耳にも喉にも感じられた。病院にいたくない、病人でいたくない。もちろん、僕は彼の代弁者にはなれないが、彼が体験しているものを理解し、感じ取ろうとするくらいはできる。それを担当医に伝えたところ、書き物をしていた彼女は手を止め、ペンを置いた。

僕たちは彼の病室に戻った。思考のコントロールに問題はないか、と担当医は再び質問した。患者はためらい、そして答えた。コントロールは失ってはいないけど、この部屋には盗聴器が仕掛けてある。監視しているのが誰なのかどうしても知りたいんだ。だから彼はスパイの本や、盗聴についての本を読んでいたのだ。担当医は薬の用量を増やし、観察を続けることにした。

マイアミの若い女性患者を観察していたときも、僕は同じ迷いを抱いていた。彼女が何を経験しているか理解し始めていると自分では思っていたが、理解しているなどと思ったり口に出したりする権利が僕にあるだろうか。そもそも理解できる能力が本当に僕にあるのだろうか。医学生にすぎず、しかも自分の感覚に圧倒されているというのに。もしかして、僕はパーソナリティ障害ではないだろうか。明日には意に反して入院することになるのかもしれない、と毎日不安を抱く。患者に深く共感できるようになりたい。ミラータッチがもたらす共感覚に身を沈め、患者に寄り添いたい。でも、ちゃんと戻ってこられるだろうかという不安もある。

女性患者が病室を水浸しにした翌日の午後、僕はシニアレジデントと共に法廷審問に出席した。患者に意思決定能力があるか、それとも裁判所が任命する後見人をつける必要があるかを判断する場だ。法廷といっても病院内の狭苦しい一室で、長テーブルの上座には判事が、その隣には担当医が座っていた。患者は郡の役人の隣で黙って座っている。

弁護士たちは、この患者に関する担当医からの説明――薬剤の調整、治療の難しさ、限定的ではあるが着実に良くなってきていることなどを含め、再検討した。二十分ほどして、中断するよう判事が言い、患者へ一連の質問をした。まるで、同じ質問を何千回もしているような口調だった。退院後に食事と住む場所は見つけられるか、と判事は尋ねた。地元のシェルターに行けると患者は答えたが、それからは政府の陰謀のせいで精神科病棟に入院させられた、元妻にはめられた、自分は被害者なのだ、と話し始めた。患者には後見人が必要であり、退院せずに治療を継続するという判断が下された。法廷は寒々としていて、温かい思いやりがまるで感じられなかった。

精神科の緊急治療室は、病院によっては急性期治療室とも呼ばれ、病棟よりさらに威圧的な雰囲気がある。ここを訪れるのは、薬物療法を受けていない患者が多い。僕は割り振られた患者――あまり興奮していない者――と一対一で面談し、状態を診て、できる限りその全貌の把握に努める。小部屋でおこなうこの面談では、患者の世界に入り込まざるを得ない。いつも以上に深く潜るべき時があるとすればこのときだ、と僕は自分に言い聞かせた。

僕が診察をした患者の多くはトラウマの犠牲者だ。その原因は交通事故や銃撃ではなく、貧困やその患者自信の過去だ。彼らは重度の不安や鬱の症状を示す。苦しみが癌のように人生のあらゆる側面に広がり、希望もなく、命を絶って苦しみから逃れることしか望んでいない。これを希死念慮という。死への願望は、やがて決意へ、実行計画へと発展していく。通常、自殺未遂者は、病院の別の場所に収容される。

緊急治療室には、精神疾患の症状を示す患者も訪れる。ある患者のことはいまだに忘れられない。

三十代後半の男性で、双極性障害を患っていた。彼は次々に新しい事業に手を染め、貸しボート業を始めたかと思うと、プリントして売るのだと言ってシャツを買い込む。ギャンブルもする。やめていたコカインにも手を出している。金遣いが荒いんじゃないかと友人に言われると怒り出す。彼は交差点をうろつき、車に怒鳴りつけていたところを警察に保護され、病院に連れてこられた。好戦的な態度だったため、僕たちは彼を隔離した。診察したのは僕とジュニアレジデントだった。彼は腕を組み、前かがみになって座っていた。彼の目や頭の動きから、心ここにあらずという感覚が伝わってくる。なぜ病院に連れてこられたのか、とジュニアレジデントは尋ねた。話をしても無駄だろうと思っているのが伝わってくる。その男性は堰《せき》を切ったように話し始めた。地球は終末を迎えようとしている、自分にはみんなを救うという使命がある、と。

僕はミラータッチ共感覚に意識を集中させ、彼の内面世界を感じ取ろうと努めた。感覚が僕の中で跳ね返るが、規則性がまったくない。僕の心拍数は上がり、思考は坂を転げ落ちるように加速していた。ようやく彼の非論理的でめまぐるしく変わる思考の脈絡をつかみかけたと思ったとき、彼は勢いよく立ち上がり、足でテーブルを押した。その拍子に椅子が後ろに倒れた。僕は危険だとは感じなかった。いてもたってもいられない彼の感覚が僕に反映される。ジュニアレジデントと僕が部屋から出ようとしたとき、彼は僕の目をまっすぐ見て怒鳴った。「俺にはX－MENみたいなサイコキネシスがある。あんたと同じだよ！　俺が気づいていないなどと思うな！　未来だってわかるんだ」

彼はジュニアレジデントを見やり、視線を僕に戻してにやりとした。「今夜あんたはこの女をレイプする。レイプして殺すのさ！」

彼は一歩踏み出し、テーブルにぶつかった。ジュニアレジデントは廊下に顔を出し、「5と2

をお願いします！」と叫んだ。統合失調症治療薬のハロペリドールを五ミリグラムと、抗不安薬のロラゼパムを二ミリグラムという意味だ。ロラゼパムは、不安を募らせ、周りに注意を向けられない状態の人を鎮静させるときに使う。

　警備員と病棟スタッフが、続いて看護師が部屋に飛びこんできた。僕は部屋を出て、壁にもたれた。家具が押され、リノリウムの床をきしる音が聞こえてくる。チームは男性患者を床に押し倒し、鍵付きの革の拘束具をつけようとしているのだ。

　僕の心臓は激しく鼓動していた。鼓動のたびに視界がぼやけ、心はフィルムが終わったばかりの映写機のように回り続けている。数秒間は現実の感覚を失い、あの男性の内面世界の中にいた。彼には未来がわかる。僕はジュニアレジデントをレイプする。彼は未来を予言できるのだから、避けられないことなのだ。

　ジュニアレジデントは僕の顔から血の気が失せているのに気づいたようだ。「医学生にとってはあまり良い例ではないかもね」彼女は予定表を見やった。「私は彼の入院手続きをするから、その間に二号室の患者さんの話を聞いてきたら？」

　僕は何度もうなずき、そばのプリンターから白い紙を一枚取った。メモを取るためでもあったが、落ち着きを取り戻す時間を稼ぎたかったせいもある。僕は紙をじっと見つめた。自分の現実に戻らなければ。催眠にも似た状態から脱しようようと、僕は首を振り、深く息を吸いこみ、右足で床をとんとんと踏み鳴らした。

二号室のドアは鍵がかかっていなかった。おもむろにドアを押し開けると、髭《ひげ》を生やした男性が椅子に座り、両脚を投げ出している。身なりには無頓着だ。白からベージュに変色したアンダーシャツの上に、しみのついたオリーブグリーンのシャツを着て、じっと前方を見つめている。何かを嚙んでいるのが伝わってくる。僕は腰を下ろした。持っていた紙を四つに折り畳み、自分の指の感覚に意識を集中させ、爪が折り目をかすめる音に耳を澄ませる。そして、次の共感覚体験へと飛びこんだ。「こんにちは。今日はなぜ病院にいらしたんですか?」

男性はまっすぐ前方を見つめたままだ。やがて、急に視線を自分の足元に落とした。僕は彼に気づいてもらおうとわずかに身を乗り出し、咳払《せきばら》いをして、同じ質問を繰り返した。彼はかすかに口を動かし、それが僕の口に反映された。唇の動きを読み取りたいのだが、髭に隠れてよく見えない。彼は低くつぶやいている。左の目と肩を引きつらせ、両手をポケットに突っこみ、座ったまま背筋を伸ばして僕を見た。

「お名前は?」僕は訊いた。彼は僕の背後に鋭い視線を向け、さらにつぶやいた。何を言っているのかわからない。わかるのは、だみ声だということだけだ。長年自分を罵り続けてきたからこそ、こういう声になったのだろう。彼はぴくりとして左を向き、左腕を掻いた。僕は彼の内面世界に飛びこんだ。何かを投げつけられ、身をかわした。投げつけられたものは何もないが、何かが飛んできたのは間違いない。彼を侮辱する者が彼の目の前にいる。彼の顔が怒りで急に歪んだのを感じた。

「そこで止まれ！」彼は頭をかきむしり始めた。彼の内面世界が外に出ようとしている。何が内で何が外なのか、彼にはわかっていない。彼が抱える現実は、無慈悲で不快なものだった。「チンケなクソ野郎が！　こっちを見るんじゃねえ！」彼は左側の壁に向かって怒鳴った。人生で最も苦しい戦いの中にいるのだ。彼の中には僕の姿も、他の人々の姿もはっきり見える。彼は必死だった。できる限り多くを観察し、多感覚を駆使した支離滅裂なコラージュを、首尾一貫した一枚の絵にまとめたい。

やがて僕は部屋を出た。ドアは閉めず、廊下に出たところで一瞬立ち止まった。またも鼓動が激しくなり、口の中がからからになっている。患者の興奮を反映したものではなく、僕自身の不穏な心のせいだ。今まで自分で手綱を取っていた思考が互いにぶつかり合い、それぞれに関連する感情が高まっている。感情が次々に活性化していくのが自分でわかる。

ジークムント・フロイトは患者と治療者との感情のもつれを「逆転移」と命名したが、僕の場合は逆転移をはるかに超えている。僕には治療が必要な何らかの精神疾患があるのかもしれない、とまたも思った。統合失調感情障害、回避性パーソナリティ障害、または依存性パーソナリティ障害か。思考がめまぐるしく駆け回っている。これが観念奔逸〔思考が飛躍するばかりでまとまらない状態〕というものなのだろうか。

だが次の瞬間、頭が切り替わった。これは「医学生シンドローム」と言われるやつに違いない。精神科の患者と一緒にいると、患者の中に入りこみ、自分を見失う。それは悪いことだと一概には言えないだろう。限りない共感から治療できるかもしれないのだから。でも、自分の感覚と患者の感覚の区別がつかなくなる地点はどこなのか？　胸の中にある黒い板がきしむ音を立て、また歪みつつある。患者の苦しみを自分の身で味わわされる。

「ジョエル」名を呼ばれた。外界での出来事なのだろうか？　僕は辺りを見回した。数メートル先のワークステーションで、ジュニアレジデントが指導医と話している。僕が二号室に入ってから、どのくらい時間が経ったのだろう？　二人は気さくに話をしている。その穏やかな、ゆったりとした動きが僕に反映される。論理的なやりとりはごく自然なペースで、ひとつの情報が次の情報へと、逸脱することなくつながっていく。

　僕は二人の感覚をもっと反映させようと意識を集中した。おかげで気持ちが落ち着いてきた。息を吸って吐くリズムが指導医のそれと一致する。これが僕の身体だ、と実感した。これが僕なんだ。自己意識を取り戻せば、それを自分の身体感覚に反映できる。もはや他人の身体に依存する必要はない。

　ミラータッチ共感覚を心の安定している人に向けるのは、ある一点やモノを見つめるのと同じ効果がある。自分の身体感覚に意識を向けるのも役に立つ。それでも、まだまだ先は長いと思い知らされた。実習期間の残りは、この点を強く意識しながら過ごした。自分を見失っていると感じたときは、想像力を働かせ、分厚いビロードのマントに身を包んだり、繭《まゆ》の中にこもったりしている自分の姿を思い描き、外界からも、他者の内面世界からも身を守る練習を重ねた。自分の現実を死守することで、今まで不明瞭だった点を患者から聞き出せるようにもなった。家ではどんな調子なのか、直面したくない症状とはどんなものか、何にいちばん喜びを感じ、何がいちばんの苦痛なのか、といった点だ。

ドイツ語の〝*Einfühlung*〟は、哲学者フリードリヒ・テオドール・フィッシャーの息子が作った言葉で、自身の思考や感情を他者（芸術作品なども含む）に投射することで、意味を生み出す我々の能力を指す。見る者と見られる者との相互交流のことで、のちに共感（*empathy*）と英訳された。意味は外界から生じるものではない。外界から受け取った情報をもとに自分の中で作るものであり、僕たちはそれを観察対象に関連づける。

フリードリヒ・ニーチェは、観察対象と一体化するあまり「言葉を失い、個人のアイデンティティが崩壊する」ものとして、*Einfühlung* の過度な投射ケースに言及している。このような経験は有意義である、とニーチェは記している。他者との一体化は、他者の重要性を、そして他者との関係の重要性を示す証である、と。そして、より強烈な形は、他者の世界に入り込むという身体上の経験をただ「眺める」のではなく、積極的に「見る」という言葉で表現されることが多い。自己と他者が身体的にも想像力の点でも共有し合える。見るという行為は共感が生じるだけではなく、感覚情報をもたらす。それによって共感が生じるだけでなく、心の認識プロセスである想像力がこの情報をもとに、相手に感情的な価値を付与するのだ。感覚を体感することにより、他者の身体に通じるドアが心の中にひとりでに出来上がる。その感覚が鮮やかなものでさえあれば、再現時の正確さの度合いは関係ない。

ただ、共感や共感に関連する思いやり、親切さには、境界線が必要だ。境界線と言っても、自分と他者を隔てる壁ではなく、実際は自分と外界との間にある皮膚のようなもので、快・不快をはっきり区別する――不快には、自分のモラルや価値観といった心的空間も、自分の身体という身体的空間も含まれる。この境界線が曖昧になるにつれ、共感能力は疲弊していく。共感が必要とされる職業では、「共感燃え尽き」「共感疲労」に関して数々の研究がおこなわれている。共感疲労などにより、二次的なトラウマが生じる場合すらあるのだ。自分の精神的、身体的経験をより強く意識すれば、自分の境界がわかってくるし、そうなれば自分を見失うこともない。

これは誰にとっても難しいことなのだが、ミラータッチ共感覚者にはさらに難しい。僕の場合、他の人が傷ついているのを見れば、自分も傷つく。苦しんでいる人を見れば、自分も苦しむ。苦しみを声に出せない人に対しては、とくにそうだ。感情があらゆる角度から入り込んでくる。

精神科での臨床実習では、境界線の大切さを思い知らされた。同時に、共感状態が高まったときの圧倒的な力にも、それがなかなか消えないことにも、自分の卑小さを思わずにいられなかった。共感によって心が乱れるのはいつものことだが、それでも、共感するという経験のすばらしさには驚かされる。他者への共感は、人として欠くことができないものだ。度が過ぎると自滅するが、これからも共感を実践していこう、と僕は決意を新たにした。自分が壊れないよう、自尊心を失わないよう、僕にとって自然なやり方でやっていこう。

精神科の臨床実習の最終日、僕は白い紙を名詞の大きさに折り畳み、自分の目標を絵にしてみた。脳を描き、上向きの矢印をつける。これから探求し続けていくこと、自分を見失わないこと、次に取るべき最善策を見つけるのに役立つ心の声に忠実であることを象徴するものだ。そして、その紙を財布にしまった。忘れかけたら思い出せるように。

じつを言うと、僕は後味の悪さを少々感じていた。自分の特質について知るべきことが山ほどあり、押しつぶされそうな気分だったのだ。ミラータッチ共感覚はまだ医学の教科書には載っていない。精神疾患の世界に戻る前に、自分と他者についてもっと知っておく必要がある。共感覚は才能《ギフト》か、それとも治療すべき病気なのか。祝福か、それとも呪いなのか。これほど混乱したのは生まれて初めてだった。

CHAPTER 6

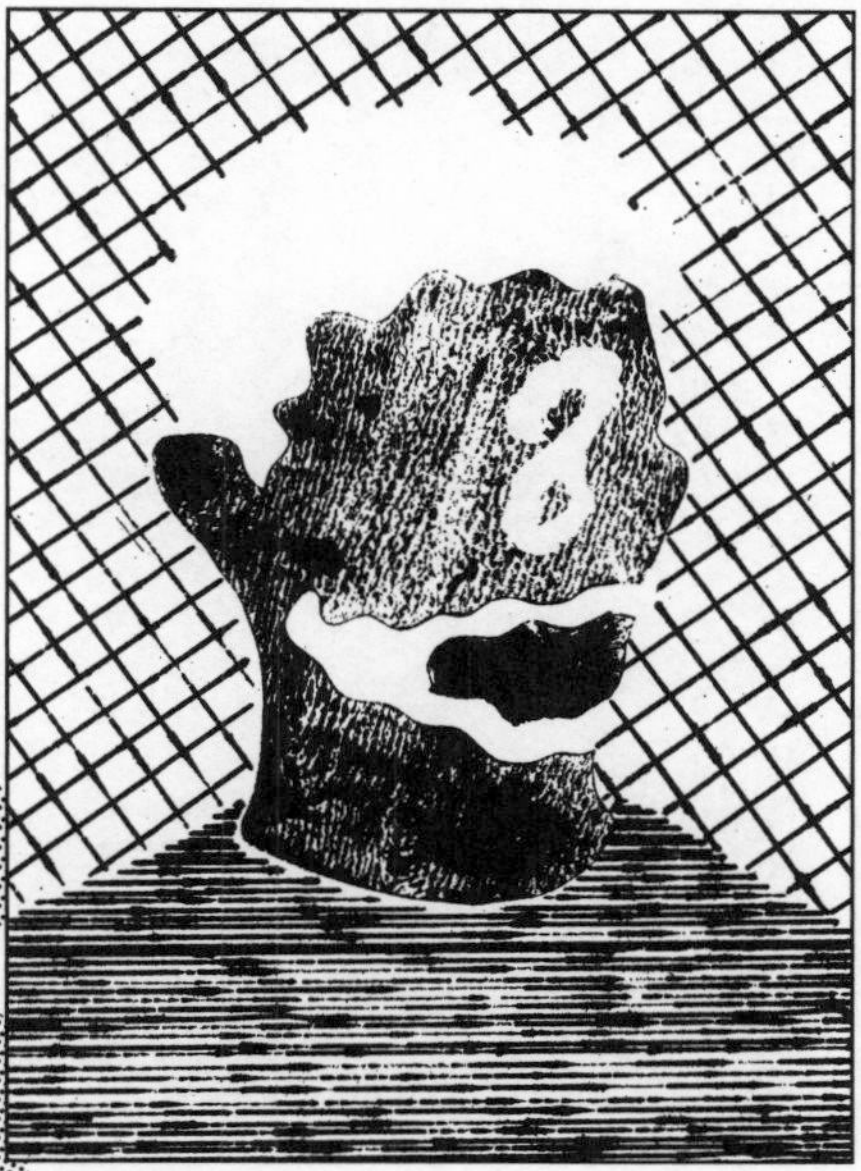

才能《ギフト》か、呪いか

僕はロンドンの美術館〈テート・モダン〉の大ホールに座っていた。周りにいるのはアーティスト、ミュージシャン、教授、研究者たちだ。モダンアートに関心がある旅行者も何人か交じっている。まばゆいスポットライトの下、ステージに敷かれたレッドカーペットが活気をもたらしている。この週はミラータッチ共感覚とアートとの関係についてのシンポジウムが開かれ、いくつか予定されているインタビューのひとつが始まろうとしていた。

英国共感覚協会の会長を長年務めているジェームズ・ワナートンは、革製の紙挟みを開き、用意してきた質問リストに目を通した。ジェームズは言葉や文字に味覚をはっきりと感じ取る共感覚者だ。モルトビネガーの味やヘアスプレーの香りなど、具体的で強烈なものと結び付けることもある。インタビューを受けるのはフィオナという若い女性だ。黒いレザージャケットを着て、ふくらはぎの真ん中あたりまでのブーツを履いている。彼女はジェームズの質問に答えるべく、右脚を上にして脚を組んだ。

僕は二列目の席で、フィオナから発せられる色に心を奪われていた。慎《つつ》ましげなプラム色の3に、淡く親しみやすい青の4が放射状に点在し、青緑色の7が点々と縁取りしている。一風変わっているが、親しみの感じられる組み合わせだ。ミラータッチ共感覚者とじかに会うのはフィオナが初めてで、まるで遠い親戚と会うような気持ちになった。親近感と距離感を同時におぼえ、胃の中でさざ波が立ち、指先は震え、つま先がむずむずする。フィオナの眼鏡が鼻梁に載っている感覚も、額に髪がかすめている感覚も、自分のものとして得られる。

ついにフィオナが話し始めた。会場はしんと静まりかえった。

「具体的にどういうものなのか、アメリカで経験したことをお話ししてみようと思います。私はそのとき車の中にいて、駐車スペースをめぐって喧嘩している二人の男性を見ていました。ひとりがもうひとりを殴ったとき、私は自分が殴られたように感じ、気を失いました。殴られている人を見ただけなのに。医療チームはわけがわからず、何か発作でも起こしたのだろうと考えました。ミラータッチ共感覚について知ったのは、イギリスに戻ってからでした。自分の正しさを証明されたように感じました」

僕は聴衆を見回した。人々から感じ取れるのは驚嘆、そして憐《あわ》れみだった。僕は今までこの点について考えまいとしていたのだろうか。つまり、ミラータッチ共感覚は憐れむべき「病気」であり、治療すべき病気だと？　苦い後味が口の中に広がっていく。たぶんみんなが感じているとおりなのだろう――ミラータッチ共感覚はおそらく病気というよりも悲劇的な呪いなのだ。

共感覚者の中には、共感覚は才能《ギフト》だと信じて疑わない人々がいる。そういう人々は、内面世界と外界に存在する緊張を和らげ、「現実の」物体と自身の共感覚との間に生じる神経の隔たりを仲介する方法を見出したのだろう。オブジェクト指向存在論と思弁的実在論の中心的人物である哲学者のグレアム・ハーマンは、外界に存在する物体の「現実性」は経験不可能だと論じた。人が経験できるのは物体から知覚される、たとえばサボテンのとげの痛さや見上げた空の青さなどの「感覚」だけであると。

でも、僕たちはその逆も経験できる。バスケットボールを想像してその色や重みを感じたり、ユニコーンを想像してその手触りや匂いを感じたりできるように。つまり、想像上の物体であっても、リアルな感覚を体験できるのだ。バスケットボールもユニコーンも脳内では「現実の」特性をもっている。それは共感覚も同様だ。

ただ、この感覚が知覚された存在となるのは、脳がハイパーネットワークのような共感覚の神経網を通じて、その特性を組み立てるときだけだ。言い換えると、共感覚による感覚は、脳内のもつれた共感覚反応が完全に誘発され、意識の中に入り込んだときにのみ知覚される。こうした神経網が誘発されなければ、共感覚はたとえ発現しても、何の影響も及ぼさず無害のままゆっくりと脳内から消えていく。

僕は他者の動作、服装、姿勢から物理的な感覚を得ている。けれど、誰かが歯の隙間に挟まったほうれん草を取り出すのを見て、幻の指が僕の口の中をいじくり回しているように感じることもあれば、誰かのシャツの襟の感覚が反映されないこともある。それでも、共感覚がこのもつれた神経網を強引に誘発するときは、現実と非現実のものとを区別できなくなることが多い。共感覚者がこれをきちんと区別するためには、背景となる精神的プロセスが円滑におこなわれる必要がある。また、区別できないほど鮮烈な経験をしたときは、意識的にこれを克服するという涙ぐましい努力が求められる。とくにフィオナのような共感覚者は、共感覚の中にどっぷり浸らないと、外界や自身について新たな洞察を得られないからだ。

フィオナは、二十代前半まではほとんど都会や人混みを避けていたそうだ。でも、彼女は今ここにいる。大勢の見知らぬ人々を前にして、気さくに語りかけている。フィオナの話を聞いているうちに、僕は額にかかる髪の感覚などが気にならなくなっていった。フィオナはほほえみをたたえ、心の底から楽しそうに笑いながら、日常生活で生じる思いがけない出来事を語り、ミラータッチの共感覚体験には本当に感謝していると強調した。ミラータッチがあるからこそ、家族や友人とより親しくなれ、気持ちをより理解できるようになったのだと。

僕はいつしか肩の力を抜き、椅子にゆったりともたれていた。フィオナが惜しみなく発するほほえみやくすくす笑いが、僕の全身に反映されている。その感覚が心地よい。彼女はなんと明るい4をきらめかせているのだろう。共感覚のとげとげしさを取り去り、感謝のみを抱いているように思える。

人前でここまでオープンに個人的な話ができるフィオナが羨ましかった。この日は僕も講演することになっていた。シンポジウムの主催者は才能あるアーティストで、僕の見方を共有したいから、と招いてくれたのだ。でも、その意図を僕はよくわかっていなかった。フィオナを見ていると、自分の番になったら、この厄介で内面的な共感覚の世界について言いよどんでしまうだろう。医師として自分の「プロフェッショナルな温かみ」を示しつつ、予防策として肘まである分厚いゴム手袋をはめて聴衆にアプローチするのが関の山だ。

でもフィオナは、彼女の4は、星屑《ほしくず》のきらめく紺碧《こんぺき》の空で優雅に舞っている。冷たく輝く光を放ちつつ、見事なコーラスの中で「自分を消し去ってはだめ」と繰り返し歌っている。僕は彼女の4にくぎ付けになった。こんなふうになれたらどんなにいいだろう――自我を誇り、軽やかに生きられたら。ミラータッチ共感覚者であるフィオナは、どうやってこの境地に達することができたのだろう？

シンポジウムの最後に、僕は主催者からフィオナを紹介された。お互い他のミラータッチ共感覚者に会ったことがなかったため、主催者側が舞い上がっているようだった。僕たちは心を込めて握手をし、ぎごちなく言葉を交わした。フィオナも僕も信じられない思いだった。お互いに目を見つめないよう努め、心持ち距離を置き、肩とつま先は出口のほうに向けていた――自分の恥ずかしさが彼女に反映され、さらにそれが僕に反映される。それとも逆に、彼女の恥ずかしさが僕に反映され、またさらにそれが彼女に反映されていたのだろうか？　話が社交辞令の域を出ないうちに、彼女も僕も他の出席者から声をかけられていた。

そんなわけで、フィオナと過ごした短い時間は、探り合いだけであっけなく終わってしまった。お互いに、相手が本当に同類なのかを知ろうと――相手を通じて自分を知ろうと、ぎごちなく探り合っていた。僕は会場を出る前に、もう一度会いたいと彼女に言った。今度会うときは社交辞令を抜きにして、個人的なことをずばり訊いてみたい。今まで心の中で自問するだけだったことを。フィオナも同じ気持ちだった。

それでも僕は失望を禁じ得なかった。現実と非現実の食い違いを調整しながら共感覚体験を積む方法を知りたかった。精神面を鍛えれば実現可能かと思われたが、実際にはつかみどころがない。僕は考えが甘かった。幼稚だとすら言えた。ひとりの人間にあまりにも期待しすぎていた。自分が求めている洞察の本質だけをカップに満たし、口まで運んでくれるのを待っていたのだから。

ロンドンへの旅は、僕が共感覚をもっとうまく扱えるきっかけになればと企画されたものだった。ユニバーシティ・カレッジ・ロンドンの著名なミラータッチ共感覚の研究者、ジェイミー・ウォードとマイケル・バニシーから協力を求められたのだ。当時、僕は病院で患者や同僚から受ける共感覚から抜け出せず、もがき苦しんでいた。共感覚の余韻を一日じゅう引きずっていたくなかった。共感覚の世界に自由に出入りできるようになりたかった。

数年前にラマチャンドラン博士の研究室から招待されたときのように、僕はウォードらの招待にも応じることにした。彼らの研究室で一週間、僕はさまざまなテストを受けた。自分の心拍数を推定することで内観的な能力を測定するといったローテクなものもあれば、カーテンと義手を使って手の込んだイリュージョンを仕立て上げ、僕が身体をどこまで自分のものとして感じられるのかをテストするものもあった。

このイリュージョンは、全身が映る鏡の前に座り、頭以外は薄い青のシーツをかけられ、背後にも同色のカーテンが吊るされた。カーテンには僕の肩の高さに穴が二つあり、実験者の女性がそこから両手を出す。彼女もやはり薄い青のブラウスを着ていて、その袖に縫いつけられた白い袋をはめている。

僕は鏡を見つめ、ヘッドホンから流れてくる指示を聞く。

「手を振るジェスチャーをしてください」すると、白手袋をはめた手が僕の代わりに鏡に向かって言われたとおりにした。「鏡を指さしてください」言われたとおりに手が指さした。「指を二回鳴らしてください」ところが手は指示にそむき、手招きをした。

この実験は何度も繰り返しおこなわれた。手は指示どおりに動くこともあれば、指示とは異なる動きをすることもある。実験の合間に質問がおこなわれる。そうして実験が進むにつれ、僕はこの白い手を自分でコントロールしているような気分になっていった。手の動作が指示と一致しているときはとくにそう感じたが、一致していないときでも、自分の手のような感覚はつねにあった。ミラータッチ共感覚者は自己と他者を区別する脳内プロセスがおそらく機能しておらず、その結果、本来備わっているはずの境界が曖昧になってしまう。心理測定実験の結果は、この一般的な仮説（僕自身の個人的な仮説でもある）を裏付けるものだった。

僕はまた、視触覚に関する悪名高いストループテストを受けた。一致か不一致かに対する反応時間と正答率から、ミラータッチ共感覚者を識別するテストだ。「タッパー」と呼ばれるプラスチックの装置をテープで顔に貼りつけ、ビデオを見る。映像では女性が右頬、左頬、または両頬を軽く叩かれる。同時に、僕自身もタッパーで頬を軽く叩《タップ》かれる。そのたびに僕がどちらの頬を叩かれたのかをボタンを押して示す。映像の女性とタッパーによる刺激がミラータッチの感覚と一致するときもある。つまり、彼女の左頬と僕の右頬、彼女の右頬と僕の左頬だ。また、両者ともに同じ側を叩かれるときもある。彼女の左頬と僕の左頬。彼女の右頬と僕の左頬。どちらの場合も、叩かれたらすぐにボタンを押さなければならない。映像もタッパーによる刺激も矢継ぎ早におこなわれるため、考えている暇はない。

しまいに僕は現実の刺激とミラータッチの感覚とを区別できなくなった。そして結果が出た。「不正解と反応時間のどちらも、あなたがミラータッチ共感覚者であることをはっきり示しています」とテストをおこなった大学院生が言った。ミラータッチが才能《ギフト》なのか呪いなのかは、いまだにわからない。でも、少なくとも妄想でないことだけははっきりした。

ミラータッチ共感覚者としての自分の特徴を理解するのは、医者として生きていくために必要なだけではなかった。私生活でも僕は自分の感覚に苦しんでいた。ジョーダンとは違う人間だ、とよりはっきり認める必要があったからだ。ロンドンに行ったのは、彼と結婚して数カ月後だった。僕たちの結婚式は、共に人生を築いていく二人の、厳粛で喜びに満ちた誓いの場となるはずだった。だが結婚式が近づくにつれて僕は疑念を抱き始め、結婚後まもなくそれが大きくなっていった。それでも、クリスティーナのときと同じように、気のせいだと自分に言い聞かせ続けていた。

この頃、僕はすでに自分の現実を歪めるすべを身につけていた。それでも、歪んだ現実の中にあってもなお、ジョーダンに深く沈んでいくにつれ、息の詰まるような圧力を感じていた。人間関係を築くには努力がいる。僕がすべき努力とは、誰よりもまず自分自身を愛し、なおかつジョーダンに無条件の愛を示すことだった。つまり、自分がより自分らしくなれるようにしつつ、ジョーダンがより彼らしくなるよう手を差し伸べるということだ。でも、どうすれば自分の共感覚を抑えられるのだろう?

他者と一体化して自分を見失うようなばかな真似はもう二度としない。僕は何度も自分に言い聞かせた。クリスティーナとの関係から学んだではないか。ジョーダンと一体化したら身動きが取れなくなる。そうならないよう努めたが、遅すぎた。彼という人物を完全に理解するために、僕はミラータッチ共感覚を最大限に利用していた。より良いパートナーとなるためには、自分を愛するようにジョーダンを愛するためには、彼の中に自分自身を見なければならない。これはクリスティーナのときとは違う、精神科病棟で自分を見失いそうになったこととも違う、と僕は強く自分に言い聞かせた。

結婚式を間近に控えた頃、僕は自分を完全に見失うリスクを冒した場合に備え、救出策を考えていた。自分の中でルールを設定し、もしジョーダンがそのひとつでも破った場合は結婚せず、きっぱり彼と別れよう。ところが、結婚の誓いをしてわずか数時間後、僕は助けを求める自分のかすかな叫びを押し殺していた。口をふさいだのは羞恥心の残骸と、無条件の赦《ゆる》しだった。どこからそういうものが出てきたのか、僕にはわからなくなっていた。

ロンドンでフィオナに、そしてバニシーとウォードに答えを求めたものの、僕はさらに多くの問いを抱えて帰国した。現実と非現実の間で、あとどのくらいさまよっていられるのだろう。ガラスのような空からはますます遠ざかり、共感覚がもたらすかすかな光に魅せられ、深みにはまっていくと自分でわかっていた。

フィオナとは一年後に再会した。といっても、パソコンのモニター越しに。意外にも、これはミラータッチ共感覚者同士が交流するのに理想的な方法だった。フィオナは椅子にゆったりと座り、背後からフロアランプに照らされている。一万キロメートル離れていても、モニター越しでも、彼女の表情はちゃんと僕の顔に反映されるのだ。画面の片隅に映っている棚には、本とハーレイ・クインのフィギュアが置かれているのが見える。くすんだベージュにオレンジ色のストライプが入ったカーテンが、外からの光をさえぎっている。僕たちは最近の出来事から話し始めた。フィオナは自宅でペットサロンを開き、繁盛していると言った。学習障害と職場のテクノロジーに関する論文の最終発表を控え、今はその準備の合間に仕事をしているそうだ。

フィオナの話に集中するため、僕はモニターの白く輝く電源ボタンを見つめた。ふと顔を上げると、フィオナも同じことをしている――二人のミラータッチ共感覚者が相手と目を合わせずに話し合っている。お互いの視線に気づいたフィオナと僕は座ったまま背筋を伸ばし、同じことをしていたと笑い合った。そして話題は核心へと向かった。

フィオナは大学ノートに質問リストを走り書きしていた。僕のほうは、訊きたいことはひとつしかなかった。フィオナはどうやってミラータッチを「呪い」から「才能《ギフト》」に変えたのか？　一年前にロンドンを訪れたときからずっと引きずっている問いだった。

「幼い頃からミラータッチとなんとか折り合いをつけてきたのよ。最初のミラータッチ共感覚は今でもはっきり覚えている。七十年代後半には南アフリカでもテレビを見られるようになって、うちも一台買ったの。家族で映画『かわうそ物語』を見ていたとき、自分には見られないものがあるとわかった。映画の中で、土地を耕していた農家の人の前にカワウソが現れたの。彼は持っていた鋤《すき》でカワウソを殺した。そのときのぞっとした感じは忘れられない。自分がカワウソを殺したように感じたの。ショックは一カ月ほど続いた。母には何度も言われたわ。『三つのFを思い出しなさい。感情は移ろいやすいものよ、フィオナ（*Feelings are Fickle, Fiona*）』。映画だとわかっていたけれど、とてもリアルに感じられた。何かを見て大きな影響を受けたのは、あの時が初めてだった。ああ、他の人の経験を感じられるといっても、感じ方が人とは違うっていうのはあなたもわかるよね」

フィオナが幼くして体験した共感覚は、「現実の」世界では生きられないのではないかと思うほどのものだったのだ。

「音に関してはね、通りを歩いていて車が横を通り過ぎるとき、何かにこすられるような感覚がある。車に追い越されるときは、肩甲骨から腕へ、向こうから車が来たときは、逆に腕から肩甲骨へって。人が足音を立てて歩いているのを見ると、本当に変なんだけど、自分の身体の上で何かが動いている感じがするの。何かが触れ、動いているって。

味覚については、子どもの頃は母から砂糖をどっさり与えられていた。おかずにも、パンにも、とにかく何にでも砂糖をかけるときもあった。今でも自分で紅茶を淹《い》れるときは、ティーバッグ二つに角砂糖を三つ使って、とても濃く甘くしているの。甘いものを味わうと、とろけるような気分になれる。ソフトクリームが溶けるような感じかな。ふんわりとした心地よさ。クリームの冷たさは感じないんだけど。

スーパーに行ったときは、お肉売り場は大急ぎで通り過ぎるの。パックしてあっても、生肉とその匂いが鼻に充満する覚感に陥ってしまうから。あとは食料品の棚の間を歩いたり、レストランで他の人が食事しているのを見たりすると、それとは関係ない味がしたり、自分が食べている感覚がしたりするかな。これはどうすることもできない」

フィオナの話を聞いていて、僕はCCを思い出した。CCも多重共感覚者だ。明らかにミラータッチ共感覚者だとは言えないが、いくつかの共感覚に加え、「痛み」についての独特な共感覚がある。彼女は傷ついている人、痛みを感じている人を見ると、自分の体内に共感覚的な痛みを感じる。ただ、その感覚は僕のような鏡《ミラー》の配置ではない。CCは自分の騒々しい多重共感覚について、フィオナとはやや異なる見方をしている。

「私にとって共感覚は、早くから文字を読めたせいもあると思う。数字や文字はほんとに鮮やかに彩られている。ひとつひとつの色は、とくに鮮やかだったり原色だったりするわけじゃないんだけど。アルファベットには原色の赤も黄色もないの。それでも、文字や数字を初めて見たときには色も見えていたから、覚えやすかった。白いページに黒のインクだけというわけではなかったしね。私の記憶力は並外れているんだけど、これは共感覚のせいだと思っている。記憶をずらりと並んだフックにたとえるなら、共感覚者はそうでない人よりフックをたくさん持っているんだと思うの。フックが多ければ、そこに引っかけられる物も多いから」

　フィオナとCCの幼少期体験はずいぶん違う。CCはごく自然に、共感覚の恩恵を受けていた。共感覚者の中には、生まれながらにして共感覚の呪いにうまく対処できる人もいるのだろう。また、幸運に恵まれ、共感覚の利点のみを享受している人もいるのだろう——対処に苦しむことのない、穏やかな共感覚だ。僕の場合、色字共感覚は子どもの頃からほぼ無害だった。自分の感覚に一番近い色で文字や数字を彩りたいと今でも思うけれど。

　フィオナと話していたとき、モニターが急に真っ黒になった。ふわふわした毛並みの大きな黒猫がカメラの前で尾をひと振りした。フィオナが優しく抱き上げると、猫は彼女の左肩に上った。そして猫が床に飛び降りるとき、尾が彼女の鼻の下をかすめた。

　僕は鼻がむずむずしていた。「動物へのミラータッチは人と比べてどうなの?」

「人のほうが強いかな……。でも、動物とは違いがはっきりしている。人の言葉は非言語的コミュニケーションと一致するとは限らないでしょう。動物は尻尾を振るし、吠《ほ》えたり唸《うな》ったりするときもある。言葉ではないけれど、動物の感情は解釈しやすいの。私が見るものと同じだから。だから、人よりも動物と一緒にいるほうがずっと気が楽よ」

フィオナは一瞬口をつぐんだ。

「昔のことだけど、近所の男の子たちが、私の目の前で動物を傷つけたら、私がひどく反応するって気づいた。彼らは私を苦しめる方法を次々に思いついたの。怖かった。私の目の前でトカゲのしっぽを切り落としたこともあったし、私のネズミも」

ごくりとつばを飲みこむ感覚がモニター越しに伝わった。フィオナの視線は泳ぎ、部屋の片隅へと向かう。僕は腹の底からわき上がる苦悩を感じ取った。

「ネズミを飼っていたの。メスで、白くて、目はピンクで、尻尾は長かった。どこに行くにも私と一緒だった。いつも肩に乗っていて、よく声をかけたものだった。あるとき、例の男の子たちが後ろから近づいてきて、私の肩からネズミをさらったの」フィオナの声から抑揚がなくなった。

「あの子たち……私のネズミを破裂させた」

「破裂させた？」僕はぞっとして聞き返した。

「私の目の前で押しつぶして……体が破裂した。恐ろしかった。かわいがっているペットだから、友達だからっていうだけじゃなく、自分の身体も破裂したような感覚に襲われて、息ができなかった。羽交い締めにされて、目の前にネズミを突きつけられて、逃げ出すこともできなかった」

「どうやって立ち直ったの？」

「怒りを募らせた、いろんな怒りをね。私より年上の人たちに対しても、大人に対しても。私が繊細すぎるからって、父は私を鍛えようとしたんだけど、かえって逆効果だった」

フィオナは何度も脚を組み替えた。

「自分がどんな目に遭っても、相手に対する共感覚はつねにつきまとっている。父のやり方よりも、共感覚に頼るほうが効果的なんじゃないかって思う。怒りなんかの感情に対処するにも、そういう感情を理解するにも役立つから。共感ってそういうことだと思う。いじめっ子が人をいじめる理由も、自分がターゲットにされる理由もわかる。相手に同情するってことじゃない。どうしてそういう行動をとるのかがわかる、それだけ。相手を赦すのとも違う。生きるってことの一部なんじゃないかな」

フィオナが初めて共感の重要性に気づいたのは子どもの頃だった。父親は仕事から帰ってくると機嫌が悪く、二つのものを要求した。ウイスキーと、放っておいてくれること。だが、フィオナの母親はウイスキーを注ぎながら愚痴をこぼす。幼子を二人抱え、家から出られないことへの不満を募らせていたのだ。今日フィオナはああした、こうした、ほんとに悪い子だ。その後フィオナは父親からベルトで叩かれる。父は自分の怒りを発散させようとして私を叩いているだけじゃないのか、と幼いフィオナは思った。でも、父親は他のしつけ方を知らなかった、というのが実情だったのだろう。

「父に叩かれるのは、気持ちのうえでは対処できた。なぜ、どういう状況で父がそうするのか、わかっていたから。私はよく独り言を言っていた。『ママはまたパパを怒らせるんだ、そうせずにいられない人だから。またパパに叩かれちゃうけど、大丈夫』って。誤解しないでね、叩かれるのはやっぱり怖かった。怖くておもらししちゃうこともあった。そんなときは、ぎょっとした。でも、とにかく、そういう状況になるたびに自分に語りかけていた。それが自分なりの対処法だったの。でも、だからといって、トラウマを誰かに話す必要はないっていう意味じゃない。他人の貴重な感覚を得ることも必要。自分の感覚がわからなくなることは誰にでもあり得るのだから。ミラータッチ共感覚があるから、自分には過失がない、ということにはならない」

当時のフィオナは共感覚に助けられていると感じていた。怒りは潮の流れのようなものだ。共感覚を頼りに怒りの海を泳ぎ、波に乗って進む。父親から叩かれると、潮流がどこかべつの場所に運んでくれる。あるとき、父親はフィオナを叩いたものの、なんの反応も得られなかったため、激怒した。

「私が反応しなかったのはね、私だって痛かったけれど、父の痛みはそれよりはるかに大きなものだと感じたからなの」

フィオナはミラータッチ共感覚を通じ、父が心に抱いている痛みを感じ取っていた。

僕はジョーダンのことを思った。結婚式を挙げてから一年以上経っている。彼と一体化してしまうのは相変わらずだが、自分が共感覚から力を得ていることに気づく瞬間がよくある。僕は自分を愛し、赦し、自分に対して思いやりを示すまでに成長していた。その結果、ジョーダンに対しても、同じような愛や赦し、思いやりを感じられるようになっていた。彼に愛や優しさを与えれば与えるほど、自分自身への愛や心遣いを感じることができる。でも、自分に対する愛をここまで意識しなければ気がすまないというのは、いったいどういうわけなのだろう？　自我の辺縁でこういうことが生じているのか？　だいたい、他者との境界線はどこに行ってしまったのだろうか？　ジョーダンの身体に触れるたびに、かすかなむず痒《がゆ》さが手に反響して「おまえ自身はどうなんだ？」と問いかけてくる。

「十一歳になったとき、もうベルトで叩かれるのは終わりにしようと思って父と話をしたの。そうしたら『おまえがそんなふうに思っているとは知らなかった』って言われた。そこまで考えられるとは気づかなかった。父は不思議な気持ちだったんだと思う。父と深い会話ができるようになったのは、それからだった。父とはずいぶん親しくなれたわ。たぶん、私は父が思っているよりずっと大人びていたんでしょうね」

フィオナの目には疲れが見てとれるが、ほほえみを浮かべたのを僕は感じた。僕は話題を変えようと思い、今でもアフリカーンス語を話すのかと尋ねた。

「うん。オランダ語の単語もわかる。でも、言葉って結局はそれほど重要じゃないの。人が自分を表現しているとき、私が実際に感じ取るのは相手の顔に映し出される感情だけだから。あなたは外国語を話す人たちと一緒にいたことがある？　ミラータッチのおかげだと思うんだけど、私はボディランゲージを文章のようにはっきり読み取れるの」

僕はフィオナとの共通点を知ってほっとした。ミラータッチ共感覚は言葉の壁を溶かし、人との間で共有される言葉に出せないものをさらけ出す。

以前、ロシア語を話す患者がいた。年配の女性で、軽度の脳卒中を患っていた。脳卒中は大きさよりも位置が問題になる。彼女の場合は、バランス、調整、平衡感覚をつかさどる小脳で起きていた。小脳は視覚野の下、脳幹の隣にある。つねにめまいを感じていた彼女と僕たちは、ロシア語通訳を介してやりとりした。彼女は卒中が再発しないよう、運動して食事にも気を付けていると嬉しそうに語った。診察時間も終わりに近づき、僕が診療記録をつけ始めたそのとき、ミラータッチの感覚が急に変わった——肩をいからせ、ほほえみを浮かべていた彼女が、肩をすぼめ無表情になっている。何か伝えたいことがあるのではと気になった。

「食事制限を守ってもらえて嬉しいですよ」僕は褒めた。「でも、本当につらい目に遭われて、今もめまいが続いていますよね。他に何か問題はありますか？」

通訳がそれを訳し始めたとき、彼女はわっと泣き出した。健康的な食事を守っているのは、再発が怖いからだという。彼女は死の恐怖に怯え、深い苦しみの中にいたのだった。

フィオナは続けた。「人と話していて不安になるときがあるの。相手は言葉に出さない何かを抱いているんじゃないかって感じる。でも、本当にそうだっていう確信は持てない。自分が何を読み取っているのか、その感覚はどこから生じてくるのかを考えなければいけないの。とくに、相手を疑っている場合は判断が難しい」

共感覚から得られる印象を無条件に信じることについて、フィオナも不安を感じているとわかり、僕は心底ほっとした。高校に入学した頃はすでに、他の生徒の精神状態を推測したらどういう結果を招くかわかっていた。下手すると嘲笑され、力ずくでロッカーに閉じ込められたり、突き飛ばされたりすることもあった。言う相手やタイミングを選ばないとだめだと痛感した。自分の神経網に裏打ちされた直観を信じつつも、親切心からそれを口にするときには謙虚さを忘れてはならないのだ。

フィオナの場合も大差なかった。彼女は誰かの動きや表情に違和感をおぼえるとき、それは感情の変化によるものだと察知する。悩み事があるのかと思いきって相手に尋ねることもある。その場では否定されても、たいていは何日か経ってから、やはりそうだったと相手から言われるそうだ。「人の心を知るって本当に難しい。こういう共感覚の経験ってとくに根拠があるわけじゃないから。証拠なんてものはないしね。それでも、私は自分の本能を信じている。たとえ自分が間違っていても、むきにならないようにしているの」

フィオナは数学のラムゼー理論を自然に会得していた。この理論によると、充分な情報があれば、説得力のあるパターンが浮かび上がる確率はほぼ百パーセントだ。人類は生き残るために、ノイズが多々ある中でパターンに気づく能力を進化させてきた。僕たちの脳は、意図なり意義なりを、たとえそういうものがなくても見つけ出すよう作られている。

「私は何か感じ取っても口に出すことはめったにない。そのほうがいいと悟ったから。でも、人とのやりとりを変えることはある」相手が失礼な態度を取ったり、不愉快なことを言ったりした場合、その人の弱さに気付いていればそれが緩衝剤となり得る、とフィオナは感じている。

フィオナがこうした意味深い細々とした点までざっくばらんに話してくれて、僕は心を揺さぶられる思いだった。本当にうれしかった。彼女の話に耳を傾けながら、僕は自分が才能《ギフト》と呪いを天秤《てんびん》にかけ、微妙なバランスを取っているような気がしていた。他の人たちも、「ギフト」の皿に僕と同じくらい分銅を載せているだろうか、と思いながら。

それでも、共感覚は部分的に双方向性であるだけに、感覚のノイズが増幅することもある。言葉は味をもたらし、味は言葉をもたらす。その言葉がさらに味をもたらし、己の尾を噛むウロボロスのように際限なく続くのだ。この連鎖が不快であれば、共感覚者にとってその体験は苦痛となる。たとえば、痛みの共感覚を持つCCは、医者になるという子どもの頃の夢を諦めざるを得なかった。誰かの手に切り傷があるのを見ただけで、強い電流が脊椎から脚へと流れ、激しいショックを受けた状態になるからだ。場面が血みどろであれば、反応はいっそう大きくなる。「まるで頭の中が火事になったみたい」とCCは言っていた。

共感覚者は誰しもこうした内面で生じるつながりに翻弄されるため、幼い時期から孤独を感じる傾向がある。僕の場合は、自分と同じような感覚をほんのかすかにでも持っている人が周囲にいなかったためだと思う。

他の人たちを理解するのは難しかった。ミラータッチ共感覚者の場合、さまざまな共感覚の層が加わるため、よけいに対人関係が難しくなる。僕は幼年期から思春期前期まで、人とまったく異なるという感覚と、人とまったく同じだという感覚の間で、なすすべもなく立ち尽くしていた。たいていの人が他者とつながりをもつような状況を、僕は避けていた。自分が苦しむことになるという予感は、苦しみそのものよりもつらい。命が危険にさらされるわけではないとわかってはいるのだが。苦しみは恐怖に火をつけ、その後に憎悪や怒りの導火線にも火をつける。自分が孤立している苦しみ、拒絶されている苦しみ、そこに他者から反映された苦しみが加わるのだ。本当に気持ちが萎える。だから人を避けたいという誘惑に駆られてしまう。

これは最も原始的な反射行為だ。苦しみが大きければ、それだけ逃げたい気持ちも大きくなる。傍目《はため》には「よそよそしい」「人を見下している」「ちょっと気分がすぐれないようだな」といった程度に映るだろうが、本人は逃れたい一心で必死に床板を爪で引っ掻いているのだ。

もっと幼かった頃は、自分が欠陥品のように感じていた。CCの隠喩を使えば、みんなで火の中に飛び込む遊びをしているのに、どういうわけか自分だけは難燃性ではない、という感じだった。孤立するなかで、僕は緊張を解くためならどんなことでもした。文字を「正しい」色で書く。目にした人の姿勢や聞こえる音を「正しい」ものとして意図的に反映させる。幻の指紋がついた我が身に触れてみる。そうすることで、外界と自分の内面世界を一致させようとしていた。精神分析は共感覚者とその知覚の関係を考えるための枠組みを与えるものだ、と今にして思う。

「自我親和的」とは自分のセルフイメージとの調和を意味するが、共感覚者の場合は、自分の行動、価値、感情、知覚が自我にとって欠かせないものと感じられるときを指す。逆に、それらが自分のセルフイメージと噛み合わないときは「自我異和的」であり、たとえばトゥレット症候群の患者やチック症で悩む人たちによく見られるような反応をもたらす。自我異和的な反応は、ある特定の音（ものを嚙む音、単語の「イー」と伸ばす音など）に嫌悪を抱く音嫌悪症候群の人たちにも見られ、日常生活に支障をきたすほどにもなる。

フィオナと再会する前に、僕はアビシャイという若いミラータッチ共感覚者と出会っていた。彼は僕と同じく多重共感覚者だが、まだ思春期の苦しみのさなかにいた。アビシャイは蛍光灯が発するブーンという音を聞くと、必ず激しい不快感を覚える。共感覚がもたらす苦しみは全身を揺るがすほどで、それを終わらせたいということが彼にとっての自我異和的な経験なのだ。

アビシャイは、若い世代の共感覚者が直面している共通の問題を、当事者として洞察することができる。たとえば、ミラータッチ共感覚者は他者の感情を反映して圧倒されることがある。アビシャイはわずか十一歳でそれを経験した。同じクラスの女の子が交通事故に遭い、脊髄を損傷して下半身が麻痺したのだ。アビシャイは彼女に会うたびに、彼女が抱えるさげすみと悲しみの重みに息苦しくなった。彼女はけっして怒りも憎しみも表に出さないため、たいていの人からは楽観的で立ち直りの早い子だと思われていた。

同じ頃、別のクラスメイトが原因不明の重い病気になって入院し、輝く若さをすっかり失ってしまった。アビシャイは、悲劇に見舞われた二人のクラスメイトの心情を我がことのように感じ、激しく苛まれた。どうしたら二人の力になれるか、幸せを感じてもらえるか、そして、どうしたら自分の中に反映されるこの暗い気持ちを追い出すことができるのか。何度も繰り返し考えるうちに、アビシャイは気もそぞろになっていった。授業中、先生の話に集中できない。やるべき課題にも身が入らない。

アビシャイの場合、ミラータッチ共感覚は概して、他のさまざまな共感覚の層のいちばん上にある。宿題をやり始めても、単語の味や音の色に気が散ってしまう。数学は無理だと感じた。アビシャイは僕と同様、数字に色と人格を感じ取る。彼にとって、2は黄色でおしゃべりだ。では、2＋2は？　黄色のおしゃべりな2の一対であり、4にはなり得ない。彼の4は緑で、外向的で、人に教えたがりな性格なのだから。

アビシャイは学校以外でも、打ちのめされそうなほど大量の共感覚のノイズに見舞われていた。誰かと話していると、全身がシロアリの大群に包まれたようにむずむずする。何年もの間、彼は帰宅すると家の地下室にこもり、明かりをすべて消す日々を送り続けていた。しんと静まりかえった暗闇にいれば、絶え間なく続く感覚から解放される。彼は絶望の末に、感覚遮断にすがったのだ。

「あの子にとって、一日を乗りきるのはまさに闘いなの。とてつもない集中力とエネルギーを使っているのよ」アビシャイの母親は僕に打ち明けた。

「自我」や「自己」の主観的な体験は、自己崩壊からも影響を受けることがある。僕も含め、ミラータッチ共感覚者は、共感覚による他者とのつながりに飲みこまれると、自分の境界が崩れてしまうのだ。自分を取り巻く世界との一体感に包まれ、自分は境界のない存在だと感じるあまり、どこまでが自分の身体で、どこからが外界なのかがわからなくなることが多い。

フィオナはかつてイギリス、エセックスの農村でコテージに住んでいた。「妙に聞こえるのはわかっているんだけど、痛みを感じるときって色も感じるの。青かオレンジ。オレンジは痛みが本当にひどくなったとき。ある朝、まだ子犬だった私のコリーに蛇が見えた。あの子を見るたびに、蛇が二匹ぶつかり合っている感覚があるの。それに、青みがかったオレンジ色も見えていた。幻覚じゃないわよ。共感覚の目にはそう映っていた」

コリーは元気そうに見えたが、フィオナは何か変だと感じ続けていた。それから三日後、コリーはとても具合が悪くなった。フィオナは獣医がいる別の村までタクシーで向かった。コリーは毒を摂取していた。フィオナは近所で殺虫剤が使われていたことを知り、薬剤名を突き止めた。毒は中和され、コリーは元気になった。フィオナは自分が体験したことに驚き、ためらいがちに、だが落ち着いて語った。「自分に予知能力があるんじゃないかって思った。本当に不思議だった。共感覚がなければぜったいに感じ取れなかったと思う」

自我の崩壊や予知能力というと、こめかみに指を置く霊能者や霊媒のイメージが思い浮かぶだろうが、少なくともフィオナの場合は共感覚による相乗効果と、おそらくは変化に敏感だったため、他の人には気付けない微妙なことに注意を向けることができたのだろう。彼女は情報を自分の中にある既存の記憶に照らし合わせて評価し、脳が命じるままにパターンを認識する。そのパターンに意味を見出して行動に転換し、前向きな結果を得る。この体験が神秘的なものだったのか、たまたま運良く推測が当たっただけなのかは問題ではない。彼女の行動がどのようにして導き出されたにせよ、フィオナは奇跡的にひとつの命を救ったのだ。

こういった体験は、LSDを使った非共感覚者の錯覚と非常に似ている。インペリアル・カレッジ・ロンドンのロビン・カハート＝ハリス博士は、『米国科学アカデミー紀要』に発表した機能的MRIの研究で、LSDの使用により前頭葉と頭頂葉の活性化が高まり、そのパターンが幼児の活性化パターンと似ていることを明らかにした。前頭葉と頭頂葉の機能は社会的認知と結びついており、感覚情報はここで処理される。この領域のネットワークが調和して活性化し、「自己」の感覚と外界の感覚を構築する助けとなるのであれば、さらに同調し活性化することで、ミラータッチ共感覚者のように、自己と外界との境界をなんらかの形で曖昧にする可能性もあると言える。

情報がこの領域のネットワーク間で制約を受けずに流れることとは、「主観的幸福感」とも呼ばれる、心地よく穏やかな感覚に包まれた状態とも関連する。境界の崩壊や一体感を知覚する共感覚者の場合、この状態は自我親和的と言えよう。だが、共感覚の経験が自我異和的であれば、共感覚者は回避などの対処法を使い、共感覚がもたらす苦しみを軽減しようとするかもしれない。それでも、長期間にわたり習慣的に回避するのは不可能だ。回避により孤立する期間も長引き、自分ではどうすることもできない過敏受性状態が続くことにもなるからだ。

ミラータッチ共感覚者のアマンダは、共感覚体験を避け続けて自宅に閉じこもり、家の外の世界をほぼ完全に遮断しているうちに引きこもりとなってしまった。外では人との接触を最小限にし、家族も含め、人のいる所で食事をすることも避けた。人がものを噛んでいるのを見ると生じるミラータッチの感覚が耐えがたかったのだ。彼女は誰かと一緒に食卓につくのはおろか、自室に食卓を運び入れると考えることすら我慢がならなかった。

フィオナは椅子を少し後ろに引き、机の下を覗き込んだ。「どうしたの？　お腹がすいた？」彼女はかがみ、大きなふわふわの黒いウサギを抱き上げた。抱えたままケールを食べさせ、ウサギの脇腹をそっと撫《な》でた。フィオナは一日の大半をひとりで過ごす。動物好きな彼女は、社会的なつながりを動物との間に見出しているのだろう。フィオナにとって、動物は愛《いつく》しみ、愛しまれる存在、生きるために欠かせない存在になっているような気がした。

「動物たちのおかげで、私は世界とつながるの」フィオナは言う。「エレベーターで行先ボタンを押したあと動き出すときの感じってわかるでしょう？　鳥が飛び立つのを見ると、あの感じがする。自分が孤立していると感じているときにあの感じがすると、孤立が存在しない世界について考えられるの」

フィオナはウサギの頭を撫で始めた。そうしていると、幼い頃、寝る前に母がよく頭を撫でてくれていたことを思い出すという。フィオナはウサギを撫でながら、自分の髪や頭をも撫でているのだ。共感覚のせいでずいぶんストレスも受けるけれど、共感覚のおかげで穏やかな気持ちになれることも多い、そう彼女は言った。「風に吹かれる木の葉を見ていると、鳥が飛ぶのを見ているのと同じ感じがすることがあるの。起毛コットンの手触りとか、犬に触れているときとかもそう――ある種の甘美さが感じられる」

動物とのつながりの中心には共感覚がある、とフィオナは確信している。自宅のガレージでペットのグルーミングを始めたところ、楽しそうに動物の世話をしているから、と近所の人たちがペットを連れてやってくるようになった。フィオナは動物の扱いに長《た》けていた。抱き方にもいろいろあり、動物ごとに扱いやすい姿勢があることも気づいていた。

「獣医学とかは勉強したことがないの。ただの直観なんだけど、今のところうまくいっているわ」犬の顔にノミを見つけると、彼女の顔に「もぞもぞした」感覚が走るため、ミラータッチ共感覚を頼りにノミを確実に取れる。くすぐったがりの動物、特にヨークシャーテリアのグルーミングは楽しい。一緒に笑ったりして至福の時間をすごす。

陽気な長毛のジャーマンシェパードをグルーミングするのは大変そうだが、フィオナは作業を終えると無上の喜びに包まれる。彼女にとっては、これが労働に対する真の報酬なのだ。もちろん、緊張して体をこわばらせる犬もいる。そんなときはフィオナも身をこわばらせ、その場に立ち尽くしてしまう。だが、どうすれば動物を落ち着かせることができるか、どこを掻いてほしいのかを見極めたくなる。水に入れてやらないと言うことをきかない犬もいるし、床に仰向けに寝そべっていれば爪切りやブラッシングも平気な犬だっている。犬の不安レベルに対応できるのがフィオナの才能なのだ。

「犬も私の不安レベルを察知する。よくわかるの」彼女は人に対しても、動物に対しても、同じように感情を読み取り、感じ取ったうえで相手に歩み寄る。時にはヒーリング音楽をかけることもあるという。「自分が落ち着けば相手も落ち着くし、相手が落ち着けば自分も落ち着くものよ」

フィオナはどんな動物とでもつながれると感じているが、最も心を打たれるのは鳥だそうだ。

「鳥のさえずりを聞いていると、まるでさまざまな音のなかで踊っているみたい。踊っている感覚が伝わってくる。現実のものとは思えないほどすばらしい」

僕は訊いてみた。たとえばストレスを感じたときなどに、自分の経験を役立てる方法を見つけたの？

フィオナは数日前の出来事を語ってくれた。その日の夜、街灯はほとんどついていなかった。車に乗っていた彼女はバックミラーを見て、後ろに誰もいないと確認した。自宅の前に車を停《と》め、ライトを消し、ドアを開けたとき、そこに自転車が突っこんできた。フィオナは目に見えない力によって壁にぶつけられ、後頭部を打ったように感じた。地面に男性が倒れているのに気づいたのは、その後だった。自分が地面に倒れているように感じたとき、男性が立ち上がった。彼は激怒し、悪態をつきながら自転車を起こして走り去った。フィオナは家に入っても震えが止まらず、相手の痛みもまだ引きずっていた。だが、彼女は自分の扱い方を心得ていた。知覚体験を変えなければ。彼女はウサギの隣で横になり、頭を撫でた。自分も撫でられているような感覚が生じ、優しさにより心が浄化されるように感じた。「説明しにくいんだけど、本当にそんな感じがするの。これも共感覚を手なずける方法のひとつよ」

フィオナは、犬の散歩中に家主と会った話もしてくれた。国外に引っ越すので、六カ月以内にあの家を買うか引っ越してほしい、と家主はこともなげに言った。フィオナにとっては爆弾を落とされたような気分だった。路頭に迷うかもしれないと思うだけで恐ろしくて息もできず、自分の身体構造が歪んで足が浮き、腕が胃の中へ溶けていくように感じた。それでも彼女はこうした感覚に身を委ねず、その場から離れ、いつもとは違う道を通ってみた。木々がたくさん生えている場所があり、地面は落ち葉に覆われていた。フィオナは犬を放してやり、犬の動きを見ることだけに集中した。落ち葉のなかで走り回る感覚が手足に伝わってくる。自分の身体構造が安定し、徐々に外へ向かって広がっていく。彼女はじっと動かず、犬を見つめることで一緒に駆け回った。そのうちに落ち着いて考えられるようになり、最悪のシナリオを整理して次に取るべき行動を論理的に計画することができた。

フィオナはひと息ついた。胸の下で両手を組み合わせる感覚が僕に伝わってきた。「こういう状況に対処するには、自分を自分に委ねるのがいちばんだと思う」彼女は僕に向かって親指を立てて見せた。「受け入れるためには、自分を自分に委ねるしかないの。『委ねる』って前向きな言葉だと思う。自分では変えられないこと、自分ではコントロールできないことってあるし、コントロールする必要がないことだってある。成り行きに任せるって感じかな」

CHAPTER 7

スーパーチーム大作戦

フィオナと話してから、僕は自分に自分を委ねるということについて考え続けていた。僕の「自我」は他者によって作られたものだと感じるときがある。共感覚は「病気」だという考えがちらつくときもある。そうだとしたら「治療」するには自分の感覚を鈍らせるか、他者と切り離された環境に身を置くか、どちらかしかないのだろうか？　でも、そうすることで人としての経験まで取り除いてしまうことになる。経験という枝を次々に切り落としていったら、しまいには生命のない切り株しか残らないだろう。自分を委ねる覚悟はできている。でも、それは人を避けるためではない。痛みよりも恐怖よりも大きな目的のため、慰めを得られるならそれだけでいいという気持ちをはるかに超えた目的のため――自分自身を開放するということだ。そのために身を委ねるべき相手は自分だったのだ。僕は今まで他者に身を委ねてきた。患者や医学という学問に身を投じ、パートナーや結婚という制度に身を投じることに生きる意義があると信じていた。でも実際には、自分自身を消し去ろうとする犠牲的精神にすがって生きようとしていた。

　医学研修を受けていた頃の僕は、自分がいちばんよく知っている場所で生きる目的を探し続けていた――医学の世界、大学や病院という施設、そして配偶者《パートナー》の中で。自分に目を向けることはなかった。しかし、フィオナたちと知り合い、生きる目的を探求するよりも、まずは自分を知ることの大切さに気づかされた。私生活は相変わらず、地に足のついた状態とはほど遠かった。ジヨーダンとの距離は次第に広がっていった。実家に連絡をすることもなくなり、とくに弟のレーニアとは疎遠になっていた。だが、少なくとも医学の世界では、医師として生きるための真心と自信に磨きをかけていた。それに気づいたとき、僕は唖然《あぜん》とした。こういうことができるようになったのは、むやみに自分を犠牲にするのではなく、僕なりに家族という感覚を養い始めていたからだった。僕にとっての家族とは、他の研修医や共感覚者、脳の研究者をも含む人たちであり始めていたのだ。

人は誰でも仲間を求める。自分を理解してくれる人たち、心の安らぎが得られるようにと手を差し伸べてくれる人たち。生きることの真の目的は、こういう人たちとのつながりが広がっていくことの中に見出せるような気がする。「家族」とは、血を分けた者、法的に結ばれた者という枠だけに縛られるものではない。友人、同僚、協力者、自分と同じように考え、感じる人たちをも含む、支援ネットワークでもありうるのだ。お互いに慈しみ、助け合う人たちで成り立つ家族は、最も解き放たれた真の自己をはぐくむものとなる。ルートヴィヒ・ウィトゲンシュタインが提唱する家族的類似とは、生物学的な家族を超越し、人々の間に流れる類似性や一体感で成り立ちうる。価値観や経験、考え、感情を最も多く分かち合っている人同士を容易に結び付ける。したがって、それは家族と呼べるものであり、僕たちはそういう家族の一員になれるのだ。

でも、他者と分かち合い、人と人とを結びつけるものの概念は拡大できる。人にはそういう能力だってある。共感覚者が何に対してどの程度の共感覚を抱くかは人それぞれだが、「理解される」ために、相手が同じタイプの共感覚者である必要はない。それどころか、相手が共感覚者でも非共感覚者でも同じように親近感を抱くことができる。完全に理解されなくていい。僕が他者の感情を理解し、その中に浸り、自分を失うことなく相手の経験を分かち合える程度でいいのだ。

フィオナとCCから学んだことがある。自分とまったく同じ感覚を経験する人はおそらく見つからないだろうが、似通った特徴をひとつでも共有している人ならいくらでも見つかる。自分が共感覚者だからといって人を避ける必要などないのだ。共感覚者だからこそ、僕は人として、医師として、「小さな自我」と「大きな自我」との境界域に、より深い意味を見出すたぐいまれな機会に恵まれている。思考と感情を行き来しつつ、共感、家族、コミュニティ、そして仲間をより深く理解する手段に恵まれている。仲間とは僕たちを定義するものであり、良くも悪くも僕たちを形作るものだ。

では、そういう仲間はどこから始まるのだろう？　僕たちは自動的に、ある特定の仲間の中に生まれ落ちるのか、それとも仲間とは僕たちを通じ、人々を引き寄せる物語を通じて誕生するものなのか？　僕は、医師としては自分の特徴をうまく処理できるようになったが、個人としてはまだまだだった。きわめて重要な要素を見落としている。クリスティーナやジョーダンとの関係でも、自分の仲間を作るうえでも、何かを見落としている。相手も僕自身も共に成長できるような感情の結びつきが欲しいのに、それができないでいるのはなぜなのか、どうしても知りたい。

自分の家族やコミュニティについて、人と人との結びつきについて考えていた頃、僕はロージーと出会った。

一九九七年三月二十五日午前五時三十分、キャサリン・ローズ・ドハーティはこの世に誕生した。血色の良い頬、焦げ茶色のきらきらした瞳。この子には温もりが感じられる。両親はすぐにロージーと呼び始めた。

それから数週間、母親の顔は輝いていた。ロージーは両手両足を動かし、おっぱいを上手に飲んでくれる。生後二カ月。ロージーはきゃっきゃとほほえみ、音に反応を示した。生後四カ月。片言を発し、寝返りを打ち、頭を上げられるようになった。それから二カ月後。ロージーはお座りし、立って体を揺すった。さらに三カ月経った生後九カ月にはカーペットが敷かれた床を歩き始めた。上の兄と二人の姉より何カ月も早かった。

ところが一歳を迎えた頃、ロージーの様子がおかしくなった。片言を発する回数が減り、月日が経つにつれ、面倒見のよい姉たちに関心を示さなくなったのだ。家の中を歩き回り、小さな手で持てるものならブロックでも本でもなんでも投げつける。家族のことを無視しているか、忘れているという感じだ。両親は幼いロージーがその愛らしい口で「ママ」「ダダ」と言ってくれるときを待ち望んでいた。だが、間もなく期待が不安に、そして絶望へと変わっていった。娘は母の手の届かぬ未知の世界へ行ってしまったのだ。

二歳になったロージーは、家の周りを走り回った。それどころか、疲れを知らずに疾走し続けた。服を着せると引き裂いた。ひらひらしたピンクのワンピースも、シャツも、パジャマも、服という服はすべて我慢がならないようだった。他の子が片足跳びを覚え始める時期に、ロージーは窓から外に飛び降りようとしていた。裸でわめきながらコンクリートの私道を走り回る我が子を、母親は二十分以上も追い回したこともあった。本当に私の子なのだろうか？　娘は神隠しに遭い、代わりに未知の生物が我が家にやってきたのでは？　そんな思いが頭をよぎった。

「何かがおかしいとはわかっていました」母親は僕に言った。「でも、小児科の先生から異常があるとはっきり言われるのもいやだという気持ちがあったんです」

小児科医院に足を運んだものの、咳をする子が大勢いる待合室で何時間も待たされたあげく、大丈夫ですよ、兄弟が多いからあまり喋らないだけでしょうと言われた。慰めにもならず、不安が募るばかりだった。

ロージーを診た小児科医が注意を怠っていたわけではないだろう。今日《こんにち》なら診断上の危険信号だとはっきりわかることが、当時はわかっていなかったのだ。彼女はインターネットで調べてみた。一九九九年のインターネット情報はごくわずかだったが、調べていくうちに同じ単語を何度も何度も目にするようになった——自閉症。

母親は娘に言葉を覚えさせようと粘り強く努力していたが、ロージーは四歳になっても、一音節の単語すら発することができない。そして彼女はついに〈アリーナ評価〉にたどり着いた。確定診断が得られる血液検査や脳スキャンがなかった時代に、複数の臨床医によって行動のニュアンスを観察することが重要だとしてデザインされたのがアリーナ評価だ。だが、地元の小児病院では一年待ちだった。

その日は彼女の四十回目の誕生日だった。言語聴覚士、作業療法士、医学教育専門家、ソーシャルワーカー、小児精神科医、発達小児科医の専門家チームが順番にロージーを観察していく。その間、彼女はロージーをおとなしくさせようと何時間も苦労していた。専門家の人数が多すぎて名前も顔も覚えていなかったが、最後の十分間だけははっきりと記憶に刻まれた。そのときを忘れることはないだろう。悲しいことに、それはロージーにとっても忘れられない記憶となった。

「あなたのお子さんは自閉症です」

沈黙が流れた。母親は辛抱強く次の言葉を待っていた。ついに明確な診断が下されたわけだが、すでにこの結論に達していた母親は、今やなじみのあるこの単語を聞かされても、不思議なほど落ち着いていた。しかし、次に言われた言葉が心に突き刺さった。「お子さんは一生あなたを必要とします。言葉を使えず、発達遅延および知的障害は深刻なものです。あなたが何かを期待したとしても、お子さんがそれに応えることはありえないでしょう」

「私は泣き虫じゃないんですよ。でも、あのときは涙が出ました」彼女は僕に打ち明けた。

彼女はその後、やっとの思いで病院を出て、混雑した駐車場でキーを車にさした。運転席に座り、ロージーを膝に乗せ、革張りのハンドルに額を押し当てた。全身から力が抜けていく。あの先生たちは今までにいろいろな子を見てきているのだろう、だからうちの子の将来がはっきりわかるのだ。絶望しかないと私にわからせるのが、あの人たちの責任なのかもしれない。

彼女はうちひしがれて家路についた。深刻な発達遅延。深刻な知的障害。深刻な言語障害。キッチンテーブルにつき、ロザリオをつかむ。闇の中へと永遠に落ちていきそうだった。

そのとき、鈍い金属音が背後で聞こえた。間を置いて、もう一度、さらにもう一度。おもむろに顔を上げると、床に置きっ放しにしていた大きなジュースの缶がキッチンカウンターの前で階段状に六つ積み重ねられ、ロージーがその上で右足をカウンターに乗せていた。小さな左足で優雅につま先立ちし、ゆらゆらする缶の上で危なっかしくバランスを取っている。娘を支えようと手を伸ばしかけたとき、頭の中で声がした。待ちなさい。ほんの一瞬でもいいから、あの子に任せなさい。そのとき思ったことを彼女は覚えていた。「ロージーは、言葉を発さなくても自分でキッチンカウンターに登れる。深刻な知的障害があると思われても、ちゃんと考えている。自分で問題を解決している。私が窓を開けるのを何度も見て、窓に近づくためにはどうしたらいいかを考え、自分で窓を手前に開けた。深刻な知的障害とはいえないのでは？　障害があるのは事実だけれど、それをこの子の人格に反映させる必要なんてないはず。誰だってテストで悪い点を取ることだってある。今日はクリアできなかったけれど、この先もずっとそうだとは決めつけられない」

袖で涙を拭い、裸足で髪の乱れた娘に腕を回し、しっかり抱きしめた。「これから一緒にがんばっていこうね、ロージー。やってみよう」

母親はまず自分で学ぶことから始めた。本、ウェブサイト、オンライン・コミュニティ、支援グループを通じて知識を得ていった。彼女にとっては、情報が科学的に裏付けされたものかどうかよりも、新たな見方や考え方から得られるかもしれない洞察のほうが重要だった。とはいえ、それらを鵜呑《うの》みにすることはなかった。母としての本能や、看護師としての経験を通じて、ある子どもに有効な方法が他の子どもにも有効だとは必ずしも言えないことを理解していった。そして、功を奏するかどうかを決めるのはロージーしかいない、ということも。

ロージーに使える方法を決める助けとなったのは、「スーパーチーム」作戦だった。母親はロージーの二人の姉をチームメンバーとして採用した。「私の手足のような存在だった」と彼女は言う。ロージーと一緒に完成させる課題を姉二人に与え、ロージーが集中して取り組むにはどうしたらよいか提言した。具体的に何をするかは、ロージーに役立つことでさえあれば、二人は自由に決められる。いっぽう、母親自身はオーソドックスな方法を使うことにした。ものや動作を表す絵と単語を大判の教材用カードに書く。これをロージーに見せて読み上げ、数秒おいて再び読み上げて、また数秒おく。ロージーが自発的に発音しない、またはできない場合は、次のカードに移る。

バンク（銀行）……バーンｰクク……

カフィー（コーヒー）……カウｰフィイ……

ロージーが単語をまったく記憶していないように思えて、発音する自分の声だけがむなしく響く日もあったが、彼女は諦めなかった。さらに多くの絵を印刷し、カードに薄いシートを貼り、家のあちこちに置いてみた。ロージーがたまたま見つけ、絵と文字と音を結びつけてくれたらという一心だった。ロージーのトイレ・トレーニングをしていたときは、トイレ、バスルーム、トイレットペーパーを描いたカードをどの部屋にも貼りつけた。家の中でロージーが何に興味を持ち、どこで過ごすことが多いか注意を払った。

ロージーがいちばんよく訪れるのは〈プリンセスヴィル〉だった。ディズニープリンセスたちと三姉妹が住んでいる架空の町だ。娘たちは毎日のように新たなドラマを作っていく。何かが大失敗することもあれば、何週間も誘拐される事件も起き、その物語の設定が何週間も続くこともある。三人で作るドラマは、やがて洗練されていった。たいていは恋愛リアリティーショーのエピソードの再現だ。二十四人のバービー人形がプリンス（次女が持っているケン）のハートをつかもうと毎週競い合う。

ロージーは興味をそそられ、いつも参加した。姉妹はプリンセスやプリンスと遊び、一緒に誕生日パーティー、お祭り、舞踏会などを開いた。ホワイトボードを使って〝プリンスヴィル掲示板〟を作り、ピンクの速乾性サインペンで、たくさんのハートを書き散らす。イベントの日時を決めて招待客リストを作る。プリンセスヴィルの美容院にはサービスデーがある。プリンセスたちが通う学校を建て、病院や役所を創り、プリンセスヴィルの祭日を決めて祝う。どの祭日でも、三人は紙とサインペンで豪華な飾りを作った。

僕は長女に訊ねた。ロージーのために強制的にやらされていると思っていた？　無理をしていると感じた？

彼女は答えた。「自分が楽しいからっていうのがほとんどだった。ロージーの役に立っているとわかったのは、もうちょっと大きくなってから。それでも、楽しいからやっていたわ」

プリンセスヴィルは、強制的に繰り返す母親のやり方とは正反対の効果をもたらした。架空の町でロージーは魔法を見つけたのだが、これはアデル・ダイアモンド博士にとっては不思議でもなんでもなかった。博士はブリティッシュコロンビア大学で小児期の脳の成熟に関する研究のリーダーを務め、発達認知神経科学の草分けでもあった。彼女の研究から、小児期の脳の成熟にごっこ遊びなどの活動が重要な影響を与えること、その影響が生涯にわたって神経心理学的機能に良い効果をもたらし続けることが明らかになってきた。

この概念は、モンテッソーリ教育の基礎と重なる部分が多い。たとえば、外的報酬が設定されていない状況では、子どもは学習と習得という内発的動機に基づく報酬を得る。子どもたちは助け合い、互いの環境に対処する。また、権威者から邪魔されたり罰を与えられたりしないよう、こっそり教え合う。

上の娘たちはロージーをのけ者にせず、遊びに参加できる能力がない者として扱うこともなく、他の友人と遊ぶような調子で妹と遊んだ。ロージーは徐々に姉たちが作るストーリーのパターンを理解し始めた。プリンセスヴィル遊びを続けるうちに、他の人に対して関心をもてるようになり、その時間も持続するようになっていった。母親はその変化に気づいた。初対面の人にロージーを会わせやすくなり、新しい生活環境をもたらしやすくなった。やがてロージーが自分の内面世界から一歩外に踏み出せるよう、安全地帯の端へとそっと後押しすることもできるようになった。

ごっこ遊びが役立つのは、遊びを通じて社会的概念やスキルの初歩を得ながら、脳の実行機能の発達が促されるという点にある。状況に即して話が展開していくごっこ遊びは、この意味で非常に重要だった。上の娘たちは、ロージーの日常生活に関連したシナリオを織り込むことができた。あるとき、ロージーのクラスが校外学習として博物館に行くことになった。博物館では日本の茶道を体験できるという。そこで、上の娘たちは『シンデレラと茶道』と題したごっこ遊びを生み出した。

数カ月後、ロージーは『白雪姫とマサチューセッツ州総合評価システム』ごっこをしたおかげで、共通学力テストの間じゅう席に座っていることができた。ソファに座っても五分ももたないロージーが、教室の小さな椅子に何時間も座っていられたのは信じられないような出来事だった。

ロージーが間もなく迎えるイベントを題材にごっこ遊びをすることで、ストーリーはより興味をそそるものとなり、ロージーにとって応用しやすく、長期記憶に組み込みやすいものとなった。ロージーが好きなスパイダーマン（演じるのはロージー本人）が主役となるストーリーが多く、『眠れる森の美女』にも『グリーンゴブリンが裁かれる日』にも登場した。母親は悟った。レッスンを押しつけるよりも、「子どもの好きなことに心から関心をもち、学んでほしいものをそこに組み込む」ことが重要なのだと。

こうしたソーシャルストーリーは、状況、スキル、概念を説明するための構造化手法を提供する。ソーシャルストーリーの基本はずっと以前にまでさかのぼることができ、知識人も数人関わっている。

そのひとり、発達心理学者のレフ・ヴィゴツキーは、子どもの高次認知機能は社会的状況における単純な活動を通じて発達する、という説を二十世紀初頭に発表した。ヴィゴツキーの科学的な見解は、彼の弟子で近代神経心理学を築いたひとり、アレクサンドル・ルリヤの研究に影響を与えた。のちに、神経学者のオリバー・サックスが脳を研究するツールとしてストーリーテリングにアプローチしようと思い立った背景には、ルリヤの著作が中心的な役割を果たしていた。

ソーシャルストーリーは、自閉症児が未知のものへの不安に対処し、社会的に複雑なシナリオに従ううえで役に立ってきた。だが、これはなにも自閉症コミュニティに限った話ではない。僕たち全員にとっても明らかな意味が含まれている。僕は臨床研修を受けているとき、薬や滅菌手順などの暗記に明け暮れ、人類にとっていちばん古いツール、すなわちストーリーテリングの力についてまったく気づかずにいた。学術書を山と積み、医学や科学の専門知識を詰めこんでいたにもかかわらず、ロージー一家と会うまで気づかなかった。原始的ではあるが、不思議なほど親しみやすい何かに僕は引き戻された。

心を癒やし、力強く成長していくために、物語の共有は助けとなる。物語は人の心理状態、ひいては身体にも触れる力がある。この意味で、心理的なものは生物学的なものとも言える。僕たちの身の上話は、自覚していようといまいと、つねに僕たち自身と他者によって形作られているのだ。

ロージーのソーシャルストーリーをより豊かにし、不安を軽減できるように、母親は娘が初めて訪れる場所を調べた。看護師であり、四人の子の母である彼女は忙しい日々を送っていたのだが、それでも初めての公園、サマーキャンプ、ふれあい動物園、教室、医院などを調べ上げた。「ロージーのシークレット・サービスみたいだと本気で思っていたわ」彼女は言った。

ロージーが家族で作るきめ細かなストーリーを理解し、学習していることに、母親は希望を見出していた。自閉症児も含め、子どもは感情を伴う関係を確実に築くことができるという仮定は、自閉症に対する他の行動的介入のいくつかにおいても前提となっている。だが、行動的介入の裏にある科学的根拠はいまだに意見が分かれている。介入の開発者や支持者たちは介入という選択の正当性を主張するが、懐疑論者や失望した経験をもつ親たちは、高く評価されすぎであり、経済的に搾取するものだと言い張る。

しかし、介入の多くはエビデンスが確定しているわけではない。また、自閉症児に有意義な臨床効果があるという仮説に実質上反しているわけでもないことは認識しておく必要がある。介入の開発にも、研究方法にも、限界はつきものだ。「有意義な」効果を定義するのですら難しいのだから。

母親にとっては、ロージーをほんの少しでも前進させられるものであれば、なんでも、どんなことでもよかった。介入とは一般化できるものではないのかもしれない。たとえば、実験室ではなんらかの効果が示されても、それはごく一握りの人のみに見られる特定の亜型を、無意識に対象としてデザインされた可能性がある。また、特定の状況下でおこなわれた小規模な予備的研究によって開発されたために、曖昧な結果がもたらされたことも考えられる。たとえば、アメリカ中西部の、民族的に均質な中産階級が住む地区の核家族を対象としたものなどだ。

こんなわけで、福祉関係者や研究者が行動的介入を評価する場合、寛容と批判の合理的なバランスを保つことが肝要かと思われる。

自閉症児が自分の内的環境、社会的環境とうまくやっていけるようになるためには、ひとつの介入だけでは無理だろう。複数を並行しておこない、要因に働きかける必要がありそうだ。ロージーは同年代の他の子と同じ速度、同じ順番で成長していったわけではないかもしれないが、それでも成長し、学んでいった。自閉症の領域にある子どもの発達を評価する方法は限られているため、たいていは会話テストで失敗し、必ずと言っていいほど過小評価される。だから、ロージーの神経心理学的発達を正確に詳しく知ることはできないだろう。でも、家族が粘り強く、思いやりを忘れず、心の底からロージーを受け入れていたことははっきりわかる。人として欠かせないこうした要素に恵まれていたからこそ、ロージーは今や、経験から考えを引き出し、それを自分の言葉で人に伝えることができるようになったのだろう。

「今までの人生を全部人に話したくなったの」ロージーは言う。広々とした会議室で、彼女は何もない部屋の片隅を鋭く振り返り、それから僕のほうに顔を向けた。大きめのピンクのダウンジャケットを着た彼女は深紅の2を放射状に放ち、赤紫がハイライトとなっている。自己主張と女性らしさが感じられる色合いだ。そして内気な紫の3が下のほうに並んでいる。彼女が顔の向きを変えるたびに、短い栗色の毛が顔をかすめ、その感覚が僕に反映される。ロージーは僕のほうを見ているが、目を合わせるわけではない。僕個人にというより、「他の人間」というものに興味があることを示そうとしているように感じられる。

「話せないことがいちばんもどかしかった」彼女は僕のほうに身を乗り出した。その言葉からも、体からも、感情の高まりが伝わってくる。ようやく話をする機会に恵まれ、喜びに満ちあふれているのだ。「自分の気持ちを人に話したかったんだけど、話せなかった。誰にも話せなかった」

子どもの頃、ロージーは知らない人から無能扱いされ、永遠に障害の域から出られないと思われていた。言葉を話せないと、ものを考えられず、深い感情を抱くこともないと人から思われるのだ。母が「発達遅延および知的障害は深刻なものです」と言われたときのことも、ロージーははっきり覚えていた。ただ、「知的障害」という言葉だけは口にしなかった。今まで人に対して癇癪《かんしゃく》を起こし、単語ドリルに苛立っていたのは、「世界をどう見ているか、とにかく人に伝えたかったの。でも、できなかった」せいだった。

ある日、まるで嵐が用心深く到来を告げるかのように、ロージーは単語をひとつ発した。「ロージー」続いて「ロージーは欲しい」さらに「ロージーは欲しい、ジューシーを」から「オレンジ・ジューシーをロージーに」次の瞬間、言葉が一気にあふれ出た。母親はロージーに劣らず興奮した。

「一生言葉を話せないと言われていた子が、いきなりおしゃべりになったんですよ。人が話しているときは黙って聞くようにと言わなければならなかったほどに。信じられませんでした。ロージーの学び方は他の子とは全然違います。ほとんどの子は一歩ずつ進歩していくのがわかりますが、ロージーの場合はそれがまったくわからなかった。そしていきなり大きく飛躍したんです。自転車の乗り方を教えるのだって三年かかりました。自転車にまたがる、行く方向に車輪を向ける、ペダルを漕ぐ、ひとつひとつの動作を協調させるのがうまくいかなくて。靴下に番号をつけました。左が1で右が2。そしてワン、ツー、ワン、ツーと声をかけながら自転車を漕ぐ練習をさせたんです。教える機会でもない限り、ひとつの物事がどれほど多くの行程から成り立っているのか意識することはないでしょうね。同じことが読書にも言えました」

ロージーが口を挟んだ。「二年生のときの担任は、私とママに向かって『あきらめなさい、読み方を覚えることはまずないでしょう』って言ったの」

母親は信じられないと言わんばかりに、こめかみに手をやった。「それが、いきなりシェークスピアを読んでいたのよね」

最近、ロージーはアレクサンダー・ハミルトンの伝記に夢中だったという。「歴史ものを読むのが好きなの。ハミルトンの人生はとても興味深くて、五ページ読んだら、もうやめられなかった。次はどんなことをするのだろう？　政治家になった。じゃ、今度は？　って、次を知りたくなる」

　放っておいたら、ロージーはアレクサンダー・ハミルトンの一生を延々と語り続けただろう。僕は訊いてみたいことがあった。子どもの頃の感覚に関してはどうだったか。言葉を発するようになって、感覚に関する過敏さが改善されたのか知りたかった。「まあまあって感じかな。子どもの頃は、裸足で雪の中に立っているのが好きだった。めちゃくちゃ熱いお風呂に浸かったことも一度だけある。本当に熱いのか自分ではわからなかった。お姉ちゃんがバスタブから引き上げてくれたの。明らかに感覚異常だった。今でもそういうところはあるけれど、以前ほどひどくないわ。服は皮膚がひりひりするから着るのが嫌だった」

　長姉は恥ずかしそうに笑みを浮かべた。今では母親と同じ救急救命看護師として働いている。顔は赤毛に縁取られ、そばかすがある。濃いオレンジ色の5が鳥の巣のように集まっていて、そこに黄色の8が少々交ざり、巣の中心は鮮やかな赤の2だ。「あるとき、乗馬用ズボンを穿きたくないってごねてね。ようやく穿いたんだけど、上はネグリジェのままがいいって言い張るの。予定の時間より遅れていたし、もううんざりして、じゃ、その格好でいいからって」

　ロージーが先を続けた。「あの縫い目が嫌いだったのよ、着るとすごく嫌な感じで。お姉ちゃんがネグリジェの裾をズボンの中にたくしこんだから、四年生なのに妊娠してるみたいなお腹で馬に乗ってた」

母親はため息をついた。「大騒ぎだったわね。日曜日はいつもそうだった」

「そういえば、小さいとき、ママは私の肌をブラッシングしてくれてたよね」

母親は説明した。「柔らかい毛のブラシは感覚を鈍らせると言われているんですよ。ウィルバーガー・ブラッシングといって、実際に皮膚感覚を高めて、自分の体が意識できるようになるんです。自閉症は皮膚の神経と脳の感覚に関わる部分がうまくつながっていないらしいので、ブラッシングをすると体への意識が目覚めるんだとか。関節や頭を押すのも、ああ、これが自分の体なんだ、ってわかるようになる。他にもいろいろ試しました。重りをつけたベストや毛布とか。あのベストのこと、忘れていたわ。ロージーが好きそうな柄を選んで作っていたんです。五百着は作ったと思います。ベストの内側につけるビーンバッグを交換しながら」

ロージーは両手をポケットに突っこみ、テーブルに身を乗り出した。なつかしい記憶がよみがえった喜びが感じ取れる。「チョウチョのベストがお気に入りだった」

母親は満足そうにほほえんだ。ワインレッドの2が紺に近い深い青の4とうまくバランスを取り、母性があふれている感じがする。彼女は穏やかに続けた。「そうやって感覚防衛が薄れていったのよね」

自閉スペクトラム症の人々の間では、感覚に関する問題がよく見られる。シャツの裏についているタグに過敏になる人もいれば（感覚過敏）、切り傷や擦り傷ができても鈍感な人もいる（感覚鈍麻)。シャツのタグがどんなものであっても、擦れて耐えがたく感じるのは、僕自身がそうだったからよくわかる。僕の場合はとくに子どもの頃にそうだった。今は以前ほど過敏ではなくなったとは言えないものの、環境への適応についてよく考えるようになった。

幼い頃は苦痛の種でしかなかったものをハサミでちょん切ろうと決断するだけで、多少は生きやすくなる。自分にも他の人にも実質的になんの悪影響もない、単純な解決策であり、自分に対するささやかな親切行為だ。

自閉症の場合、感度の極端な変動があらゆる感覚に見られる。視覚、触覚、嗅覚、味覚、聴覚、さらには平衡感覚や関節の位置感覚まで。なぜそうなのかは解明されていない。ある研究では、感覚過敏、または逆の感覚鈍麻が次の三つの要素と関連している可能性を示唆している。

(1) 過敏な末梢《まっしょう》神経
(2) 脳の感覚野に対応する異常な高活性化または低活性化(遺伝子突然変異と関連している可能性がある)
(3) 島皮質(嫌悪、反感に関わる脳の部分)を含む神経回路網の高活性化またはこの回路網への接続。

こうした感覚に関する問題への取り組みとして、感覚統合療法が挙げられる。自己内省的な遊びを通じて感覚刺激を認識させ、活動に対する脳の反応を徐々に変化させていくというものだ。この方法には賛否両論があったが、多くの自閉症児の親による事例報告を支持するエビデンスが二〇一三年の研究でついにある程度得られた。

「それから、ママは頭の体操もやらせていたよね。今でもやってるんだよ」ロージーの言う頭の体操とは、今やスマートフォンのアプリにもなっている脳トレの類《たぐい》だろう。

「ロージーがとてもピリピリしているときは、落ち着かせようとして、舌はどこにある?って訊いていたのよね」

「口の天井」ロージーは答えた。

「身体の中心を横切る動きも取り入れたわね。ロージーは苦手だったから。身体の感覚に意識を集中させるために、両腕を前で交差して手を組んで、その手を引っくり返して右手と左手がどっちを当てさせたんです」

「頭の体操を始めたのは小学四年生のときだった。けっこう効果があったけど、何をしているのか人に話したのは高校生になってからだったと思う。何か気に入らないことがあると、廊下に出てこれをするの。私が廊下に出ていくのが気に入らない人もいて、注意されるんだけど、そのときは、こうやって自分を落ち着かせようとしてるんだって説明した」

母親は椅子の背にもたれた。家庭で懸命にはぐくんできた思いやりの感情が垣間見える。「脳が普通の人とは違っているって、生きにくいことがあるわよね、ロージー?」

「うん、本当に大変。私がやってることに眉をひそめる人もいるから。そういう考え方もあるんだって受け入れたうえで、やらなきゃいけないことをやっていくしかない。ただ、次にやるときは、あらかじめ人に言っておくの。自閉症の世界って大変だし、みんなは普通の人間だと思ってくれない。みんなとは違う人として扱われるって嫌な感じよ。本当にきつい。でも、私は前向きに生きていく。人から非難されるつもりはないし、非難されたら、相手はそういう考えの持ち主なんだと思うだけ」

「どんなときに自分は普通だって強く感じられる？」僕は訊いた。心のよりどころがなければ、ロージーは自分にとっての「普通」を拡大していくことの大切さを学べなかったはずだ。

「お姉ちゃんたちのそばにいるとき。ほんとにすばらしい人たちなの」

　ロージーの言う「すばらしい」という言葉には独特の感覚が込められている、と僕は気づいた。この言葉に共感覚者が感じる色——僕の場合は緑、赤、オレンジ、白、茶色がごちゃごちゃと混ざっている——よりもはるかに純粋で、爽やかで、軽やかで、ヤグルマソウの花のような青だった。ロージーは僕よりも深い畏敬と感謝をこの言葉に込めている。

　ドハーティ家の全員がひとつのチームとなっていた。介助者によく見られる燃え尽き症候群《バーンアウト》にならない方法をよく考え、家族の一員としてロージーと接していたのだ。

　社会的支援は支援ネットワークを成功させる鍵のひとつだ。社会的支援にはだいたい五つの側面がある。

(1)手段的支援：具体的な支援とも言う。家事の手伝い、食料品の買い物、瓶の蓋を開けるなど、実用面でのニーズに対する取り組みをさす。

(2)情報的支援：世の中のことについて、どう学ぶか、情報をどうやって見つけるかを支援する。友人やテクノロジーに詳しい人から助言を受けるという形も含む。

(3)情緒的支援：どんな状況におかれていても、理解されている、受け入れられていると感じさせてくれる人が存在するということ。

(4)自己肯定感支援：他者からの愛情、好意が含まれ、そのおかげで自分に価値がある、尊敬されていると感じ、自尊心の源となり得る。

(5)帰属意識による支援：自分より何か大きな存在――社会、組織、または家族――とつながっていると感じさせるもの。情緒的支援と重なり合う部分がある。帰属意識は、話をしたいときに聞いてくれる人がいるだけでも生じる場合がある。

ハーバード大学公衆衛生大学院のリサ・バークマン博士は、ヒューマン・ポピュレーション研究室での研究で、社会的支援の影響の大きさを研究した。カリフォルニア州アラメダ郡に住む成人六千九百二十八人を対象に九年かけて追跡調査を実施した。すると、社会的支援を受けず、地元社会との結びつきもない人々には、年齢、社会経済的地位、自己申告による健康状態の如何《いかん》にかかわらず、早死にの傾向が見られた。

僕は自分の研究として、フラミンガム心臓研究の参加者を診察してきた。一九四八年から始まったこの研究は、（フラミンガム市在住の）男性、女性、その子どもたち五千人以上を厳密にモニタリングするものだ。人々の結びつきの強いこの街は、現代医学において心臓血管系の健康状態などに相当力を入れて取り組んできた。

僕が関心をもったのは、社会的関係と脳卒中や認知症のリスクの関連性だった。情緒的支援に恵まれ、家族や仲間への帰属意識が最も高い人は、こうした壊滅的な慢性脳疾患を発症するリスクが有意に低いことが判明した。僕たちの知見は、社会との関わり、脳の健康、社会的孤立の弊害といった言葉で表されてきた事柄の一部を裏付けるものだった。

重要な発見のひとつは、情緒的支援を最も多く受けている人には、脳由来神経栄養因子《BDNF》のレベルが高い傾向が見られたことだ。ＢＤＮＦとは、ニューロンの修復や、ニューロン間のシナプス結合に欠かせない脳の分子である。ニューロン結合は神経可塑性——脳が体の内外の状態に応じて、多くの回路網やシナプスを変更できること——の中心をなす。こうした結果から、僕たちの生活の社会的・行動的側面が脳生物学に、ひいては僕たちの感情や行動にどのような影響を与えうるかがわかってくるかもしれない。さらには、僕たちがいかに他者と結びつき、支え合い、他者の人生に影響を与えているのかも理解できる可能性がある。

ロージーは他者とのコミュニケーションが楽にできるようになるにつれ、自分が周囲のことをどう考え、処理しているかを説明できるようになった。おかげで、家族はロージーに理解できる言い回し（ほとんどの人が思い浮かべるものではなく、ドハーティ家だけに通用する独特の言葉）で意思の疎通を図るようになった。

「私は物事を視覚的に考えているって人から言われる。言葉や数字で考えようとしてもちんぷんかんぷんで、よけいに頭が混乱してしまうの」

そういえば、僕も人とはまったく異なるやり方で感覚情報を知覚し、解釈していた。「ロージー、他の人たちのことをどんなふうに思っている？」

ロージーは深く息を吸いこんだ。「私の頭の中にはボールがいくつもあるの。人はみんな自分の色をもっている。つまり、カラーボールね、わかる？　黒いボールだけは欲しくない。黒いのと白いの。自分が黒いボールになりたいとも思わない。あなたは緑のボール。いい？」

おもしろい、と僕は思った。僕の好きな色は緑だ。森のような緑に、太平洋沿岸で見られる青みを帯びた緑が少々混じっている、そういう色が好きだ。

ロージーの話を聞いていていちばん驚かされたのは、母親も二人の姉も平然としていたことだった。今ではロージーの見方に理解を示し、彼女が抱える現実のこういう側面をも受け入れている。家族がお互いに自分の世界を語り、耳を傾け、尊重し、分かち合える。そこには美しさがあった。

「私の頭の中にいる人はみんな色が違うの。ボールを転がすと色が変わることもある。だからボールの色には、私がその人をどう考えているかが出ているんだ。わかる？　ママは青。空みたいだから。友達のパイは赤……青がちょっと交じっている赤かな。お姉ちゃんは紫でずっと変わらない。あなたが緑なのは、緑に見えるものをいっぱい持っているから。赤は激しくて、立ち向かうって感じ。青は……静かで安心できるっていうか」

僕は母親のほうを見やった。

「ロージーらしいわ。こんな感じで人を分類しているんですよ。この子なりに、きちんとグループ分けしようとしている」

「それから紫は勇敢さの部類に入ると思う。緑は無欲とか自制、親切さ」

「いいわね。とてもいいわ」母親は褒めた。

ロージーは両手をひらひらさせ、首を前後に倒し、ぐるりと回した。「ボールはこんなふうに動くの。全然好きになれない色もあるんだけど、その人の感じが変わると色も変わり始めて、嫌な色があせていく。逆に、最初のうちは感じよかったけど、そうじゃなくなったら、嫌な色に変わる。ボールはどれも同じ大きさで、ボウリングのボールみたいにつやつやしていて、一列に並ぶこともあるの」

彼女は顔の前の、目には見えない何かに手を振った。「あとね、私の脳は映画のスクリーンみたいに投影できるの。映画を見ているときでも、見ていないときでも、私の脳は映画を映し出せる。あのシーンを見ようと思ったら、ここに映すの。だから、今起きていることのように見える。

とにかく見えるのよ。はっきりとね」

さらに質問をしていくうちに、ロージーは映画のように過去の出来事を記録し、見たいときに再生できると言っているのだとわかってきた。たとえば三年生のときにあったことを訊かれると、「ロージー、映画、三」を頭の中で調べ、そのシーンを検索して再生しながら詳細に話すことができるという。

「人と会うときは映画のスクリーンも使って、そこにその人を映し出すの。ちょっと変に聞こえるのはわかってるけど……」

僕ははっとした。ロージーが「心の理論」、つまり他の人がどう思うかを初めて自分なりに示したからだ。ロージーの家族は、彼女が社会認知スキルを高められるほどにまで助力していたのだ。

「私が会う人は映画のスクリーンに映し出されて、その人は……ジャ、ジャ、ジャーン! 音楽が始まることもある」映画さながらに、それらしい音楽が流れて悪役が登場したり、新たなサスペンスが展開したりするのだろう。「いい人が登場するときはハッピーな音楽が流れるときもあるの。登場するのはいい人がほとんどよ」

ビジュアルシンキングや新奇な知覚は、自閉スペクトラム症では比較的一般に見られることだ。感覚統合や感覚処理の多様性は、共感覚的連合として表れることもあれば、単に大分類間の関連認識にすぎないこともある。

たとえば、「ブレインマン」と呼ばれるダニエル・タメットは言語習得の速さと記憶できる情報の多さで超人的な能力があり、円周率を２２５１４桁まで五時間以上かけて暗唱してヨーロッパ記録保持者となった〔のちにミスが判明〕。彼もロージーと同じ自閉スペクトラム症で、子どもの頃はてんかんも患っていた。そして、彼の世界もまばゆく特異的な感覚に満ちており、自分自身に対する知覚に「そぐわない」からと、出生時の名前であるダニエル・ポール・コーニーからダニエル・タメットに変更している。大量のデータを記憶できるニーモニストの能力の核心は、とてつもない共感覚のライブラリーだ。正整数ひとつひとつが特有の形、色、質感、感情をもち、それが彼の場合は一万まである。

ケンブリッジ大学のサイモン・バロン＝コーエン博士が自閉症の成人百六十四人を調査したところ、そのうちの約二十パーセントは共感覚者で、自閉症ではない人の三倍の割合だった。自閉症も共感覚も神経結合の異常という仮説が立てられており、生物学的になんらかの関連があるのかもしれない。また、バロン＝コーエンと共同研究をおこなっているオックスフォード大学ウェルカム・トラスト・センターのアンソニー・モナコ博士は、少なくとも四つの遺伝領域が共感覚をもたらす可能性を高めていることを確認した。とくに２ｑ２４という染色体は自閉症とも密接に関係している。

ロージーや同様の人々の知覚や解釈を、こうした神経結合や領域により関連付けることができれば、彼らの異質な世界になんらかの意義をもたらすことができるだろう。外界に対するロージーの意識構造は、多くの不安を和らげ、自分の考えを導く頼もしい舵《かじ》としての役割を果たしている。彼女は会った人の顔を認識するために、頭の奥にある「ボイスレコーダー」を用いている。誰かの声が聞こえると、ボイスレコーダーのスイッチを入れ、過去に録音した声のカタログから声の主を見つけ出すのだ。

「音楽の音を頭の中で絵にするの。ピアノの音でAとBは白く、C4、C5、C8は青い。こういう音は落ち着くの。音楽を聴くと落ち着いて、とてもいい気分になる。発作も減るし」

母親は左手を下唇に軽く当てた。「ようやく本を読み始めたと思ったら……ひどい発作が始まったんです」

彼女は知らなかったのだが、てんかんの発作はロージーがごく幼い時分からすでに生じていた。遊んでいて、急にすべての動作が止まる。そしてその二、三秒後には何事もなかったかのように続きの動作が始まるのだ。何かに気を取られているのだろう、と彼女は思っていた。だが、傍《はた》から見ればほんの一瞬何かに気を取られているようでも、実際は小発作を起こしている場合がある。正確には非痙攣性全般発作という。

僕は医学生だった頃にある記録映像を見た。青いセーターを着た幼い男の子が頭全体に脳波の電極を貼りつけて母親の膝に座り、赤い小さなかざぐるまを持っている。撮影者の脳波検査技師が男の子に明るく声をかけた。

「吹いてごらん！　バースデーケーキのろうそくを吹き消すような感じで！」男の子はかざぐる

まを吹き始めた。「そう、その調子！　続けて！」

架空のろうそくを八本吹き消したところで、彼の息が急に止まった。かざぐるまは回り続けている。男の子はまるで急に木のピノキオ人形になってしまったようだった。画面の右側には曲線が何列も並ぶ脳波図が映し出されている。その曲線が鋭く上下し、続いて、毛糸のほつれたミトンのような形が現れた。「3Hz《ヘルツ》棘徐波《きょくじょは》複合」と呼ばれるてんかん放電を明らかに示すパターンだ。異常なてんかん活動が生じた数秒間、男の子は身じろぎひとつしなかった。だが、てんかん発作がおさまると、彼はまばたきをし、あくびをして、かざぐるまをまた吹き始めた。

このような欠神発作（動作を停止し、ぼうっとする）は、どんな子どもにも生じる可能性があるが、自閉症児はリスクがはるかに高い。さいわい、てんかんの子どもの多くは、薬で発作を治療できる。欠神発作はびっくりさせられるものではあるが、たいていは無害だ。さらに、思春期になると自然に消失する場合が多く、成人に達する頃には抗てんかん薬から卒業できる。

残念ながら、ロージーはそうならなかった。幼稚園の頃には欠神発作から意識障害をともなうような焦点発作に進行していたのだ。焦点発作には意識がある場合とない場合がある。焦点意識減損発作はその名の通り、認知能力に支障が生じ、意識喪失や記憶喪失に陥ったり、行動が激変したりする――いきなり舌を鳴らす、着ているシャツをいじくる、暴力的になるなどだ。逆に、焦点意識保持発作では意識を失うことはないが、リズミカルに体を揺らすことが多い。ロージーのさまざまな脳波を調べたところ、発作は感情処理や記憶の蓄積、読み出しに最も関わる左右の側頭葉で発生していた。

てんかん発射（てんかん放電）は、短時間で終わることもあれば長引くこともあり、野火のように脳のさまざまな部分に広がっていくこともある。てんかんで最も危険なのは「てんかん重積状態」で、一度の発作または複数の発作が五分以上続き、発作中または発作後に意識が通常レベルに戻らない場合を指す。てんかん重積状態の場合、発作が長引くと脳の神経細胞が損傷し始めるため、医療チームによる緊急処置が必要である。発作を目撃した際に重要なのは、時間を計り、医療の助けを求めること。そして、口の中にものを入れないこと、痙攣を物理的に止めようとしないことだ。

てんかん重積状態だけは例外だが、てんかんの治療は通常、抗てんかん薬または抗痙攣薬の投与から始める。これにより、発作の頻度は半減以下になるものの、再発を完全に防ぐには至らない場合が多い。

次の段階では、抗てんかん薬の用量増加も含まれる。高用量まで達するか、薬の副作用で生活の質《QOL》の低下がみられた場合、抗てんかん薬を次善のものに換える。ほとんどの患者は、この時点で効果のある薬物治療が安定するが、発作が続く患者もごくわずかながらいる。いろいろな薬を試しても発作を制御できないと、てんかんは難治性となり、コントロールが難しくなる。

てんかん発作や、脳組織に異常が見られるなど非常に特異的な原因による発作を真に「治療」するには手術しかないが、こうした侵略的手段はえてして益よりも害になりやすい。ロージーのような患者は外科手術に適さない。治癒する見込みが低いうえに、認知障害が残るリスクもあるからだ。

ロージーは少なくとも七種類の抗てんかん薬を試した。一部の薬は発作の抑制には役立ったものの、その薬のせいでロージーはいらいらした気分になり、発作よりも激情（*fervor*）に苦しめられた。もう少しましな薬は発作の抑制にあまり効果がなかった。

五歳のとき、ロージーは強力なラモトリギンを服用し始めた。当初は焦点発作の治療薬だったは焦点発作の治療薬だったこの薬は、のちに双極性障害における精神安定薬としても使われるようになった。当初はラモトリギンは発作の抑制には効果が認められているが、生命に関わる自己免疫反応をもたらす可能性がある。免疫細胞が全身の皮膚細胞や粘膜に攻撃をしかけるため、組織が板に塗った古いペンキのようにぼろぼろになるのだ。ロージーはラモトリギンを低用量から開始し、効果が表れるまで何週間もかけて徐々に用量を増やしていった。

母親が処方に従い、用量を増やし始めてまもなく、ロージーは食事を嫌がるようになった。当時、彼女はまだ話せなかった。ロージーがなかなかものを飲み込めなくなったため、母親は口の中を調べてみた。すると、ただれが二つ三つできかかっていた。「ロージーを小児科に連れていったところ、性器にも水疱《すいほう》が見つかりました。その時初めてスティーブンス・ジョンソン症候群（皮膚粘膜眼症候群）について知ったんです」

僕が初めて見たスティーブンス・ジョンソン症候群の患者は十四歳の少女で、小児集中治療室に入れられていた。滲出性病変に覆われ、水ぶくれのある粘膜は血に染まり、口の中や唇、外陰部も化膿していた。目はラズベリーのような赤紫色で、まぶたは腫れ、保湿用に塗った大量のジェルが流れ出ていた。じくじくした水疱から薄片がはがれ落ちる。その感覚が反映され、僕の皮膚は腐蝕《ふしょく》し、かじり取られていくように感じた。喉には呼吸管が通され、布包帯がきつく口に巻かれている感覚も、ウエーブがかった金髪が汗と汚れにまみれ、額に貼りついている不快感も反映されたが、容赦なく崩れていく彼女の全身から発せられる怒りとは比べものにもならなかった。

「本当につらかった」初期のスティーブンス・ジョンソン症候群でICUに入れられたことを思い出し、ロージーは言った。「何も話せないけど、とにかく痛いの。治ると信じて落ち込まないようにしていた」

ラモトリギンを中止したのが早かったため、ロージーは部分反応だけですんだ。この恐ろしい反応を前にして希望を失ってしまう家族もいるが、ドハーティ家の人々は、ここががんばりどきだと奮い立った。「ママが私に話をさせようと、諦めずに練習を続けてくれて、とても嬉しかった。どうしてもこの子を話せるようにしてみせる、このやり方でいく、って。練習は大変だった。でも、七歳になったときには、単語をかなり上手に発音していた。完全な文章で話すことはできなかったけど、少なくとも『ロージーを愛して』ぐらいは言えた」

当時、ロージーはかなりの単語を発音できるようになっていたため、他の人が言った言葉をそのまま真似る練習をしていた。「音を練習していたの。そうしないと話せるようになれないから。人の発音をすべてオウム返しに繰り返すのって大変だった。でも、この練習のおかげで、自分で思いついたことも言えるようになったの。『ロージーはオレンジ・ジューシーが好き』とかね」彼女は進歩を続け、ついには言語的コミュニケーションを身に付けた。だが、思いがけない挫折も味わった。

ロージーは新たな抗てんかん薬としてトピラマートを服用し始めていた。鎮静作用は家族がはっきりわかるほど強力だったが、それでも発作を抑制できず、発作の持続時間はこれまでより長くなりつつあった。

ある日、ロージーは話の途中で凍りついた。母親は時計に目をやった。一分……二分……。いつもは長くて三分なのに……四分。母親は受話器を取り、救急車を呼んだ。バッグから緊急時に直腸内投与するジアゼパムを取り出す。それから、浣腸器《かんちょう》の入っているビニール袋を破り、片手でロージーをうつぶせにして投与した。搬送後、ロージーは緊急治療室で回復し始めたが、三十分近く経っても完全に元には戻らなかったため、医師たちは緊急処置として抗てんかん薬のフェニトインを静脈注射した。この薬によって、ロージーは再びスティーブンス・ジョンソン症候群のリスクにさらされることになった。

翌日の午後、口蓋に水疱がひとつ発現した。もうひとつ、さらにもうひとつ。二十四時間以内に皮膚粘膜反応だと明らかになった。痛みは募るいっぽうで、ロージーは小さなかすれ声で「ロージーにオレンジ・ジューシー、いらない」と言うのがやっとだった。

その後、全身の五パーセントに痛みを伴う落屑性発疹が出現した。やがて十パーセントになり、十五パーセントになったが、フェニトイン投与が一回だけだったために進行は遅くなり、二十パーセントで止まった。一命を取りとめたものの、使える抗てんかん薬の選択肢はさらに狭まった。レベチラセタムという薬を使い始めたところ、発作の頻度が減ってきた。

そしてロージーが九歳、五年生になったとき、スペルと発音を関係付けて学ぶフォニックスによって、ついに文字が読めるようになった。たまに「イット」を「エート」と発音するなど間違いもあったが、学校では「遅れている」から「ほんの少しだけ遅れている」レベルへと向かいつつあった。

やがてロージーは思春期を迎え、ホルモンに翻弄されることになった。初潮を一人前の女性となったしるしとして祝う家庭もあるが、ロージーの場合は初潮後のエストロゲン増加により、異常な電気活動を防ぐ脳本来の働きが弱まってしまったのだ。

「発作でひどい目に遭った」のはちょうどこの頃だった。初めて全般性強直《きょうちょく》間代《かんたい》発作が起きたのだ。僕は神経科医として多くの発作を見てきたが、この発作の恐ろしさは全身に広がる速さにある。まず、一時的な沈黙が訪れる。全身の筋肉が脳の運動皮質を走る放電のリズムに合わせて収縮し始める。この間代性痙攣が生じている間、敵を追いはらおうとするかのように両腕がびくっと脈打ち、前方に突き出される。続いて全身のコントロールが失われ、すべての筋肉が収縮して強直する――生気のない、うつろな目を見開いたまま。そして最終段階で全身が激しく痙攣し始めるのだ。

ロージーは週に三、四回、この全般性強直間代発作に見舞われるようになった。ほぼ一日おきに彼女の世界が破壊される。発作が起きるたびに脳内には電気活動の名残が生じる。これはくすぶっている灰と同様に、いつ再び火がついてもおかしくない。小さな発作は毎日数え切れなくなるほど生じていた。

レベチラセタムの用量を四倍に増やしても発作が頻繁に起きるため、ロージーは学習能力や情報処理能力を失い始めた。発作が起きるたびに、読む能力も徐々に失われていった。だが、ロージーにとっていちばんの打撃は、記憶に「ブラックホール」が生じることだった。彼女は自分を取り巻く世界で起きた日々の記憶に慰めを求めていた。自伝的記録によって日常生活は認識しやすいものとなり、不安を抑えることができていたのだ。そんな心の拠《よ》りどころを失い、ロージーはだんだん活気を失っていった。

母親は必死に解決策を探し求めた。ある友人は、息子を小児てんかん専門医のエリザベス・ティーレ医師に診てもらい、ケトン食療法を開始したところ、効果が出ていると言う。どんな方法でも試すつもりでいたが、これだけはためらった。あまりにニューエイジ的で、ほんの二次的なものに過ぎないと思えたのだ。かかりつけのてんかん専門医に相談したところ、彼は笑い飛ばし、フェニトインを勧めてきた。だが、以前のような激しい皮膚反応がまた生じる可能性は高かった。

彼女は次女に強く促されて受話器を取り、ティーレ医師に予約を入れた。

数日後、母親はロージーと初めてのクリニックを訪れた。ロージーは待合室の椅子に座り、床を見下ろし、楽しげに足をぶらぶらさせていた。その動作がいきなり止まった。頭をのけぞらせ、虚空を見つめている。失禁していた。発作は数秒で治まり、彼女がロージーをトイレに連れていこうと荷物をまとめ始めたそのとき、声をかけられた。

「こんにちは、ティーレです。こちらにいらっしゃい」

このときの記憶がよみがえり、ロージーは顔を輝かせた。「とても頭のいい先生だった。私を見ただけですべて理解したの」彼女は手を上げ、指をぱちんと鳴らした。「こんな感じ」

ティーレ医師は穏やかな口調で、ロージーが発作を起こす原因や、自分ではコントロールできない理由を説明し、今後の治療方針を伝えた。「食事療法だけにするのはまだ早いと言われました」母親は言った。「発作がコントロールできない状態でしたから。そこで、まずルフィナミドを服用したら、欠神発作が――」彼女も指をぱちんと鳴らした。「欠神発作が完全にコントロールされたんです」

ロージーはルフィナミドとクロバザムに加え、神経細胞を興奮させて発作を起こしやすくし、エストロゲンの作用を阻害するメドロキシプロゲステロン（「デポショット」と呼ばれる避妊用注射）を打つことになった。これらの薬を二、三カ月かけて微調整し、ついにケトン食療法を検討するときが来た。

絶食によりブドウ糖その他の炭水化物の供給が途絶えると、飢餓状態となった身体は貯えてあった脂肪を主なエネルギー源とする。脂肪を代謝するとケトンが生成する。ケトン食療法では、カロリーはほとんど脂肪の形で摂取する。タンパク質は推奨される標準量で、炭水化物はできる限り摂らない。ケトン生成がどのようにして抗てんかん効果をもたらすのかは、すでに一世紀も研究がおこなわれているのに、いまだに憶測の域を出ていない。

ケトン食療法は、体内のケトン体の値が恒常的に高くなることから、次のような作用が考えられる。

（1）体のミトコンドリア機能を修正する
（2）抑制性神経伝達物質の生成が増加する
（3）電気トリガーに対するニューロンの感受性を低下させる助けをする

ケトン食療法を始めたロージーは、今までよりも予測のつかない状況を迎えていた。そのため不安になり、落ち着きを失い、怒りっぽくなった。家族にとっても楽ではなかった。ロージーの要求にダメと言うしかなく、彼女に何が必要なのかもわからなくなっていった。

「こんなことがあったわ」長女が言った。「みんなで食料品店に行ったの。ちょうどロージーが食事療法を始めたときだった。ロージーはショッピングカートに入れるものすべてのラベルをチエックしていてね。父がアイスキャンデーの箱をカートに入れたら、あの子はそれを手にとって大声で言ったのよ。『これ、炭水化物がたったの六グラムだって！　これなら私も食べられるよね！』って」

冷凍食品売り場での出来事を思い出し、母親は目を押さえた。「周りの人たちが振り返って、なじるように私を見たわ。こんなに痩せている子によくもダイエットさせられるわねって言いたげに」

ロージーは左のてのひらで額をこすり、前髪をかき上げた。「食事療法って聞くと、人はネガティブなものと受け止めて、私を憐れみの目で見るの。ケーキも食べられないなんて本当に悲惨だねって」

次女は青い色合いの4が目立つ。青緑の7が点々とし、緑の茶目っ気ある6が隠れている。

「何か大切なものを奪われたみたいにぞっとする人もいるよね」

「そうよ、私たちは発作を失ったの。かわいそうよね」母親は明るく笑い、娘たちも一緒に笑った。

ロージーの発作はケトン食療法と何度か調整し直した薬のおかげで大幅に改善された。

「お腹がひどく痛むのもね、自閉症にはそういう人が大勢いるんだけど……食事療法を始めたとたん、まるでスイッチを押したみたいになくなったの。消えちゃったのよ！　ティーレ先生と食事療法士のハイディーは私のヒーローよ。二人のおかげで、今こうして生きている。すばらしいわ！」

発作の嵐が過ぎ去ると、ドハーティ一家は訓練を再開した。ロージーは学び直し、失った機能を着実に取り戻していった。

音楽を聴くと脳が穏やかになるとロージーが言っていたため、音楽は発作の頻度を減らすにも役立ったのか訊いてみた。

「あのね、私にはかなり独特なオーラがあるの。デーモンって呼びたいんだけど、そう言うと怖がる人が多いから、赤いやつって呼んでいる。実際、赤いの。黒もある。黒い小さな角があって、それから……目もある」ロージーは目を見開き、顎を引いてみせた。「ファン・ゴッホの『星月夜』みたいな黄色の丸がいくつかあるの。その丸が、調子が悪くなると緑になって、虹色に変わっていく。そうなったら、もうだめ。だから虹色になってほしくない……二度とごめんだわ」

上の姉が警告した。「そこまでにならないようにしないとね」

「不安を感じる日は、手が汗ばんでいたり、歩き回ったり、自分のオーラが見えてきたりする。そんなときは音楽を聴くの。ビリー・ジョエルとか、ボブ・ディラン、ボブ・マーリー。聴いているときは、その曲のことだけを考えている。他のいろんなこと、たとえば、ああ、また発作が起こるのかな、なんてことは考えない。リラックスすると、ボブ・ディランの音楽を感じ取れる。ピアノを弾くこともある。頭の中で弾くときもあれば、実際に弾くことも。歌ったり、体を揺すったりしていると、落ち着いてくるの。本当に不安なとき、たとえば、とても大きなイベントに出かけるとかいうときは、その場にいる自分を想像してみる……するとピアノの音が聞こえてくるの。弾きたい曲はなんでもよくて、私が弾くピアノに合わせてみんなが歌っているところを思い浮かべる。音楽を聴くことは、私にとって何よりも普通だと感じられるの。音楽は私の心の中からやってくる。自分が外の世界にいる感じはなくなって、私は普通の、ごく普通の人間なんだって思えるの。自閉症でもなく、てんかんもなく、この歌を歌っている人とまったく同じなんだって。彼らの情熱も、感情も感じ取れるの。ビリー・ジョエルはすばらしいわ。自分の言葉だけで絵を描けるから。彼の歌を歌っていると、彼の感じていることが伝わってくる。声の響きが自分のものとして感じられる。私や私の周りも普通だって感じて、他のことはすべて霧のように消えていく。音楽ってそういうものなの」

ロージーは感覚の高まりによって、メタ認知、つまりマインドフルネスの世界に足を踏み入れるようになっていたのだ。感覚のニュアンスに注意を払うことで、自分の感情や思考を客観的に観察する機会が生じる。音、触感、そして筋肉を動かして生じる感覚であっても、注意を払っていると、時の流れが緩やかになる。そして、リラクゼーション反応を生み出すのに必要な行動に出ようという感情が全身を駆け抜け、それを感じ取ることができるのだ。このような状態のとき、心拍数、呼吸数、血圧は下がり、「休息と消化」の副交感神経が活発になる。

「何か悪いことが起きるかもしれないって考えが頭に浮かんだときは、追い払えばいい。歌を歌うとか、ボブ・ディランかビリー・ジョエルが『心配するな、ロージー。大丈夫だから』って書いたボードを掲げている姿を想像するとかして。たとえ私のオーラがこんな声で――」ロージーは悪魔のような声を出した。『発作を起こしたいかい、ロージー？』って言ったとしてもね。うちで飼っているマンディを撫でたり、撫でているって想像したりするだけでも違う。私が不安になっているときって犬にはわかるの。だから隣に来て座ってくれる。毛の感触を味わうだけで安心できるの。だから、よけいな考えが入ってきたら、歌ったり、犬を撫でたり、走ったりする。家の周りを走って、走って、走りまくる。それでもだめなら、走りながら歌う」

「すばらしいセラピーよ」母親が言った。

ヨガの達人なら、思考ひとつでリラクゼーション反応を引き出せるかもしれない。僕たちがそこまでの域に達するのは無理だとしても、少なくとも呼吸はできる。自分の呼吸や共感覚体験に意識を集中させるのは、瞑想やヨガに通じる瞑想的な行為だ。そこにはマインドフルネスならではの美しさがある。意識するのも、意識しないのも、どちらも容易だと言えるだろう。瞑想的な行為に必要なハードウエアもソフトウエアも僕たちは持っている。これを実践することで、自分の心をよりコントロールできるようになり、外界や内面世界で起きる事柄にどう反応すべきかを選べるようになっていく。

「発作を起こすっていう事実は、消し去れるものではないし、自分でどうにかできることでもない。神さまがそういうふうに私を創ったのだから、受け入れるしかないの。でも、発作を抱えて生きていくことはできる。難しいときもあるけれど、私にとっていちばんの方法を考えないとね。

今日は発作が起きない！　って自分に言い聞かせてみても、起きるときはあるの。起きないことがほとんどだけど。だから、前向きに考えてる。たとえ発作が起きたとしても、どうするのがいちばんかって」

母親と二人の姉が表情を緩ませたのが感じられた。ロージーは自分の言葉で書き直したストーリーを家族と分かち合っている。家族は彼女が最も必要とするときにそばにいてくれる。発作のときも、不安に駆られるときも、そして、たとえ生きている限り切り離せない自分の内面世界と外界どちらにも大惨事を迎えたとしても。

「発作の引き金となるのは、私の場合はストレスなの。でね、自分を哀れみすぎるのが最悪だってわかったの。『ああ、かわいそうな私……』ってやつ。自分を哀れんでばかりいたら、何も変わらない。人生を変えられない。だって、いつものストーリーに涙してるんだから。より良い人生を送るためには、気持ちがもっと楽になるようなチャンスを自分でつかみに行く、自分で変えられることは変えてみることだって悟ったの。私には障害がいくつもあった。でも、何が起きてもベストな人生を送り続けようって自分に言い聞かせた。だって、生きるってそういうことでしょう」

母親は涙を浮かべ、ロージーを見た。「どうやってそういう考えに至ったの？」

「ママからよ。自分を哀れんでいたらだめだって教えてくれたじゃない。『進み続けるのよ、強くなりなさい』って。そうするようママが教えてくれたのよ」

ロージーの優れた快復力も、自分自身への、そして他者への深い思いやりも、DNAに書き込まれていたわけではない。ある朝急に出現したわけでもない。自分と家族に訪れた喜びと苦しみの意義をじっくり考えては自分のストーリーを語り、言葉を変えて語り続けてきた、その長年の積み重ねから得られたものだ。

ロージーの共感能力を型にはまった方法で測定したら、点数は低いかもしれない。だが、彼女は家族のストーリーを経験することによって、みごとな共感能力をはぐくんできた。共感は思いやりの種子であるが、この種子は献身的愛情を込めて世話をしないと芽を出さない。僕が自分のミラータッチ共感覚に依存してばかりいた時に、ロージーは家族の中に深く根を下ろしたまま他者に心を開き、自分の中で育ててきた喜びも苦しみも分かち合えるようになっていたのだ。

CHAPTER 8

新たな幕開け

神経科のレジデントとなって一年目のある朝、僕は緊急治療室で患者の処置に対応していた。作業は順調に進んでいた。急性期脳卒中の患者を乗せたストレッチャーを押し、CTスキャナーに向かっていたとき、電話を受けた看護師の顔にパニックが浮かんだのに気づいた。目は飛び出しそうなほど大きく見開かれ、下顎の筋肉は緩み口が開いている。彼女は目に見えない何かに焦点を合わせているかのように、まっすぐ前方を見つめていた。やがて受話器を耳に当てたまま静かに立ち上がって叫んだ。「爆発です！　コプリー広場で、マラソン大会のゴール地点で爆発が起きました！」

僕は患者をスキャナーのベッドに移しながら、この先考えられるシナリオと解決策を素早く思い巡らせた。行動すべき時だ。僕はCT技師のブースに入り、シニアレジデントに状況を短く伝えた。「バックアップが必要です。まずは神経科の緊急治療室から患者を全員出してもらい、運ばれてくる負傷者の受け入れ態勢を整えないと」

シニアレジデントは走ってきて、手の空いているレジデントや医学生に患者を誘導するよう指示した。十五分もしないうちに、僕たちは患者ひとりひとりにベッドを確保し、神経科のフロアを緊急治療と外傷ケアチームに提供した。

負傷したランナーたちを乗せたストレッチャーが長い列をなしている。すす、切り傷、黒焦げになった身体。この光景、この匂い、そしてこの感情。僕が交通事故を起こしたときに味わったものばかりだ。あのときの個人的な記憶はすべて、感情的な反射と結びついていた。危険が差し迫り、立ち向かうか逃げるかという緊迫感。そういうときは、身体的感覚を無視できなくなる。この外傷の感覚が自分のものなのか、負傷者を反映して生じたものなのかがわからなくなる。自己と他者の経験を区別するなど、幻想に思えた。区別など無意味だと何年も前に悟っている。大勢の負傷者を目の前にした今、僕が作り上げるストーリーがすべてだ。

とはいえ、負傷者が書き記すストーリーのテーマは気になる。彼らはおそらく苦痛のインクで綴るのだろう。不安、怒り、恨み、不信、裏切りも余白に殴り書きされるかもしれない。だが、何カ月か経って傷が癒えたとき、彼らが語ったストーリーは、苦しみとはまったく異なるものだった。人の快復力、より強くなって立ち直ること、そして粘り強く努力を続けることについて。「生きるために、自分に語りかけるのです」ジョーン・ディディオンの言葉は僕たちに気づかせてくれる。個人的な悲劇から意味を見出すこと、逆境の中で快復力に気づくことが、生きるうえで欠かせない作業なのだ、と。この点について、僕は今回の出来事も含め、患者から、そして僕自身の学びからも、何度も思い知らされてきた。自分のストーリーを編むのは、快復するうえで心理的にも生物学的にも身を守る主要な要素なのだろう。脳卒中など衝撃的な出来事に見舞われた人はとくにそうだ。僕たちが置かれた状況や環境は、自分ではどうすることもできない場合が多い。それでも、そういう状況を自ら語ることで、そのストーリーは自分だけのものとなり、これからの生き方を選ぶ際に役立つのだ。

初めてテリに会ったのは、国際脳卒中学会の年次総会の場だった。救急救命看護師であり、中西部の脳卒中プログラム・コーディネーターとして非常に注目を集めているテリは、脳卒中から立ち直ったばかりだった。「脳卒中を起こしたとき、これから自分がどうなるかを知っているのは、かなりつらいものがありました」と彼女は言う。

テリはミネソタから到着したばかりだった。リンゴのような赤いベロアのジャージの上下に身を包んだ彼女のほほえみには、喜びがきらきらと点滅していた。まるで湖のさざ波に光が反射しているようだった。ブルーグレーの4、母親らしいはっきりした赤の2、いかにも中西部らしい黄色の8が点在し、白の0が陰翳《いんえい》をつけている。彼女の色は、金色のショートヘアとぴったりだ。テリはよく笑う。そのたびに、彼女の率直さ、包み隠さぬ姿勢が伝わって、僕の目尻にしわが寄る。

会ってすぐにテリが好きになった。好きにならない人などいないだろう。総会の出席者全員がテリを知っていた。彼女は誰もが崇拝するヒーローのような存在なのだ。脳卒中を経験した脳卒中プログラム・コーディネーターだから、というだけではない。テリは脳卒中に見舞われてから四週間後にフルマラソンを完走した人物でもあった。

僕はテリと一緒に席に着いた。当時僕はすでに神経科レジデントとしての一年目を終え、シニアレジデントとして脳卒中の相談窓口を担当していた。二年目のローテーションのなかでも、この窓口はいちばん大変だとレジデントの間で悪名高い。一年目が終わる前にこのポストに任命されたのは名誉なのだが、こんなに早く大きな責任を伴うことに不安もあった。シニアレジデントとして医学生や後輩レジデントに教える立場になると、実際に自分がどれほど学んできたかと同時に、教えるべき知識が豊富にあることにも気づき、信じられない気持ちだった。

その結果、レジデントとしての最後の年に、僕は恐ろしいほどのリスクを伴う決断をした。この先の進路として、神経学の諸分野において限られた専門性を高めるのではなく、「脳の健康」全般に関心があると宣言したのだ。壊滅的かつ慢性的な神経疾患の数々を見てきた僕は、充実した人生を送るという最も重要なことについて、自分の感覚にまつわる経験を活かし、人を導く助けとなりたい。極端な言い方をすれば、まずは病気の発症を未然に防ぐことだ。とくに進行する可能性のある神経疾患については、患者が残された機能を失わず、生活の質を維持するための新たな方法を、薬に頼らない方法も含め、探し求めていきたい。

だが、「脳の健康」はレベルの異なるエビデンスに基づいた提言が積もりに積もって、深い泥沼のような状態になっている。臨床医・科学者として貢献したいのなら、行動神経医学や神経精神医学で専門的な訓練を積むことが役に立つ。脳の機能全体を、とくに思考や感情の機能を見るには、このやり方がいい。だが同時に、既存のエビデンスをより深く理解するためには、研究者レベルの専門知識も必要だ。つまり、追求すべきはバランスの取れたアプローチということだ。

科学者が「くだらない」と言うものと、科学者でない者が「冷たく、無情で、人の気持ちを汲《く》み取らない科学」と言うものとの架け橋になりたい。脳卒中は脳に重大な損傷をもたらす。目に見える機能の変化が生じ、その後に脳の回復が高まる時期が続く。したがって、両者の架け橋を築くうえで、脳卒中は格好の出発点だった。

　テリは僕にとって思いがけなく大きな存在となった。

　テリの隣にいたとき、僕は左右の筋肉の感覚が異なることに気づいた。テリの顔の左側の筋肉が弱っているのを反映しているのだ。脳卒中を起こしてからテリはこの状態が続いているが、僕の注意を引くほど強いわけではない。それよりも、僕の左腕に妙な感覚があるのが気になる。腕をテーブルに置いているだけなのに、その感覚は消えない。なぜこんなにはっきり感じられるのだろう？　そういえば、テリは自分の話を始めるとき、右手で前髪の分け目の辺りをよくいじる。見た目を気にしているのだ。

　テリが脳卒中を起こしたのは二〇一三年の戦没将兵追悼記念日《メモリアル・デー》だった。その日の朝、土砂降りにもかかわらず、テリは十キロ走ってきた。ミネソタ州ダルースで開催されるマラソン大会のためのトレーニングだ。大会に出場するのはこれが初めてということもあり、テリは綿密な計画を立てていた。帰宅後すばやくシャワーを浴び、地元の小学校に車を走らせた。脳卒中の兆候の見つけ方を五年生に教えるためだった。その日は十六歳の息子も同行した。高校を卒業するために社会奉仕活動も必須だったため、母親がおこなっている脳卒中プログラムの手伝いをしていたのだ。テリにとっては週に数時間、息子と一緒に過ごせるのが楽しみになっていた。二人はいつものようにスターバックスに立ち寄った。運転を代わると息子に言われたが、テリはほほえみを浮かべて断った。

左手でコーヒーのカップを持ち、右手でハンドルを握り、テリは中西部の小さな町の通りを進んでいった。赤信号が点滅していたため、軽くブレーキをかけた。ブレーキからそっと足を上げたとき、身体が前につんのめった。左手の感覚がない。コーヒーが落ちそうだ。息子のほうを向き、カップを持ってと言おうとしたが、声が出ない。しびれが腕から首へ、頬へと上がってきた。生きたまま飲みこまれていくような感じだった。

まず思った。我が子をもう守れない。

次に思った。愛しているともう言えない。

ことの重大さに気づき、思った。私はもう死ぬのだ、と。

テリは必死の思いで車を路肩に止めた。口の端からよだれが流れている。息子が目を見開いた。「ママ、救急車を呼ぼうか?」テリは首を横に振ったが、彼にはわかっていた。「ママ、脳卒中だよ」テリはダッシュボードの時計を指さした。一〇時三〇分。彼はその数字を目に焼き付けた。「最終未発症確認時刻」が一〇時三〇分。母は脳卒中プログラムでこの専門用語を使っていた。

テリの左腕はほとんど上がらないが、左脚はまだ使える。彼女は左脚に体重をかけ、息子と席を交代した。

七分後、二人は緊急治療室にいた。まさに奇跡だった。テリが脳卒中を起こした場所は、ダルース市内にひとつしかない脳卒中のプライマリケア施設から一キロも離れていなかった。脳卒中を起こしたら一刻も無駄にできない。時間との勝負だとテリはよく知っていた。ストレッチャーに仰向けに寝かされたテリは、内科医が大きな声で質問し、看護師たちが足早に動き回っている中で、治療室の左隅にある壁掛け時計を見つめていた。

脳卒中は四十秒ごとに発生している。

六人に一人は脳卒中になる。

女性の死因は心臓発作、がんに次いで脳卒中が第三位である。

脳卒中は長期障害の主な原因である。

脳卒中教育で何度これを話してきただろう。

脳卒中になると、脳細胞は一分ごとに二百万個失われていく。一分ごとに、脳が一カ月分老化していくのだ。

時計の秒針は容赦なく進み続けている。

脳への血流が正常に戻らなかったら、三十日以内に誤嚥《ごえん》性肺炎で死に至る可能性がある。胃ろうを造設し、液状の栄養をチューブで胃に送ることになるかもしれない。

脳卒中患者の二十パーセントはコミュニケーションに問題を抱え、自殺を考えると言われている。私もそのひとりとなるのだろうか？

テリは左側の壁時計を見つめ続けていた。それを見て、医療チームは重症の表れなのか、新たな発作か、それとも発作後に局所的な筋力低下が生じるトッド麻痺の残存なのか、判断に悩んだ。テリは医療チームの指示に従い、足や腕を上げたり、両手を握りしめたりした。まだ大丈夫だとチームは悟った。

テリはまた時計を見た。また二百万個の脳細胞が失われた。恐怖しかない。しかも、自分で不安を煽《あお》っている。

今は脳卒中プログラムのコーディネーターではない。患者でいなくては。自分に言い聞かせてみるものの、時計の針は進み続けている。テリは目を閉じた。今の彼女にできるのは、夫や息子に思いを馳《は》せ、そして祈ることだけだった。

脳卒中が疾患だと初めて認めたのはヒポクラテスで、暴力で倒される《アポプレキシー》という意味のギリシャ語が語源だ。一般的には「脳卒中」と呼ばれているが、中枢神経系（血管を含む）が損傷するこの病気は、出血性脳卒中と虚血性脳卒中（脳梗塞）の二つに大別できる（虚血とは血液が充分に供給されない状態）。「神の手による一撃」とも言われる見えない力によって、急に身体が麻痺したり話せなくなったりするのは、実際は脳血管の出血または閉塞が原因である。それを初めて示唆したのは、スイスの病理学者・薬理学者ヨハン・ヤコブ・ウェプファーだ。脳内出血が生じるのは、動脈瘤《りゅう》、脳血管破裂、高血圧により微小血管の薄い壁が破れるなど、さまざまな潜在的原因が挙げられる。原因ごとに治療は異なるが、いずれの場合も出血を即座に止めることが先決だ。

脳の内部または周囲に出血が見られた場合、一次損傷はすでに生じてしまっている。硬膜下出血や硬膜外出血など、一部の出血では脳の上に血液の層が生じるため、熟練した脳外科医ならこれを取り除くことができる。だが、くも膜下出血や実質内出血の場合、脳に重大な損傷を与えずに血液を取り除くのはほぼ不可能だ。

逆に、虚血性脳卒中の場合は脳の損傷を防ぐことができ、回復すら可能な場合もある。脳虚血は通常、脳血管の一部の閉塞により生じる。いちばんの原因は血管内にできる血栓だ。血栓は、血小板が粘着性タンパク質と一緒になって凝集するという血液の自然な傾向によって生じる。血流が低下したり、血小板と粘着性タンパク質がより凝集しやすい過剰凝固状態になったりすると、血栓が生じやすくなる。血栓は脳から遠く離れた所にも生じ、その破片などが循環系を巡り、最終的に脳の微小血管を詰まらせることもある。これが塞栓症（*embolism*）で、ギリシャ語の「栓をする」（*embolus*）に由来する。

虚血性脳卒中の場合、血流が止まった理由はなんであれ、脳細胞が酸素不足により死滅し始める前に血流を再建しなければならない。早急に再建できれば、影響を受けた脳細胞は再び正常に機能し始め、虚血性脳卒中が起きた間に生じた神経障害が回復する可能性もある。この数秒の差で、普段の生活に戻れるか、介護施設で一生を送るかが決まるのだ。血流再建が遅れたら、生涯ベッドから出られず、動けず、助けを求めることもできず、自分の唾液で静かに溺れ死ぬリスクを抱えて生きることになる。

テリの場合、医師たちがすばやくCTスキャンをおこなった。出血性の可能性はないと判断され、tPA(組織プラスミノゲン活性化因子《アクチベータ》)を静脈投与した。tPAは天然タンパク質で、血栓を溶かし、脳組織への血流再建に役立つ。患者の「最終未発症確認時刻」から三時間以内の投与が極めて重要だが、なかには四時間半以内の投与でも問題なく反応を示すことができる患者もいる。だが、最も回復できるのは、症状の発現から一時間以内にtPAを投与した場合である。だからこそ、テリは「急いで!」と怒鳴りたい心境だった。「最終未発症確認時刻」からすでに八十二分が経過していた。

静脈投与が始まったとき、これから「脳卒中総合センター」に搬送すると看護師が告げた。おそらく緊急血栓除去術を受けることになるだろう。専門医が鼠径部から針金を入れ、画像を見ながら動脈に通していく。大脳動脈まで通し、血栓の中心に穴を開けて貫通させてからステントを広げて血栓をからめとり、慎重に体外に引き抜いて血栓を回収するという方法だ。

数分後、テリは救急車に乗せられた。よく知っている病院に搬送されるのは、少なくとも安心材料となった。だが、車が揺れた拍子に、上にかけてあった毛布が滑り落ちた。息子にコーヒーを渡してから左腕をほとんど意識していなかったが、今は感覚がまったくない。しかも、救急医療隊員が救急車にテリを乗せたとき、左腕がストレッチャーに挟まれたらしい。皮膚の下で血腫(血豆)がどんどん大きくなっている。身体の左側が馴染みのないものに完全に乗っ取られてしまった。感覚がなく、傷つき、身動きが取れないけれど、自分ではどうすることもできなかった。

脳卒中により、人の物理的な実在も、主観的な実在も変わってしまう。それはあまりにも不可解な変化だが、すぐに思い知らされる変化でもある。脳卒中に関連する身体的な欠陥の研究を通じて、脳のさまざまな分野の機能解剖学が誕生した。十九世紀にはフランスの神経学者たちが――パリの有名なピティエ＝サルペトリエール病院が輩出した者が多い――解剖学、人類学、病理学の専門知識を総動員し、神経科学を包む不透明なヴェールにメスを入れた。

医学界は患者の臨床現象学によって慎重に検死をおこない、脳の異常を調べることで、中枢神経系の働き、とくに、脳のどの部分が身体のどの機能に関与しているのかという基本的な理解を得ていった。

ジャン＝マルタン・シャルコーはこうした臨床的症候群と、関連する神経解剖学的な損傷部位に見られる「局在性」について、多くを書き残した。たとえば、不全片麻痺〔半身の筋力低下など部分的な麻痺〕の場合、麻痺が見られる側とは反対側の脳の運動皮質において神経の機能低下が見られる。麻痺と同じ側に片側感覚消失もある場合、この局在性はより明らかとなり、運動皮質と体性感覚皮質の両方が損傷していることが示唆される。片側のみ力が入らない、感覚がないというのは、理解に苦しむかもしれないが、神経系の発達のしかたによるものなのだ。

神経回路の大半が「処理」をおこなうのは、脳のいちばん外側にある大脳皮質で、ここのニューロンはシナプスを通じて他のニューロンに接続する。シナプスが送り出すシグナルは、大脳基底核、脳幹、脊髄、末梢神経へ、さらには全身のさまざまな組織内にある最終目的地まで届けられる。運動神経なら筋線維へ、感覚神経なら皮膚へという具合に。テリは顔の左側と左腕に力が入らず、感覚もなかった。そのため、左不全片麻痺と左感覚消失であり、脳卒中が右大脳半球で生じたことが示唆された。視野は損なわれていなかったため、一次視角野がある後頭葉には損傷がないと思われた。だが、視力が失われていなくても、ものが見えなくなることはある。見えなくなるというより、そこにものが存在すると主観的に捉えられなくなるのだ。

僕たちは外界に対し、自分の右側にあるものと左側にあるものを同時に認識し、知覚し、両側からの刺激を同時に処理している。存在を知覚できるのは、そこに注意が向けられているからだ。注意が向けられなければ、少なくとも主観的には存在していないことになる。自分を取り巻く現実世界の左半分を気付けない症状は左半側空間無視と呼ばれ、右大脳皮質が損傷した場合のみに見られる。具体的には右後頭頂葉、またはもう少し下の、側頭葉と頭頂葉の境目に生じる損傷だ。

自分の右側に注意を向けられるのは、脳の左皮質、しかもそのごく一部の働きによる。いっぽう、右皮質には左右ほぼ全体に注意を向けさせる働きがある。したがって、右半球が傷つくと、自分の左側の世界は完全に忘れ去られてしまいかねない。

興味深いことに、僕のようなミラータッチ共感覚者では、皮質のうち注意を向けさせる領域が薄いと認められている。自己と他者の境が曖昧になるというミラータッチの共感覚体験は、おそらくここから生じているのだろう。脳卒中により生じる左半側空間無視のような警戒すべき欠陥ではなく、神経性のセルフ・ネグレクトのようなものだ。つまり、自己と他者のどちらにも注意を向けたり情報を処理したりすることができず、自己を忘れ、反射的に他者の情報を自分に置き換えてしまう。

こうした注意力のネットワークは、他の神経回路に深く組み込まれているため、半側空間無視を経験している人々は、左側の世界が失われているという事実に気づけない可能性がある。自分に欠陥があることすら認識できない場合が多く（病態失認）、失認に対して情動反応を得られる場合もあれば、得られない場合（病識欠如）もある。この状態にある人は、論理的な矛盾を解決しようと、無意識のうちにストーリーを作り出す。

たとえば、病態失認を患っている人の麻痺した左手を、その人が認識可能な右の視野へと動かし、「これは誰の手ですか」と尋ねると、なぜそんな当たり前のことを訊くのかと言わんばかりに「あなたのでしょう」と答えるだろう。麻痺した側の身体を自分のものと思えない状況は身体パラフレニアと呼ばれ、たとえその場に誰もいなくても、自分の左手足を他の人のものと思い込む場合がある。文字を書くと、紙の右半分だけにびっしり書き込まれる。時計を描けば、数字は右半分の12から6までだけとなる。花のスケッチは、強風にあおられ花びらが半分なくなったような絵になる。

半側空間無視の最初の兆候は、急に料理を皿の右半分しか食べなくなったとか、顔の右半分だけひげを剃るとか、家族や友人を驚かせるような形で表れることがたまにある。

神経学の関連施設が集まるロンドンのクイーンスクエアで、神経学者として活躍していたジョン・ヒューリングス・ジャクソンは一八七六年、半側空間無視に関する文献を初めてまとめ、これは「認知不能」であると述べた。認知不能には頭の中で全体像を描けないことも含まれる。一九七八年、イタリアのE・ビシアッチとC・ルツァッティは半側無視を患う人々を対象に、ミラノの大聖堂から見たドゥオモ広場の風景をイメージして描かせた。すると、広場の左側にある建物や通りはまったく描かれなかった。次に、大聖堂の真正面の位置から見える広場を描かせたところ、描かれたのは自分の右側、つまり、先の絵には描かれなかった建物や通りばかりだった。

テリは救急治療室の時計が気になるあまり、意図的に首を左に曲げ、視線を左に固定していた。そのため医療チームは、非常に大きな脳卒中の発作に見舞われたか、発作が今現在起きているに違いないと思い込んだ。大脳半球の片側のみに発生するてんかん性活動では、発作による筋肉の過剰活性化により、目や首が実際の電気的活動とは反対の側に向くことが多い。ところが脳卒中の場合は、虚血性神経細胞障害により電気的活動が低下すると考えられるため、目や首は病変の生じた側に向く。

テリの場合、脳の損傷部位が右大脳皮質だと特定できる神経学的障害がもうひとつあった。発語の異常だ。脳卒中による発語異常には、自身は流暢に言葉を繰り出せるが相手には意味がまったく通じないうえ、相手の言葉も理解できないというウェルニッケ失語症がある。大脳皮質の上側頭回後部には聴覚、記憶、視空間処理に関わる部分が交わっており、そこに位置するウェルニッケ野が関わっている。逆に、人の話は理解できるものの発語はままならない場合は、ブローカ野の損傷による場合が多く、ブローカ失語症と呼ばれる。

一八六一年、ポール・ブローカはパリ大学で初めてこの障害の解剖学的証拠を提示した。言語障害のある患者たちには、口の運動活動や実行機能に関わる皮質領域が交わる左下前頭回の三角部と弁蓋部に影響を及ぼす損傷があることを発見したのだ。

ブローカが洞察を得たきっかけは、彼がタンとあだ名をつけた患者だった。この患者が発音できる数少ない単語のひとつが「タン」だったからだ。検死解剖の結果、タンの左前頭回に梅毒疹が見つかった。タンは右利きだった。その後、タンと同じような患者にも同様のパターンが見られたため、言語優位半球〔言語機能に密接に関わっている大脳半球〕と逆側の手が利き手となる傾向があるとブローカは結論を下した。

今日では、利き手がどちらであろうと言語野はほぼ左半球にあると判明しているが、左利きで言語野が右半球にある人もいる。テリは左利きなので、言語障害がもし本当にブローカ失語症であれば（人の言葉を理解し、指示に従えることから、そう考えられる）、彼女の言語優位半球は比較的珍しい右半球であり、右半球の損傷により言語機能に影響が出たと考えることもできるだろう。

結局、テリの症状はすべてが右半球皮質の損傷を示していた。損傷した可能性がある部位は右前頭葉後部から頭頂葉に沿って広がり、おそらく側頭葉の端も含まれる。この領域はいずれも右中大脳動脈から血液の供給を受けている。症状がほぼ瞬時に発現したという事実も併せて考えると、テリの右中大脳動脈が血栓で詰まり、血液の供給が途絶えた可能性が非常に高い。

救急車の後部で、テリの血腫は増大し続けていた。言葉を発せないため、締めつけられている左腕をほどいてくれと救急医療隊員に頼めない。看護師としての本能に突き動かされ、テリは痛みをまったく感じない左腕を右手で力任せに引き上げた。これ以上血腫が大きくならないよう、上からじかに圧力をかけた。血腫が大きくなっているのは、血栓溶解薬ｔＰＡが効き始めているせいだ。ついに血栓が溶け始めている。テリはさらに強く血腫を押した。

すると、変化が感じられた。意識のはるか彼方にごくかすかにだが、血腫の周辺に感覚が蘇ったのだ。血流が左半身に戻りつつある。テリは深く息を吸いこんだ。

恐怖が和らいでいく。テリは脳卒中急性期の重症度を調べようと、最も標準的な方法である国立衛生研究所《NIH》の評価スケールに沿って、全身を順にチェックしていった。まず、救急車の後部を見回した。車が揺れると点滴バッグも揺れ、箱の中で医療器具が鈍い音を立てる。視覚は問題なさそうだ。左腕を上げてみた。力は入らないが、目の前まで上げることができた。空気が半分抜けた風船のようにゆらゆらしている。左脚は五秒間上げられた。左腕に右手を走らせたところ、分厚いウエットスーツに覆われているような感じがした。感覚は鈍いものの、自分の腕だとわかる。とたんに視界がぼやけた。神経障害ではなく、涙がこみ上げてきたせいだ。両腕で夫や息子を抱きしめられる。たとえ言葉を発せなくても、愛情表現に支障はない。テリはもう一度深呼吸した。

次は発語の評価だ。口を開け、言葉を発してみる。「マ……マ。ティップ……トップ」あまり苦労せずに言えた。ＮＩＨの脳卒中評価スケールのハンドブックには、こうした単語が載っている。この評価スケールは医師や脳卒中専門の看護師が発語評価に用いているが、救急医療隊員には馴染みがなかった。隊員は助手席から振り返ってテリを見ている。「フィフティ……フィフティ。ハック……ハッカベリー……ハックル……ハックルベリー」

隊員は片方の眉を上げた――言葉を発しているという驚きと、患者が脳卒中ではなく精神疾患ではないのかという疑いの入り交じった表情だ。テリは話しかけようとしたが、相手の表情は変わらない。発語が不明瞭なのだ、と彼女は悟った。隊員から質問されたが、テリは答えなかった。自分が話す言葉の三分の一か四分の一程度しか伝わらないのなら、話さないほうがましだ。実際、彼女は話が通じると感じられるまで、返事に言葉はいっさい使わなかった。自分ではどうすることもできない状況下で、せめてこの点だけは自分でコントロールしたかったのだ。

病院に到着したとき、かつて一緒に働いていた看護師の顔が見えた。この日の確かな記憶はここまでだった。見知らぬ看護師がテリの顔を観察していた記憶も残っている。看護師はテリの夫を見て再びテリに視線を戻し、「彼女の顔はいつもこんな感じですか？」と夫に尋ねた。

テリは神経集中治療室で二日間過ごした。その間に、血圧と心拍数は緊急治療を要する極端な数値を推移した。ランニングをしているせいで、テリの循環系は非常に効率よく働くようになっていた。人の平均的な収縮期血圧（最高血圧）は１１０〜１２０㎜Ｈｇ、安静時心拍数は一分あたり平均60〜１００だが、テリは収縮期血圧が90台前半、心拍数は50台前半だ。ところが、脳卒中急性期に血圧は１３０〜１４０㎜Ｈｇまで跳ね上がり、標準偏差が普段の数値の数倍にも達した。

脳に充分な血液が行かなくなると、身体は脳をできる限り生かし続けるために、血圧を上げて対処しようとする。そして、脳卒中が起きて数時間後から数日の間に、身体は脳の血管系で変動する血圧に合わせ、脳以外の血管系の血圧を再び調整し始める。脳の血管系の血圧は、通常は他の血管系と釣り合っているものの、まったく同じというわけではないのだ。

入院初日の夜、テリは疲れ果てて眠りに落ちた。寝ている間に副交感神経系の働きにより、血管が拡張した。血圧は70台後半に、心拍数は40台前半まで徐々に減少していった。収縮期血圧が70台になると、たいていの人なら緊急事態となるところだが、テリの場合、神経学的な変化の兆候はまったく見られないため、血流状態により脳組織が損傷しているとは考えにくい。だが、テリの担当医と看護師は脳虚血が拡大しないよう、血行動態を改善する活性薬を使って血圧と心拍数を上げようと考えた。もちろん慎重に、点滴でゆっくりと継続的に注入していく。

話を聞き、テリは看護師を見て訴えた。「やめて。ぜったいにやめて」テリの発語は少しましになっていた。神経学的検査をおこないつつ血行動態を管理するのであれば、テリの言い分にも一理あるが、あくまでも数値を厳守するのであれば、テリの訴えは通用しない。x値を超えたら異常、y値を下回ったら異常という基準範囲に基づく治療は、臨床管理の面では楽なのだが、平均値を過度に重視したパラメータには表れないものを見ようとするなら、臨床状況の特異性や患者の生理学的環境を慎重に優先する必要がある。

看護師はテリの要望を担当医に伝えた。テリの発語の不明瞭さや顔の片側の下がり具合が少しでも増すなど、症状が悪化しそうな場合は昇圧剤投与を開始する、ということで三者は合意した。翌朝、看護師たちがテリの病室にやって来た。「あれからずっとモニターとにらめっこしていたのよ。心拍数が42ぐらいまで下がるたびに、あなたの病室のドアをそっとノックしていたの。ちょっとでも目が覚めたら、心拍数が上がってアラームが止むから」

集中治療室での二日目、テリはMRIを受けた。やはり右中大脳動脈が関わる部分に虚血領域がはっきり見られたが、出血や、虚血が組織の他領域にまで拡大しているエビデンスはなかった。また、無症候性脳梗塞も脳のどこにも見られなかった。無症候脳梗塞とは、神経学的検査で同定できるような欠陥が見つからない脳梗塞だ。MRIの結果、テリの場合は血流に運ばれてきた血栓がひとつ右中大脳動脈でつかえただけで、さらなる梗塞は生じていなかったと考えられる。

テリは心エコー検査も受けた。超音波で心臓とその周辺の血管の画像を得るもので、心腔内血栓や、他の血栓源の有無を調べられる。この検査は、新たな脳卒中の発生を防ぎ、できるだけ早く機能を回復して元の状態に近づけるための治療方針を決めるのに役立つ。ところが、テリの心エコー図に異常が見つかった。卵円孔開存《PFO》があったのだ。

ＰＦＯとは、心臓の右心房と左心房を隔てる壁にある小さな穴だ。全身から戻ってきた血液は右心房から右心室を経て肺に送られるのだが、ＰＦＯがあると、血液は肺を経ずに右心房から左心房に侵入してしまう。したがって、もしテリのふくらはぎに血餅があり、より小さな血栓となって心臓に運ばれた場合、血栓はＰＦＯを通って左心房に入りかねない。血液は左心房から全身に送られるため、血栓が頸動脈を通って心臓のすぐ上にある脳に運ばれる可能性は高いのだ。

経胸壁心エコーの検査後、テリは医師からＰＦＯがあると告げられた。「アスピリンを処方しましょう。マラソンはおやりなさい、大丈夫ですよ」

じつは、テリはすでにアスピリンを服用していた。四十歳を迎えて間もなく、かかりつけ医から低用量の81㎎を「血栓予防として」処方されていたのだ。でも、テリは黙っていた。この医師に話す必要はない。私は医療の世界にいるし、親身にケアしてくれる医師を何人も知っているのだから。

テリが脳卒中を起こしたのは月曜日で、その週の金曜日から理学療法と作業療法が始まった。背もたれがまっすぐで座り心地の悪い革張りの椅子に座らされ、頭上の滑車に通したロープの両端を左右の腕に取りつけ、右腕を使って左腕を引き上げる。左腕に力が戻ってくるのだろうか？理学療法士は、テリが以前、膝を怪我したときに世話になった人だった。だが、療法士の表情には、以前には感じられなかった哀れみが見てとれる。私だってこんな自分が哀れだ。テリは自己憐憫に陥ったが、すぐに気持ちを切り替え、つらいリハビリをこなしていった。

「マラソンはおやりなさい」あの医師の言葉がふと思い出され、テリはその瞬間に決意した。予定通り走ろう。生まれて初めてのマラソン。右手で左腕を支えながらでも走ってやろう。

だが、決意は固くても、疲労感は容赦なかった。身体は思うように動かず、何をしてももたつく。力が入らないことへの苛立ちも募る。しかも体重が減ってしまった。脳卒中のせいで、食物を飲み込みにくくなったのが主な原因だ。体重減少は虚弱状態《フレイル》の基本的な特徴である。脳卒中後にフレイルが見られると、日常生活におけるストレスに対処しづらくなり、生存の可能性が低下し、脳卒中関連の合併症の発症率が高まる。フレイルは、患者が仲間から社会的支援を得られないなど、個人の心理社会的環境とも深く結びついているが、この点はなかなか注目されない。

心理社会的因子が回復に影響を及ぼすメカニズムは、たとえば分子レベルでの神経内分泌系や炎症系の仕組みに匹敵するほど複雑な場合が多いのだが、自宅で理学療法や作業療法をおこなう際に家族や友人の支援があると好ましい結果が得られやすいという単純さも持ち合わせている。

テリの夫や息子は、ディナーのときにさりげなく「今夜はみんな左手を使って食べよう」と言うことがある。テリが左腕を使うようにと気を配っているのだ。家族から言われないと、つい左手をポケットに突っ込んだり膝に置いたりしてしまう、とテリは僕に語った。左手をどこかにぶつけたり、ドアに挟んだりもする。左腕が重たく扱いづらい手荷物のように、自分の身体の一部ではないように思え、その存在すら忘れることがよくあるのだそうだ。

麻痺した手足を無視していると、柔軟性が失われていき、腱や関節に拘縮と呼ばれる瘢痕組織が形成される。筋肉を動かすシグナルが脳から送られなくなると、最初のうちは力の入らない状態でいるが、数週間、数カ月経つうちに、脊髄から出ている神経から意思とは関係なくシグナルが出て、筋肉が収縮、痙攣し始める。収縮が進むと、筋肉がこわばる痙縮が生じ、それがさらに進むと拘縮となって関節が動きにくくなる。腕を使わないでいると、こわばって徐々に身体に寄っていく。

マラソンの練習をしていたとき、テリはこの感覚を味わった。脳卒中からわずか二週間後のことだった。二十キロ走る予定で、残り一・五キロあまりとなったとき、左の腕と指が痙攣し、内側に曲がり始めたのだ。腕に感覚はなく、脳梗塞が生じたときと同じようだった。テリはなんとか走りきり、ソファに腰を下ろして深呼吸をゆっくり繰り返した。電解質をたっぷり含んだ水を二リットル飲むと、やっと腕に感覚が戻り、痙攣も引いていった。だが、テリは安心できず、親しい神経科医に連絡した。医師はテリの検査結果を検討し、病気がぶり返しているわけではなく、病後の新たなベースライン機能に変化が見られないことを確認した。

テリはほっとしたものの、走りたいという気持ちが判断を鈍らせていることもわかっていた。脱水状態になり、心臓血管系にストレスがかかって脳に向かう血流量が減少し、新たな虚血が生じ、脳卒中で損傷した領域が広がる可能性がある。

自分はわがままだ、とテリは思った。でも、今や走ることが回復の原動力となっている。全身を我が身と感じたい、元の自分に戻りたい。運動機能や発語機能の回復には、回復へのモチベーションが確実な予測因子となることが判明している（ただし、他のほとんどの因子が等しい場合だ）。テリは脳に残っている神経可塑性を最大限利用したいと思い、症状に変化はないか、自分の身体に細心の注意を払い始めた。神経回路網に新たな経路を築くという可能性に賭けてみたい。

友人の神経科医にきつく言われ、テリは心臓専門医の診察を受けた。医師はアスピリンを飲み続けるのは良いと言ったが、ＰＦＯに詳しい専門医にきちんと診てもらったほうがいいと勧めた。つまりマラソンに参加してもいいという暗黙の承認だ、とテリは解釈した。帰宅した彼女は夫に医師の話を伝えた。専門医が反対していないのなら、いいんじゃないかと夫は言った。テリの親友でかかりつけ医でもある女性がマラソンでランニングパートナーを務めるとわかり、ほっとしたというのが本音なのだろう。マラソンを見に来ない？　テリは誘ったが、夫の返事はわかっていた。「いや……やめとくよ。脳卒中になる前、女友達だけでマラソンをすると決めていただろう？　やりたかったようにやるのがいいと思う」

それでも、テリは自分が時限爆弾のような気持ちを拭いきれずにいた。この不安は、「潜因性」と呼ばれる原因不明の脳卒中を経験した者に一般的に見られる。脳卒中の多くは潜因性だ。原因がわからなければ完治もリスクの除去もできず、同程度の脳卒中を再発する可能性がある。だから不安になるのだ。アドレナリンが過度に分泌され、闘争か逃走かという状態に陥り、しかも自分ではどうすることもできない。この状態から一時的にでも脱することができないと、人は高レベルのストレスをずっと抱え、その結果、心血管疾患のリスクが高まってしまう。

ある糖尿病患者は、物が二重に見える複視を発症した。症状はごく軽く、治まったのだが、かかりつけ医から救急外来で神経学的評価を受けるよう言われた。脳血管の画像診断をおこなったところ、脳底動脈に高度狭窄《きょうさく》が見られた。これは細い動脈で、脳幹の橋腹側部に沿って上方へと伸び、脳幹に必要な酸素ほぼすべてを供給している。この患者の脳底動脈はほぼ詰まっていた。充分な血液が流れなくなると——さらには血流が完全に止まると、脳幹内部に梗塞が生じ、全身がほとんど麻痺してしまう。動かせるのは眼球のみ（それも上下運動がほとんど）だが、認識機能にはなんの障害もない。よって「閉じ込め症候群」と呼ばれる。

血栓や動脈硬化プラークの悪化による脳底動脈閉塞の可能性を下げるため、彼は抗凝固剤とコレステロール降下薬を無期限で開始した。数カ月後、僕は彼の経過観察をおこなった。定期的に運動し、食事内容も大きく変え、糖尿病をコントロールできている、と彼は言った。十パーセントを超えていたヘモグロビンＡ１ｃは六パーセントにまで低下した。これはオリンピックで金メダルを獲るのと同じぐらいの快挙だ。彼の妻は手放しで喜んでいるが、僕は妙な不安を感じた。まるで笑いをこらえているような気まずさが自分の体内に感じられたのだ。僕はひと呼吸置き、思いきって彼に訊いてみた。「最近どんなことを感じているか、ちょっとだけ話してくれませんか」

沈黙が数秒流れた。僕は目の周りがむくんだように感じた。彼の顔が赤くなっていく。今まで心の奥底に追いやっていた不安がついにほとばしり出た。彼はむせび泣いた。額にしわを寄せて顔を歪めながら、声を震わせた。「俺は生ける屍《しかばね》だよ」

二度目の脳梗塞のリスク因子を減らすことはできたものの、その代償はいかばかりだったのだろう？　彼は死の恐怖に駆り立てられていた。その恐怖は大きな影となって彼の背後につきまとっていた。もし彼が心理社会的サポートを得て、回復力を高められていたら、これほどの身体的、心理的、そして実存的な苦しみを避けられただろうか？　僕たちは薬の話をやめ、彼の人生について話し始めた。

マラソン大会当日、スタート地点に向かうテリは鼓動が速くなっていた。フルマラソンを完走できるだろうか。脳卒中になる前ですら、最長で三十キロしか走ったことがないのに。五キロ、十キロ、ハーフ、三十キロ、ゴールまで、と分けて考えよう。完走できなくてもいい、参加できただけで自分に勝利したと言えるのだから。

二十五キロの表示が見えた。これなら完走できるかもしれない。そう思ったとき、痙攣が始まった。だが左腕ではない。右腕全体、そして首から肩甲骨にかけて鋭い痛みが走る。今度は反対側で脳卒中が起きた……。また血栓が脳に飛んだのだ。一度脳卒中を起こすと、それだけで再発の可能性が高くなることはテリも知っていた。しかも、再発したのが初回と反対側の脳であれば、大変なことになる。

テリは鼻から深く息を吸い、マラソンランナーとして学んだことすべてを思い出してみた。「頭でも、膝でも、つま先でも、身体のどこかが痛くなり始めたら、まずは頭のてっぺんからつま先まで自分の身体をじっくり点検してみること」彼女は瞑想するような調子で自分の姿勢をチェックしていった。そして間もなく気づいた。いつの間にか左腕をランニングポーチのベルトの内側に突っ込んで走っていたのだ。左腕が使えないため、右腕には倍の負担がかかっていた。

テリのペースが落ちてきたとランニングパートナーは気づいた。「テリ、大丈夫?」

テリはベルトから左腕を抜いた。「もう大丈夫。作業療法タイムにするわ」そう言ってポーチからリハビリ用パテを取り出した。パテの握り方を変え、手首の位置も変え、左腕をいろいろ動かす。左右交互にウインクしたり、口をアヒルのように突き出したりと、顔の運動まで始めた。二キロもいかないうちに痛みは治まり、走るペースも一定した。

三十キロ。救護テントが見えてきた。棄権するなら今だ。でも、その必要はなさそうだった。マラソンランナーらしく走れている。脳卒中を起こしたばかりだと誰にも知らせずに。涙が溢れてくる。健康を取り戻したとついに実感できた。

ゴールまであと五キロ。よく言われる「壁」はまだ感じられない。完走できる。ペースを速めたテリは、急に息ができなくなり、疲れを覚えた。歩くしかないのだろうか。そのときパートナーが声をかけた。「この調子で上げていったら全力疾走でゴールするはめになるわよ!」二人はペースを落とした。テリは再び違和感なく走れるようになった。

四十キロ。身体にもう燃料が残っていないような感じだ。ポーチに入れておいたエナジージェルはすべて使ってしまった。いまや気力だけで走っている。雑念も浮かんでこない。おそらく前頭葉に向かう血流が減ったせいで機能低下に陥り、「ランナーズ・ハイ」となっているのだろう。何もかもが目新しく、あらゆるものに意味が感じられ、外界も内面世界も感覚がすばらしく広がっていく。精神と身体との境界が薄れ、底知れぬ意識の霧の中へと消えてゆく。沿道の声援がテリの全身に反響している。湖を縁取る木々は、美しくエメラルド色に輝いている。時の流れが緩やかになった。歩く必要はなかった。

もちろん、顔の左半分は脳卒中が生じたときと同じように垂れているし、努力しないと言葉を発せられない。それでも、脳卒中から二十六日目、テリは生まれて初めてフルマラソンを完走した。

ただ、輝かしい勝利で人生が締めくくられるわけではない。僕たちの物語はこれからも続いていく。ゴールの先にはさらにいくつものマラソン大会が控えていることだろう。ひとつ、またひとつと僕たちは制覇していくのだ。

脳卒中を起こしてから、テリはひとつずつステップを踏んでいくよう心がけているという。一瞬たりとも無駄にすまいとして長年過ごしてきたが、今では何をしていても途中で一呼吸置き、必要なだけ深呼吸を繰り返して自分の身体や心をチェックする。週に九十時間仕事しなければとはもう感じない。身体や心に必要なものに忠実に、ゆったりと生きていくつもりだ、と彼女は言った。

テリと話していると、僕の顔の右下には軽くかすめるような感覚がしばしばある。テリは自分の非対称的な顔に触れる癖がついていたのだ。幼い頃から笑顔には自信があった。自分のいちばんの取り柄だと思っていた。それが今では歪んだほほえみしか浮かべられない。テリはかつての笑顔を取り戻そうと、毎晩鏡の前で二十分間ほほえむ練習をしていた。鏡に映る顔を無言で見つめ、挑みかかるような心境だった。だが、何週間か経つうちに見慣れてきた。これが私の顔なのだ。テリはついに愛情を込めて今の顔を受け入れた。

脳卒中がきっかけで、テリはより自分らしく生きるようになった。自分のストーリーを静かに書き換えつつある。綴《つづ》る内容は、よほど気をつけていないと見過ごしてしまいかねない些細《ささい》な気付きだ。

たとえば、数年前からゴルフをやっているが、テリは自分がどうしようもなくへたくそだと思い込んでいた。ショットに高さが出ないのは、ボールを飛ばす角度を考える能力が欠けているせいだと自分に言い聞かせていた。ところが脳卒中後、今までこの課題にきちんと対処してこなかったと気づき、親しい友人からレッスンを受け始めた。すると驚いたことに、両腕の微妙な動きや感覚がわかった。身体の両側をバランスよく使えるようになっている。脳が適応しているのだ。

フォロースルーがうまくできるようになり、発症前よりも飛距離が伸びた。

こうした気づきはテリに力を与えたばかりか、彼女の人生に重みを与え、新たな章の華々しい幕開けをもたらした。発症から二十六日後にフルマラソンを完走したときは、人生がこれほど広がるとは思いもしなかった。だが、百日後には三百人の前で講演することになった。当日の朝、テリは公園の小高い草地を散歩していて、目の前にある影を見た。その影には顔のたるみもなければ、腕の部分麻痺もない。前に進んでいこう。テリはそう思いを新たにした。

テリは自分のストーリーを語りながら、誰もが脳卒中を見抜けるようにすることの大切さを力説した。脳卒中が女性の死因の三番目であってはならない。しかし、徴候を最低でも二つ（顔面非対称、言語障害）知っている人は半数ほどしかおらず、めまい、頭痛、しびれなどの異常まで知っている人は四分の一だ。テリはFacebookやTwitter（現X）を使い、脳卒中について日々発信している。ある晩、彼女はメールの着信音で目が覚めた。送信者は二十五年間音沙汰なかった高校時代の友人で、簡潔なメッセージだった。

「脳卒中のこと、徴候とか治療法とかいろいろ投稿しているよね。おかげで双子の妹をすぐ病院に連れていき、ｔＰＡに間に合った。今夜、あなたのおかげで妹の命を救えたの」

僕たちを突き動かすのは勝利したいという気持ちかもしれない。でも、人生の物語は僕たちが一歩踏み出すことで進んでいく。前進するにしても、後退するにしても、その結果がどうであれ、無駄な一歩なんてものはない。テリはどの一歩も、歩を進めている間も、「ギフト」として受け止めている。歩み続けていれば、次の一歩はさらにすばらしい奇跡となるだろう。

CHAPTER

9

僕たちのストーリー

正式な研修はあと一年を残すのみとなった。行動神経学と精神神経学のフェローシップによる臨床研修は、それまでレジデントとして過ごした四年間と比べて、自分の好きにできる時間がはるかにある。まるで広々とした牧草地が目の前にぱっと開けたような感じだ。おかげで僕は患者たちとの交流を深め、ミラータッチ共感覚の理解をも深めることができた。自分を自分に委ねると言ったフィオナ、家族に支えられたロージー、新たな基準を見つけたテリの話も役立った。僕は自分の感覚すべてを駆使して世界を感じ取り、他者の感じ方や見方に対する理解をじっくり深めていった。

その結果、患者個人のストーリー、病歴や個人的な経験により深く焦点を当てられるようになった。リラックスできる広々とした場所で、観察力とミラータッチ共感覚を通じて患者と向き合うことで、物事を落ち着いて注意深く見られるようになった。やがて僕はどの患者に対しても、半ば定型化した面接から始めることにした。まず、めざす方向を患者に理解してもらう。そして堅固な信頼関係ができてから、もっと個人的な質問をして患者のストーリーに深く潜っていく。

いちばん肝心な問題はえてして壁に囲まれていると経験から学んだからだ。患者がその問題を口にせず、長年避け続けてきた結果、堅牢《けんろう》な壁が出来上がっている場合が多い。患者のいちばん触れられたくない部分、最も痛む部分に、僕は患者と共に目を向ける。どこが痛むか尋ねることで、言葉にされていないがきわめて重要なものが見えてくる。患者自身が目を背けてきたもの、人に語ったら逃げ道を失ったり、そういう人だと思われたりすると考え、自分でも認めたがらないものが。

環境や条件は自分ではどうにも変えられないことが多い。でも、自分のストーリーを語る際、いつ、誰に、どんなふうに語るかは自分でコントロールできる。話をしているうちに、それは僕たちの、僕たちだけのものとなる。つまり、聞く側がそのストーリーを自分のものとして受け入れることで、それを乗り越える方法を一緒に選べるのだ。乗り越える作業は、新たな視点をもたらす。

たとえば僕の弟、レーニアは先天性の色覚異常がある。網膜の光受容細胞は、通常は光の三つの波長——短いもの（青）、中くらいのもの（緑）、長いもの（黄緑または赤）——に反応するのだが、レーニアの網膜は波長の短いものと長いものにしか反応しない。だから信号機の赤はおそらくオレンジに、緑は白っぽいグレーに見えている。かごに盛った青リンゴと赤リンゴは、濃淡の異なるグレーがかった黄色に見えるため、実際にかじってみないと区別できない。それでもレーニアは色が好きだ。他の人々と同じように識別できる青と黄がお気に入りで、それに自分が感じ取る色を組み合わせて大胆な色使いのファッションをしている。色覚異常は人と異なる経験や見方をもたらすギフトだ、と彼は考えていたが、他の人々と経験を共有できず、のけ者だと感じることもあった。

高校生のとき、レーニアは校外学習で美術館へ行った。彼のグループはある油絵の前で立ち止まり、複雑な色使いの妙に歓声をあげた。だが、レーニアにはそれが知覚できなかった。クラスメイトに尋ねてみたが、赤と緑を識別できないという彼の現実は誰にも想像できなかった。

僕は臨床研修、とくにフェローシップの研修時にしばしば弟のことを考えていた。絵の前で、クラスメイトたちと感動を分かち合えなかったレーニア。自分だけ仲間はずれになった気分を味わっていたに違いない。僕にとって、それはなじみ深い感情だった。みんなと同じものをほぼ理解できるのに、経験をほぼ分かち合えるのに、あと一歩が及ばない。最後の敷居を越えられない。

少しでも弟の助けになりたいと思い、僕は色覚補助眼鏡を探してみた。色覚異常のある人が知覚できなかった色をコンピュータでモデル化し、知覚精神物理学も駆使して作る光学フィルターだ。こういう眼鏡を使えば、レーニアはあと一歩の距離が少しは縮まるかもしれない。さまざまな色合いの赤や緑に満ちた、みんなの知っている世界を探索するチャンスを彼に与えたかった。僕はお金を貯め、レーニアに眼鏡をプレゼントした。

大学に入って家を離れてから、弟とは贈り物のやりとりをしなくなっていた。お互い、何が欲しいのかわからなくなっていたのだ。だからレーニアは驚いた。僕からプレゼントをもらったことにも、そのプレゼントがもたらすはずのことにも。でも、彼はすぐに眼鏡をかけようとはしなかった。もっとカラフルな状況で使ってみたいと言う。どんな状況かと僕は訊いた。

「ロデオだよ」レーニアは言った。

父が育ったニカラグアでは、即興のロデオがよくおこなわれていた。父にとって、ロデオは祖国を思い出すものだったが、いつしか父はロデオを通じてアメリカになじんでいった。その日も父と母はロデオを見に行くことにしていた。一緒に行こう、と僕とレーニアは誘われた。

観客席には人が大勢いた。レーニアはケースから慎重に眼鏡を取り出した。彼の胸の高鳴りが僕に反映される。これで彼の世界に新たな突破口が開かれるだろうか？　眼鏡をかけても自然の風景は違和感なく受け止められるだろうか？

僕の鼻にも眼鏡のパッドが、耳に眼鏡のつるが当たる感触があった。グレーのレンズの奥で、レーニアが目を見開いた。

彼の頬を涙が伝った。

「どう？」

「なんて言ったら……今はどう考えていいのかわからない」

これまではっきりと見えなかった鮮やかな赤の柵が、いきなり目に飛び込んできたのだ。

「何もかもが違って見える」

世界がこんなに色鮮やかなものだったとは。赤といっても、なんと多くの色合いがあるのだろう。レーニアはそのひとつひとつを言葉にしようとしたが、出てきたのは「赤」だけだった。周りの人々が着ている服の色をどう言い表せばいいかもわからない。青にしても、見慣れた色よりはるかに鮮やかだ。しかも、どの色も今までより赤みを帯びている。そして木々の色。見慣れた色とはまったく違う。レーニアは圧倒され、声も出さずに辺りを見回していた。たった今、この世に生まれ落ちたかのように。

「あの青いシャツ……そこの人が着てるやつだけど、なんて鮮やかなんだ……映画を見ているみたいだ……何もかもが違って見える……うまく説明できない」

レーニアはパーカーを着ている女性を指さした。「彼女が着てるのは何色？」

「紫だよ。赤と青を混ぜた色だ」

「あれが紫……想像していたのと全然違う」

胸に湧き起こるものがある。弟の感動が反映されているだけではない。僕自身の感情だ。新たな経験が目の前に広がっている。まるでプリマヴェーラ〔黄色の花に覆われる大木〕のつぼみが陽光を浴び、あらゆる枷《かせ》から解き放たれ、今まさに花開こうとしている、そんな感覚だ。

数週間後、日常生活に何か変化が感じられるかとレーニアに訊いてみた。「こうだと決めつける前に、まずは受け入れてみようと思うようになった。自分なりに思うことはあっても、それを表に出す前にひと呼吸置いて、理解しようと努めているんだ」

サンスクリット語で「アネーカーンタヴァーダ」は、視点が異なれば現実の受け止め方も異なるという多様性を指す言葉だ。たったひとつの視点で完全な真実に到達できるものではない。ロデオを見に行ったときのレーニアを思い出すたびに、この言葉が心に反響する。新たな視点で世界を見るのは可能なのだ。自分の感覚ひとつひとつをないがしろにせず、それを脳に受け止めさせることによって可能となる。感覚に敏感になれば、僕たちは自分の意識の枠を広げ、周囲の世界にもっと気付けるようになる。心と身体は単に協調し合っているだけではなく、同一のものだとわかるようになる。脳だって身体の一部なのだ。両者の関係は、物理的なものである色素と、精神的なものである色との関係にたとえられる。僕の場合は、両者の間に矛盾した空間が存在している。デイヴィッドとラマチャンドラン博士がWの上に2を書き加えたときの、あの衝撃は忘れられない。人の脳の限界と可能性を同時に思い知った瞬間だった。

僕はレーニアの経験を通じて、自分の視点、自分にとっての現実は僕だけのものであるだけではなく、あまりに脆弱だと思い知った。ふとした瞬間に、現実が自他の区別のつかないものになることだってあり得る。たとえ自分の軸はぶれないと確信していても、ジョーダンとの関係を通じて新たな視点を見出したと思い込んでいても、次の瞬間にはがらりと変わってしまう。そんな変化は快いものとは限らないが、本人にとって必要である場合が多い。

冬が近づき、僕の正式な臨床訓練は終わろうとしていた。じきにジョーダンと家で過ごす時間が増える。僕たちはお互いに相手から学び続けていくつもりだった。結婚を決意したとき、僕はクリスティーナとの関係のようにはならないと固く心に誓っていた。パートナーのどちらかが相手を所有するとか、一心同体だとか、そんなことは考えない、と。結婚の誓いを立てる際は、一本のキャンドルに二人で火を灯すという象徴的な儀式をやめ、代わりにセコイアの種子を二粒植えようと僕は言い張った。お互い、それぞれ自分を大事にしつつ共に成長していきたいという気持ちの表れだった。

ところが時が経つにつれ、僕はまたしても自分を失う可能性に目をつむるようになっていた。ある朝目が覚めたら、ジョーダンがまるで僕の身体の一部のように感じられた。彼が出張で留守にしているときは、自分の片腕がなくなったような気分になる。彼が帰宅すると、完全な身体に戻るのだ。自分の一部のような存在であると同時に、身体的な愛情を感じられるものでもあってほしい。いつもでなくてもいいから、僕に愛情を示し、僕から愛情を示される存在であってほしい。そんなことを僕は考えていた。

子どもを育てようと二人で考えていたのは、ちょうどその頃だった。じきに父親になるという期待が濃い霧のように僕を包み込んでいた。家計を今後どう分担するか、あれこれ調べていたとき、ジョーダンが何年も僕を裏切っていることに気づいた。これが引き金となり、これまで自分が頑《かたく》なに認めようとしなかった、他の事実にも目を向けざるを得なくなった——彼から与えられる屈辱、言葉による虐待や精神的虐待に。僕は我が身を守ろうと、仕事に、患者に、他の人々のストーリーに没頭した。それでも、もう事実を否定することはできなかった。

こんなにも長い間、なぜ僕は手をこまねいて成り行きに任せていたのだろう。ジョーダンに対する信頼は、取り返しがつかないほど崩れていた。たとえその信頼が知覚によってもたらされる幻想であったとしてもだ。自分のストーリーの手綱を取り戻さないといけない。僕は離婚を決意した。それがお互いのためだ。離婚など自分には縁がないと思い込んでいたのに——結婚するときは、誰だってそうだろう。

もつれた状況から身をふりほどくためには、離婚するしかなかった。その道のりは本当に苦しかった——身体的にも、金銭的にも、そして社会的、精神的、感情的にも。自分を見失わないよう、僕は自身の反映を見つけるすべを身につける必要があった。たとえようのない悲しみと苦しみのさなかに、敢えてその悲しみに浸る時間を作った。胸の奥で黒い板が砕け、それが固い塊となった。なぜ僕の身体はこれほどの悲しみをもたらすのだろう。なぜ、ある言葉などがきっかけとなり、つらい感情が連鎖のように次々と生じてくるのだろう。こうした問いにじっくり取り組んでみたい。苦しみから逃れたいあまりに、自分に都合のいい理由を並べるつもりはなかった。胃は痛み、夜はろくに眠れない。でも、つらい感情が沸き起こってくるのは致し方ない。僕はそのようにプログラムされているのだから。僕という人間にとっては欠かすことのできないものだから。

人に組み込まれている感情システムは、たとえば痒くもないのに頭をかきむしるなど、脳の実行制御ネットワークを乗っ取りかねないため、レジリエンス〔感情に翻弄されにくく、立ち直る力があること〕を高めるのが肝要だ。レジリエンスがあれば、僕たちは経験し、気付き、反映するための反射メカニズムを構築し、それによってじっくり考え、人生の苦難を乗り越えられるようになる。僕は立ち直りがわりあい早いほうだと思っていたが、今回の出来事を通じ、自分のレジリエンスは自覚していたよりはるかに高いと知って驚いた。フィオナ、ロージー、テリ、レーニア、その他多くの人々の経験から学んだものは、それほど大きかったのだ。

離婚すると決めてからの数日は、「離婚」という単語を思い浮かべただけで吐き気を催していた。この単語を見たり聞いたりしなくてすむよう、どこかに閉じ込めてしまいたかった。でも、「虐待」という単語に対する反応に比べたら、まだましだった。「虐待（*abuse*）」の場合は心が受け付けず、発音すらできなかった。bの音が感情を爆発させる地雷のように感じられた。無理して発音すると、脳の辺縁系全体に火がついたようになる。涙がこみ上げ、鼻水が出る。腕などの毛が皮膚の中に潜るような感覚がある。今や破片の塊と化した黒い板は歪み、胸の奥深くへと沈んでいく。この時期、辺縁系からほとばしり出る感情の濁流に、僕は本能的に逆らおうとした。だが、流れをコントロールしようとすればするほど感情のノイズは大きくなり、僕は尻込みするばかりだった。フィオナのことを考えたのはそのときだった。自分の身体を信じ、流れに身を任せてみよう。僕はありったけの勇気をふりしぼった。感情にノイズが生じるのは、僕の身体が、脳が、苦しみを吐き出す必要があるからだ。

「離婚」や「虐待」という言葉をむりやり押しのけようとはすまい。言葉の響きにじっくり耳を傾け、言葉にまつわる苦しみをも受け入れよう。そうすることで、自分の何が傷ついたのかわかるからだ。苦しみの裏には羞恥心、罪悪感、怒り、失望、そして何よりも恐怖があったが、それでも僕は真っ向から対峙《たいじ》した。死を悼むカヤポ族のように、苦しみを表に押し出し、心の中に穏やかな空間を作った。やがて、「離婚」という単語を見ても、以前ほど嫌悪感を抱かなくなった。そして「虐待」ですら受け入れられるようになった。辺縁系はまだ熱くなるが、過度に熱くなることはほぼなくなり、ずっと対処しやすくなった。

この作業のために、僕は夕方以降の仕事を減らすことにした。普段は診療を終えてから、論文その他のプロジェクトに取り組んでいたのだ。でも、しばらくして、またいつもの状態に戻ってみようと思った。仕事に没頭すれば、離婚のことを考えなくてすむかもしれない。

その日、僕は明け方近くまで仕事をし、朝から夕方遅くまで診療をした。四時間ほどしか眠らなかったが、気分はすっきりしていた。頭が冴えた状態を保つため、コーヒーを浴びるほど飲んだ。どの患者に対しても、話を真剣に聞いた。だが、患者やその家族の感情が高ぶると、ミラータッチ共感覚もその影響をもろに受け、自制しづらくなった。カフェインの過剰摂取と睡眠不足のせいで、感覚が鋭敏になっていたのだ。かつて病院の救急治療室で学んだことを思い出し、僕は患者の肩や服の襟、部屋の片隅、または僕自身の足の指などに意識を集中させ、溢れそうになる感情や涙をこらえた。

なんとか乗り切れそうだと感じていたとき、この日最後の患者が訪れた。診療時間はすでにオーバーし、僕は疲れて動作が鈍くなっていた。最後の患者はこの一年で認知症が悪化した女性で、夫が付き添っていた。仕事一筋で生きてきた彼が、妻の症状悪化に苛立っているのは明らかだった。もはや話すこともろくにできず、徐々に不治の病が進行していく妻を抱え、家事もこなさなければならない彼の苦悩はいかばかりか。妻は脱抑制的な探索行動も発現していた。ホチキス、ペン、紙など、目についたものをつかんで離さない。手を離すのは、自分の着ているシャツや髪に関心が移ったときだけだ。そして今度は取り憑かれたようにそれをいじくっている。

僕は最初の面談を終え、神経学的検査をおこなった。指導医に報告しようと診療室を出たとき、患者の夫がすぐ後ろについてきた。僕は振り返った。彼は肩をいからせ、眉の根を寄せ、拳を固めている。呼吸は浅く、こめかみには汗が浮かんでいる。ジョーダンと同じ身長だと思ったとたん、僕はめまいを起こしそうになった。彼は僕に向かって指を突きつけ、「あんなことは二度とするな!」と怒鳴った。その声は怒りに震えていた。そしてきびすを返し、診療室に大股で戻っていった。僕は自分に対する怒りを感じた。でも、彼を怒らせるようなことを何か口走ったとは思えない。自分の感情も、自分の身体も、何もかもがぐちゃぐちゃだ。逃れた結婚生活に引き戻されたような気分だった。

帰宅してから、僕はさまざまな感情をあふれ出させる必要があった。ところが、なかなかそうする気になれない。そのとき、幼い自分を思い出した。幼稚園の遊び場で遊具の下に隠れていたかつての自分に手を差し伸べ、友だちになってやりたい。そう思ったら勇気が湧いてきた。未来の自分のために、今何をすべきか。仕事を精力的にこなしていける状態でないことはわかっている。今はまだ無理だ。本当に自分を大切にしたいのなら、フィオナが教えてくれたように、自分を自分の手に委ねるしかない。

僕は実家に舞い戻った。ここなら安心だ。食事など身の回りのこともしてもらえるし、抱きしめれば必ず愛情のこもった抱擁を返してくれる。実家を出てから、両親とはたまに電話で話すだけで、仕事やジョーダンとの時間を優先していた。でも父と母は僕を迎えに空港まで来てくれた。二人の姿を見たときは涙が出た。あのときの気持ちは、大学を卒業して初めての感謝祭の日に帰ったときとまったく変わらなかった。アマゾンへの旅から戻ったときも、これから医学の道に進むと決めたときも、そしてクリスティーナとの関係に終止符を打ったとき、頭の手術を受けたとき、交通事故を起こしたときも。僕にとって両親は心の拠り所だ。物理的にどんなに離れていても、支えをいちばん必要とするときは、いつも両親のもとへと足が向かう。母を抱きしめたとき、辺縁系がまたも熱くなり涙が溢れた。父を抱きしめたとき、子どもの頃の記憶が蘇った。茶色い制服姿で汗だくになって帰宅した父を抱きしめた記憶。

翌朝、母が朝食を用意してくれた。ミルク入りコーヒーを飲みながら、僕は英語とスペイン語を交え、すべてを両親に語った。母も父も、僕の気持ちを理解してくれた。目を見ただけで気持ちが通じ合えるという経験は、今回が初めてだった。

その日、僕は自分が生まれたマイアミビーチを訪ね、弟の運転で実家に戻った。島とマイアミ本土をつなぐ橋を渡っていたとき、僕たちは無言だった。街灯の明かりがリズミカルに車内に射し込む。沈黙を破ったのはレーニアだった。

「話をしたいなら聞くよ」今度は弟が救いの手を差し伸べてくれた。

「うん。大変だった」

弟はあっさり言った。「ああ、嫌なもんだよね。僕も経験したことがある」

弟と心がつながった瞬間だった。弟の経験とどの程度似通っているかなどは関係ない。彼もまた苦しい思いをしていたという事実だけで充分だ。弟とは血がつながっているだけではなく、苦しみを通じてもつながっている——それは血のつながりよりも濃い場合が多い。


離婚申請のため、ジョーダンと僕は三年前に結婚許可証に署名した庁舎に足を踏み入れた。手続きはここでするものと二人とも思い込んでいたのだが、離婚の申請は数キロ離れた裁判所だった。車で行こうとジョーダンは言った。僕はためらったが、一刻も早く断ち切りたい気持ちが勝り、彼の車に飛び乗った。

車中でも、裁判所に着いてからも、僕たちはほとんど言葉を交わさなかった。冷え冷えとした法廷は薄暗く、明かりは二、三の窓から射し込む光だけだった。僕たちは固い木製の傍聴席に腰を下ろした。教会の信者席と似ている、と僕は思った。離婚を申請するカップルは他にも来ていた。口髭を生やした険しい表情の男性と、その隣でとめどなく涙を流している中年の女性。デザイナーズブランドのコートを着た若いカップル。彼はシルバーの高級時計とネクタイを、彼女はゴールドのネックレスとパールのイヤリングをつけている。レズビアンのカップルは低い声でジョークを飛ばしている。古びた黒いセーターと毛羽だった紺色のニット帽をかぶった女性には連れがいない。ショールで身をくるんだ年配の女性もひとりで来ている。

怒り、失望、絶望、安堵、恨み――それぞれが抱くもつれた感情が僕に反映される。カップルごとに呼ばれ、証言台に立ち、書類を受け取る。待っている間、僕はベンチに浅く座り、丸みを帯びた座面の縁に手をかけていた。その裏側にはかちかちになったガムが貼りついていた。

ジョーダンと僕は最後に呼ばれた。判事は離婚が合意に達したものであることを確認し、いくつか質問をした。僕たちは気の抜けた声で「はい」と答えた。結婚の誓いの逆だった。

僕たちは無言のまま通路を進み、建物を出る際に無意味な決まり文句を口にした。僕は最寄り駅で地下鉄に乗った。どこ行きかも気にとめなかった。席に座り、感情に押し流されないよう、それだけを意識していた。

病院のそばの駅で降り、階段を上がった。携帯電話が鳴った。ジョーダンからの最後のテキストメッセージだった。僕はすすけた駅構内の奥まった場所に引っ込み、しゃがんで膝に顔を埋め、彼に言えたはずの言葉を思って泣いた。言わずに終わったことに感謝して泣いた。苦悩と感謝の涙が出尽くすまで僕は泣き、そして深く息を吸い込んだ。考えがまとまらないまま、アユス、ナンシー、ケイトにEメールを送った。三人とは神経科での研修期間中に同じチーフレジデントとして共に仕事をし、お互いに理解を深めていた。彼女たちも僕の家族と言える存在だ。ケイトはたまたま病院にいて、一緒にお茶を飲んでくれた。温かいお茶が心に染み渡り、胃の中のもつれがほどけ始めた。ロージーとその家族を思った。大切な友人たちとは定期的に連絡し合おう。今朝は何をした、何を食べた、そんな他愛ない話でもいい。彼らと接する時間は、僕にとって延命効果のある薬そのものなのだ。

その後、僕はたびたびテリを思った。新たな現実を、段階を踏んで徐々に取り込んでいく大切さを、彼女は身をもって示している。基本に立ち返ろう。反射的にタスクをこなしていくすべはインターン時代に身につけている。

僕は日々のチェックリストを作った。飲食や睡眠までも書き加えた。テリがマラソン中にやっていたように、僕も自分の身体に細心の注意を払いつつ、少しずつ限界を押し上げていった。苦悩や不快を感じたときだけでなく、予防のために、定期的に頭のてっぺんからつま先まで意識を向けることにした。顔がこわばっていないか、肩に力が入っていないか、筋肉に負担をかけるようなカバンの持ち方をしていないか、姿勢が悪くなっていないか。ジムにも熱心に通うようになった。身体を動かし、ストレスを発散し、自分のエネルギーに目的を与える。ジムの初日は動作がぎごちなく、長時間座っている生活が続いていたため、あちこちの関節や筋肉が悲鳴をあげた。トレーニングのたびに自分をスキャンし、どの筋肉が伸縮しているか、腱や靭帯《じんたい》に負担をかけすぎていないかチェックした。こうして身体を動かすのも心の治療になる。ジムには毎日のように通い、習慣となった。運動しつつ、身体の声に耳をすませる。僕は毎日五分から十五分間瞑想しているが、身体が何よりも求めているのは運動だと悟った。動作のひとつひとつが頭と身体を結びつける。自分の筋肉、骨、全細胞が自分だと感じ取れるのだ。

だが、身体をケアしていても、心は過去のストーリーを蒸し返す。離婚、非難、弱さ、悲劇、自己憐憫のストーリーは何度でも蘇る。メールを書くにも支障が出るほどつらくなるときもある。あれこれ考えずに自分のストーリーを語る方法を見つけたい。

ロージーがビリー・ジョエル、ボブ・マーリー、ボブ・ディランに救いを求めたのを思い出し、僕も歌のリストを作ってみた。僕のストーリーに非常に近い内容を、僕が求めている声と楽器とリズムで奏でている曲。ビヨンセからバッハまで入ったプレイリストを全曲聴きたいがために、僕はランニングを始めた。曲が短調から長調に変わるたびに心は舞い上がり、さらに一歩が踏み出せる。シーアの『バード・セット・フリー』を聴くと、薄紫と黒のくっきりした縞が僕の中に満ち、コーラスの部分でそれがこめかみへと駆け上っていく。ブドウのカップケーキの砂糖衣とたばこの煙の匂いが感じられる。ヴィヴァルディのバイオリン協奏曲「夏」第三楽章《プレスト》では、琥珀《こはく》色の雨が激しく降り、肌に当たって金色の火花が散る。そのさまは菊を、ダリアを、柳を、蜘蛛《くも》を思わせる。これらは僕の歌だ――僕が選んだ、僕のための歌だ。

さらに、僕は独自の新たな視点を養い始めた。その変化はレーニアの経験に匹敵するほどの、劇的で思いがけないものだった。離婚して二カ月ほど経ったとき、僕はある患者を診察した。彼は人の名前が覚えにくくなり、パニック発作に不安を募らせていた。何か精神的に大打撃を受けたことはないかと尋ねたところ、離婚したと彼は言った。僕は不意を突かれ、精神的苦痛がたちまち蘇ってきた。このまま真っ逆さまに飛び込むつもりか？

僕は考えるチャンスを自分に与えた。そして、表に出ようとする感情を抑えつけ、あとでじっくり考えること、とチェックリストに書いた。苦痛や悲しみに溺れず、力ずくで押しやったりもせず、好奇心と辛抱強さをもって対処するスペースを作ってやれば、こうした感情に翻弄される癖はつかない。このやり方は、状況や環境が急に変わったとき、自分との距離を縮めるのに役立つ。時が経つにつれ、僕は落ち着きを取り戻しやすくなっていった。自分の考えや感情をより分ける作業は、共感覚に対処するときに覚えた作業とよく似ている。共感覚から苦労して学んだものがなかったら、多くの人々を反映してこなかったら、自分のケアを優先しようとはなかなか思えなかっただろう。

僕は時間を作り、自分のストーリーに耳を傾けた。自分を立て直さないといけない。離婚という悲劇にどう対処するかが、今後の人生に大きく関わってくるのだから。セルフケアの集中治療室に入ったようなものだ。僕は患者であると同時に臨床医でもある。心と感情にきちんと栄養を与え、魂と呼ばれる人間的側面を回復させ、リハビリをおこなう。そのためのチェックリストを作るのも僕だ。

自分に忠実であり続け、ついに僕は新たな世界に足を踏み入れた。

この経験の核心は苦しみだった。自分の苦しみに耐えるだけでなく、他者の苦しみにも寄り添い、成長していくことだった。息をするのもつらいほど苦しいときもある。それでも僕にとって、息を深く吸って吐くことは、自他が深く結びつき、主観と客観の間で揺れ動く自分の世界を処理するのに役立っている。僕は呼吸を利用して意識を集中させ、交感神経系の反応を落ち着かせるために副交感神経系を刺激し、苦しみがどこで生じているのか——自分の中か、自分の周囲か——を見極めるよう、脳に時間を与える。でも、まずは自分の中で何が起きているのかをよく考えなければいけない。他者からの反映に対処するのはそれからだ。

自他の反映を通じて、僕はやっと一歩前に足を踏み出すことができた。より自然に、誠意を持って他者と心を通わせることができるようになった。世界における自分を理解するまでは、自己(小さな自我)と他者(大きな自我)が交差する共通のスペースに立ち入れなかったのだ。

フィオナ、レーニア、ロージー、テリ、その他数多くの人々の経験を聞き、観察し、感じ取ることによって新たな視点が開けた。そして僕はついに自分を、自分の身体を、自分のストーリーを認めることができた。ひとりひとりの身体には独自のストーリーが収められている。身体の枠を超えてストーリーを世に出すには、忍耐力と不屈の精神が欠かせない。でも、自信を持って世界を受け入れるとはそういうことだ。

「人間であることの証は、私たちが相手にとってどういう人かということと切り離しては考えられません」とクリスタ・ティペットは説く。疎外感と親密さの間には緊張があるものの、僕たちはお互いにとって家族だという点は否定できない。それは見知らぬ人同士であっても、僕たちは相手の内に自分を認識し、同じ感情を見出せるようプログラムされている。これが共感の核心であり、僕が終わり、きみが始まるところ、つまり自他の隔たりに橋渡しをする秘訣だ。

共感とは、感情教育の一環として是非とも訓練したいスキルである。他者の動作と自分の動作を結びつけるミラーニューロン・ネットワークの活動を高めるには、練習や経験が役に立つ。自分が訓練を受けた動作を見ると、訓練を受けたことのない動作よりもミラーニューロン・ネットワークの活動が高まると示した実験がある。たとえば、バレリーナはプリエやピルエットの動きを見ると、このネットワークの活動が高まる。カポエイラ〔ブラジルの格闘技の一種〕の使い手でも、水泳の選手でも同様だ。人は神経生物学的レベル、そして社会的レベルにおいて、他者とより深く心を通わせ合うために共感を習得ことができるのだ。

何かスキルを身に付けるのと同じように、共感に取り組んでいくと、嫌になってくることがある。とくに、他者の相容れない側面が気になる場合は、相手の身になって考えたくもないと思ったりもする。でも、いちばん多く学べるのはそういう部分なのだ。学びたい、感じ取りたい、純粋な好奇心を満たしたいという自分の欲求をうまく利用すれば、不快感は克服できる。「きみにとって大切なものって？　きみと共通の目標ってあるかな？　その目標を達成するために一緒に使えるものはないだろうか？」と相手に訊いてみたらいい。共感は個人の中でのみ生じるものだが、その経験は自身のためにも、相手のためにもなる。

共感とは、相手の立場に立つだけでなく、相手に関心をもつことでもある。動機がきちんとわかれば、相手のストーリーの破片をつなぎあわせ、相手が次に何を期待しているかを自分の言葉で理解することができる。

高レベルの共感を常に自然に発揮できるようになるため、僕は根性と忍耐と自分自身への共感を駆使し、レジリエンスを高める方法を学んだが、ミラータッチ共感覚のせいで、大半の人よりも苦労せざるを得なかった。それでも新たな視点を養うことにより、自分のミラータッチ共感覚体験に対処しやすくなり、その過程で自分のストーリーを人と共有したいという思いが強いことにも気づけた。

他者に関する答え（最低でも手がかり）は、自身のストーリーを語ることから生じてくる。好奇心、創造力、そして勇気によって、僕たちは自分のストーリーを見直し、再編集することができる。共感覚者であることをあまり語らずにいた頃、僕は共感覚というものを科学的に理解し、感情面からも探ろうと躍起になっていた。共感覚を通じて、僕は人というものを少し理解することができるようになった。そして努力の結果、希望をも見出した——他者との距離を安全に舵取りするのは可能だとわかったのだ。

個人的なストーリーを分かち合うと、ある種の親しみが生じる。話の内容は幼少期のことでも、家族の歴史《ファミリーヒストリー》でも、今の状況にたどり着いたいきさつでもいい。隣人は私の宗教や政治的信条を理解できないかもしれないが、私の物語なら理解できる。私の物語を理解できるなら、私とかけ離れた人間だとはけっして言えない。作家のパウロ・コエーリョもこう言っている。

自分は自分だ、唯一の存在だと意識していても、僕たちは自分ならではの経験の枠に閉じ込められているわけではない。僕たちは自由に他者と結びつける。詩人のウォルト・ホイットマンが記しているように、僕たちは多様な存在なのだ。

自分の人生を組み立てる能力や責任は、呼吸のひとつひとつから生み出される。そして、現在進行形の自分のストーリーには葛藤もあり、祝福もあれば悲劇もある。思いがけない美しさもある。自分の置かれた環境がどんなに悲惨でも、どんな結末が見えていても、身体的または精神的に立ち上がり、自分のストーリーの見直しを図ることはできる。悲劇を避けられなかったときでも、自分の中で、そして自分の周囲で何が起きているかを見極め、自分に反映させることは常に可能だ。反映させることで、僕たちは次に何をすべきかを考えつき、おずおずと一歩踏み出すことができる。たとえ行き着く先が屈服であってもだ。ストーリーを通じて自分自身を理解し見直す作業は、他者に近づく一歩を踏み出すのに役立つ。そしてストーリーを聞く側にとっては、新たな視点を得たり現実に身を委ねたりする喜びや不快を経験する機会となる。

人と人との間に存在するつながりには、目に見えるものもあれば見えないものもある。フェロモン、集団免疫、集団ヒステリー、あくび、ソーシャルネットワーク、インターネットなどは、これからも葛藤や対立、そして協力を生み出していくことだろう。こうしたつながりの存在を知り、その重要さを知れば、苦悩から共感へ、思いやりへ、親切心へ、さらには希望へと向かうことができる。人は個別の存在であると同時に、他者と一体化する存在にもなり得るのだ。

神経学者のオリバー・サックスは最近のエッセイにこう書いている。

この世を去れば、自分と同じ人間はいなくなる。だが、そんな人間などもともと存在していない。死んだら代わりはいないのだ。死者は埋め合わせのきかない穴をこの世に残していく。誰もが独自の存在であり、自分で生きる道を見つけ、自分の人生を送り、自分の死を迎える。それは、遺伝や神経がもたらす人間の運命なのである。

他者とどれほど違っていようと、どんな生まれ方をしようと、人は必ず死ぬ。その意味で僕たちは同じだ。息を引き取る間際に、人は軽く口を閉じ、神の力を思う。この世に生まれ落ちたことは奇跡と言えるのだから。そのときを迎えるまで、僕はジョエルであり続ける。僕はあなたで、僕たちは僕たちだ。

これは僕たちのストーリーなのだ。

謝辞

ACKNOWLEDG
MENTS

僕に教え、気づきをもたらしてくれたすべての患者さんに、そして僕の大切な友人、同僚、研修期間中に僕を支え、指導してくれた人々に感謝したい。コーヒーに付き合ってくれた人もいれば、ほほえみを分かち合ってくれた人もいた。それから、エリカ・ハヤサキをはじめ、自分のストーリーを語るよう僕を励ましてくれた人々にも感謝している。また、執筆を依頼してくれたばかりか、僕の経験を言葉にする点でも助けてくれた担当編集者のマイルズ・ドイルにも心より御礼申し上げる。

Joel Salinas ジョエル・サリナス

フロリダ州マイアミ生まれ。コーネル大学で生物学と社会学の接点を学んだ後、マイアミ大学ミラー医学部で医学の学位を取得し、マサチューセッツ総合病院とブリガム・アンド・ウィメンズ病院で神経学の研修医を務めた。その後、マサチューセッツ総合病院で行動神経学と精神神経学の研究と臨床を組み合わせたフェローシップを修了。ハーバード大学医学部およびマサチューセッツ総合病院で神経学の講師を経て、現在はニューヨーク大学医学部で神経学の臨床准教授を務める。また、脳の健康と認知症に特化したクリニック「アイザック・ヘルス」を設立し、最高医学責任者を務める。

世《よ》にも奇妙《きみょう》な脳《のう》の知覚《ちかく》世界《せかい》
多重共感覚《たじゅうきょうかんかく》研修医《けんしゅうい》の臨床《りんしょう》ノート

2024年6月25日発行 第1刷

著 者 ジョエル・サリナス
訳 者 北川玲《きたがわれい》

発行人 鈴木幸辰
発行所 株式会社ハーパーコリンズ・ジャパン
東京都千代田区大手町1－5－1
04－2951－2000（注文）
0570－008091（読者サービス係）

印刷・製本 中央精版印刷株式会社

 ISBN978-4-596-63752-9